高等院校跨境电
浙江省普通高校"

U0590718

电子商务
实务教程

董德民 / 主　编

严兴尧　蔡小哩 / 副主编

E-COMMERCE
PRACTICE COURSE

ZHEJIANG UNIVERSITY PRESS
浙江大学出版社

图书在版编目(CIP)数据

电子商务实务教程 / 董德民主编. —杭州：浙江
大学出版社，2019.3(2022.7 重印)
　　ISBN 978-7-308-19008-4

　　Ⅰ. ①电… Ⅱ. ①董… Ⅲ. ①电子商务－高等学校－
教材 Ⅳ. ①F713.36

　　中国版本图书馆 CIP 数据核字(2019)第 044073 号

电子商务实务教程

主编　董德民

副主编　严兴尧　蔡小哩

责任编辑	曾 熙
责任校对	舒莎珊　候鉴峰
封面设计	春天书装
出版发行	浙江大学出版社
	(杭州市天目山路 148 号　邮政编码 310007)
	(网址:http://www.zjupress.com)
排　版	杭州朝曦图文设计有限公司
印　刷	杭州良诸印刷有限公司
开　本	787mm×1092mm　1/16
印　张	21.25
字　数	504 千
版印次	2019 年 3 月第 1 版　2022 年 7 月第 2 次印刷
书　号	ISBN 978-7-308-19008-4
定　价	62.00 元

浙江大学出版社市场运营中心联系方式:0571—88925591;http://zjdxcbs.tmall.com

内容提要

本书为根据电子商务课程教学要求从实务应用的角度出发编写的新形态教材。读者可通过扫描二维码获得相关教学视频和习题答案等资料。本书内容具有实用性与系统性，采用了上篇介绍理论知识与下篇指导实验操作的框架。

上篇"电子商务实务理论"共分九章，包括第一章"电子商务概述"、"第二章电子商务技术基础"、第三章"电子商务框架及系统"、第四章"电子商务的安全性"、第五章"电子货币与支付系统"、第六章"电子商务网站和公众平台建设"、第七章"网络营销"、第八章"电子商务物流"和第九章"电子商务的应用与发展趋势"。"理论知识介绍"部分配有视频讲解和练习题。

下篇"电子商务实务实验"共分七章，包括第十章"电子商务模拟实验"、第十一章"网络工具使用基础"、第十二章"安全性技术"、第十三章"电子支付与网上银行"、第十四章"网站建设"、第十五章"网络营销"和第十六章"跨境电商——阿里国际站基础实验"。"实验操作指导"部分给出了较详细的实验操作说明，以及操作指导视频。下篇使用真实环境实验与模拟环境实验相结合的方式，选用了较新但是成熟的软件作为实验软件，以典型的例子作为实验案例，一方面使学生能真正掌握从事电子商务活动的基本技能，另一方面，让学校未提供模拟环境的学生也能使用本书。

本书可作为各类本科院校学生的电子商务课程学习用书，也可作为大中专院校学生及自学者学习电子商务实务的参考书。

前　言

2016 年 12 月,商务部、中央网信办和发展改革委三部门联合发布《电子商务"十三五"发展规划》,该文件全面总结了"十二五"期间电子商务发展取得的成果,分析了"十三五"期间电子商务发展面临的机遇和挑战,明确了电子商务发展的指导思想、基本原则和发展目标。同时,该文件提出了电子商务发展的五大主要任务,包括加快电子商务提质升级,全方位提升电子商务市场主体竞争层次;推进电子商务与传统产业深度融合,全面带动传统产业转型升级;发展电子商务要素市场,推动电子商务人才、技术、资本、土地等要素资源产业化;完善电子商务民生服务体系,使全体人民在电子商务快速发展中有更多的获得感;优化电子商务治理环境,积极开展制度、模式和管理方式创新。

2018 年 8 月 20 日,中国互联网络信息中心(CNNIC)在京发布第 42 次《中国互联网络发展状况统计报告》。截至 2018 年 6 月 30 日,我国网民规模达 8.02 亿,互联网普及率为 57.7%;国际出口带宽为 8826302Mbps,半年增长率为 20.6%;我国手机网民规模达 7.88 亿,网民中使用手机上网人群的比例高达 98.3%;互联网理财使用率由 2017 年年末的 16.7%提升至 2018 年 6 月的 21.0%,互联网理财用户增加 3974 万,半年增长率达 30.9%;网络购物用户和使用网上支付的用户占总体网民的比例均为 71.0%,网络购物与互联网支付已成为网民使用比例较高的应用。以上数据都表明我国电子商务进入了快速发展和应用普及期。

电子商务的快速发展也影响着出版业,影响着学校教学。数字出版、线上教学应时而生,立方书新形态教材成为电子商务时代迫切需要的教材形式。本书就是在这样的背景下,由作者基于以前撰写的电子商务理论与实验教材,结合电子商务最新发展的实务理论和应用实践,以新形态教材形式呈现。

本书编写工作安排如下:绍兴文理学院董德民总体设计和统稿,并编写了上篇以及下篇第十至十四章内容的文稿及制作了相应视频;绍兴文理学院丁志刚和浙江工业职业技术学院蔡小哩编写了下篇第十五章的文稿和制作了相应视频;绍兴文理学院姚梦懿编写了下篇第十六章的文稿和制作了相应视频;绍兴文理学院孟万化参与编写了下篇第十一章的文稿;绍兴文理学院严兴尧参与编写了下篇第十四章的文稿;绍兴文理学院马玲参与编写了下篇第十二章的文稿。

在本书的编写过程中,我们得到了浙江大学出版社朱玲、傅宏梁、曾熙和刘序雯编辑的大力支持,在此表示感谢。另外,我们在编写时采用了众多网络软件和电子商务系统,参考了大量出版物与网上资料,在此一并表示感谢。

由于电子商务技术发展很快,编者水平有限,加之时间仓促,书中一定存在许多不当之处,恳请各位读者提出建议和批评指正。

编者

2018 年 9 月 16 日

目　录

下篇　电子商务实务实验

导　言

　　大家一定对电子商务不陌生,因为电子商务是当今社会的热点,大家都是电子商务活动的参与者,在学习、生活和工作中都在应用电子商务。那么什么是电子商务呢?有同学说:"就是网上做生意、网上买东西嘛!"这种说法也没有错。通俗地说,电子商务就是通过网络来买卖商品。

一、开展电子商务的要素和环境

　　通过网络买卖商品需要哪些要素与环境呢?或者说,需要一些怎样的要素和环境,才可以通过网络来买卖商品呢?

　　首先,需要网络、信息系统,这是开展电子商务的最基本的基础设施。

　　其次,需要一些企业、组织和消费者来从事电子商务活动,如通过网络买卖商品等。

　　再次,需要支付结算系统,一般采用电子支付与传统支付结合的方式(电子商务中也可以有传统支付方式);需要实物配送系统,线上线下结合,数字化商品可从线上走,而实体商品只能从线下走。

　　另外,还需要电子商务服务商。请想一想:许多企业想做电子商务,但没有技术人才,怎么办?这时可以请电子商务服务商为你服务,包括建设网站、开企业公众号、代运营等。许多消费者想做电子商务,买了电脑不能上网,怎么办?这时也可以请电子商务服务商为你服务。

　　以上是开展电子商务必需的要素。

　　开展电子商务活动还需要一定的环境。

　　经济环境很重要,一个地区经济环境好,网络基础设施就会比较好;同时商品交易量会增加,对电子商务的需求量就会增大,电子商务的发展会快一些。

　　政策环境好,能支持电子商务,电子商务就会快速发展。如针对网上开店不强需营业执照、不征新的税种等都推动了电子商务的快速发展。

　　法律环境好,也有利于电子商务的发展。如关于电子合同是否有效的问题,我国有电子签名法认定电子合同具有法律效应,这样出现电子商务纠纷时就有法可依,大家就都放心了。

　　技术环境是电子商务必不可少的环境。毕竟电子商务是随着信息技术的发展而发展的,电子商务需要一个稳定成熟的、先进的技术环境。

以上要素与环境构成了电子商务系统(支撑体系),如图 0-1 所示。有了这个系统,电子商务才可以开展起来。

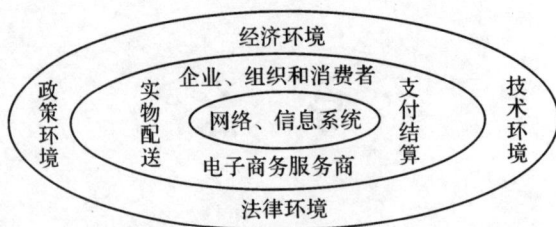

图 0-1　电子商务系统(支撑体系)

二、电子商务课程的教学内容

了解了开展电子商务活动所需的要素与环境后,下面来了解一下本课程的学习内容。

首先,要学习电子商务的概念、特征、发展历程等基本内容,这就是电子商务概述,也是整个课程的基础。

其次,从电子商务的基础设施网络与信息系统引申开来,要学习电子商务技术基础、电子商务的安全性、电子商务的网站与公众平台建设这些内容。

再次,为了对电子商务有一个整体的把握,也需要学习一下电子商务的框架和系统的内容。

然后,对于支付结算,要学习电子货币与电子支付系统;对于物流配送,要学习电子商务物流的内容。

此外,鉴于企业开展电子商务最基本的任务就是网络营销,而且许多企业做电子商务主要就是进行网络营销,因此也要学习网络营销的内容。

最后,需要了解电子商务的发展趋势。

0 电子商务导言

上篇　电子商务实务理论

第一章　电子商务概述

第一节　电子商务的概念

导言中通俗地介绍了什么是电子商务,即网上做生意。那么,理论上又是如何定义电子商务的呢?

一、电子商务的定义

关于电子商务,不同的组织或个人有不同的说法,从不同的角度给出了其定义。如政府部门、国际组织、IT(信息技术)公司、专家学者都给出了不同的电子商务定义。

美国政府给出的定义:电子商务是指通过网络进行的各项商务活动,包括广告、交易、支付、服务等活动。这是一种狭义的定义,因为工具限制在"网络"上,对象是商务活动。

欧洲议会认为,电子商务是通过电子方式进行的商务活动。这个定义广一些,因为"电子方式"不一定是网络,也可以是电报、电话等。

IBM 公司认为:Web+IT=电子商务。"Web+IT"是指"网络+信息技术",但这只是技术,必须加上商务活动才可构成电子商务活动。可以看出,IBM 公司重视的是前者——技术。

中国专家王可认为,电子商务是在计算机与通信网络基础上利用电子工具实现商业交换和行政作业的全过程。这个定义中,电子商务的对象除了商业交换,还包括行政作业。这是一个广义的概念,也就是说广义上通过电子的方式进行的行政作业也是电子商务的一种。

上面四个定义从不同的角度阐述了电子商务,各自都有道理。仔细分析一下,要理解电子商务定义可以抓住三个要点。

(1)主体:企业、组织或个人用户。这个在定义中没有写出来,但是必须被包含。组织可以是事业单位、社会团体等,个人用户就是消费者。

(2)技术工具:以通信网络为基础的计算机系统。这是电子商务的重要方面,传统商务与电子商务的区别就在于工具:使用传统工具的是传统商务,使用电子工具的是电子商务。

（3）对象：商务活动和业务活动。这是电子商务的另一个重要方面，从狭义的角度对象是商务活动，从广义的角度对象是业务活动，后者不仅仅指商务活动，也可以是行政作业等。

总结一下，电子商务的定义可分为广义的和狭义的两种。

广义的电子商务（E-business）是指各行各业，包括政府机构和企业、事业单位的各种网络化、电子化的业务。也可称为电子业务，涵盖电子商务、电子政务、电子军务、电子医务、电子教务等。

狭义的电子商务（E-commerce）是指人们利用电子化手段进行的以商品交换为中心的各种商务活动，主要是通过网络进行的商务活动，亦称为电子交易，包括电子广告、电子合同签约、电子购物、电子交易、电子支付等不同层次、不同程度的电子商务活动。

二、电子商务的本质与特征

前面介绍了电子商务的定义。那么，什么是电子商务的本质呢？是技术还是商务？

正确的回答是：商务。因为从事电子商务活动，活动的处理流程、处理规则和方法是其本质，技术只是实现的手段或工具。不过技术在电子商务中起着重要作用，没有信息技术也就没有电子商务。

另外，电子商务还是一种新的生产力。生产力有三个要素：人、工具、劳动对象。电子商务中有两个要素发生了变化：一是工具，由传统工具变成了电子工具，使生产更快速有效；二是人，由只需懂商务的人提升到既要懂商务，又要会现代信息技术的人。

因此，电子商务是一种新的生产力，比传统商务有更高的效率和更多的效益。

电子商务又有什么特征呢？大家可以想一下你是如何参与到电子商务中去的，比如你是如何网上购物的。

可以看到：电子商务以数字化方式处理文本、声音、图像等信息，用电子化手段完成产品和服务的交易。因此，数字化方式、电子化手段是它的工作特征。另外，电子商务也具有一些应用特征，如：

1.1 电子商务
的概念

（1）市场全球化，面向全球，做跨境电子商务。

（2）环境虚拟化，在一个虚拟的商城中买卖，商品以图片和文字显示。

（3）手段柔性化，可以用多种手段进行商务活动，可以通过淘宝网，也可通过微信、QQ，还可通过简单的电子邮件、论坛发帖等手段进行商务活动，非常灵活、柔性。

第二节　电子商务的分类与层次

一、电子商务的分类

电子商务有许多种分类方法，最基本的是按交易主体来分类。

B2C(企业与消费者间)电子商务,B2B(企业与企业间)电子商务,这两类大家都比较熟悉。那么 C2B 呢? 这是由消费者(C)发起、企业(B)来报价的电子交易,如消费者要买一张从杭州到珠海的机票,好几个航空公司都可以来报价,最后由消费者来决定买哪家的。

B2G(企业与政府间)电子商务。例子有企业向政府申请项目、网上报关、网上报税等,政府采购也是。B2G 电子商务也可称为 G2B 电子商务。

C2C(消费者间)电子商务。包括拍卖网站上做的交易,最早的淘宝网上的交易就是。当然现在淘宝网上已有许多是 B2C 交易了。

G2C(企业与消费者间)电子商务也有,大家可以自己想想例子。

还有 B2B2C 和 B2B2B,这其实就是中介模式。原以为电子商务不需要中介了,但后来发现中介的存在可以让交易双方节省寻找对方的时间,并具有安全性,因此电子商务仍需要中介,但可以少一些,不需要有多级中介。

此外,企业内部也有电子商务。

当然以上分类中,最重要的是 B2C 和 B2B 电子商务。B2C 是通过网上商店实现在线商品零售和为消费者提供所需服务的商务活动,亚马逊就是一个典型的案例(见图 1-1)。B2B 是指采购商与供应商通过网络进行谈判、订货、签约、付款以及索赔处理、商品发送和运输跟踪等所有活动。联想公司(见图 1-2)与代理商的交易就是一个例子。

图 1-1　亚马逊中国网站首页

图 1-2　联想公司网站首页

电子商务也可按交易过程分类。

交易前电子商务，指买卖双方和参加交易的各方在签订贸易合同前的准备活动。如：买方利用互联网来寻找自己满意的商品和商家；卖方利用互联网发布广告，寻找贸易伙伴和交易机会；买卖双方将双方磋商的结果用电子文件形式签订贸易合同。

交易中电子商务，指买卖双方签订合同后到合同开始履行之前办理各种手续的过程。如：利用电子化手段进行单据传递等。

交易后电子商务，是从买卖双方办完各种手续之后开始的商务活动。如：交货、付款等。

电子商务还可按交易对象来分类。

有形商品电子商务，也是非完全电子商务。由于有形商品的物流必须在线下走，"三流"（信息流、资金流、物流）无法完全在线上进行，所以称非完全电子商务。

无形商品电子商务，可以是完全电子商务。无形商品，像软件、音像制品等可以在网上下载传送，"三流"均可以在线上进行，因此可以是完全电子商务。

除此之外，还可按交易范围和网络划分。按交易范围划分，有本地电子商务、远程国内电子商务和全球电子商务。有些商品适合做本地电子商务，如快餐、生鲜产品等。当然，如果有连锁店、好的物流配送体系，也可做远程电子商务。按交易网络划分，有基于EDI（电子数据交换）网络的电子商务、基于Internet（互联网）的电子商务和基于Intranet（内联网）的电子商务等。

二、电子商务的层次

了解了电子商务的分类后，下面介绍电子商务的层次。电子商务分初级层次、中级层次和高级层次。

初级层次是指企业开始在传统商务活动中引入计算机及网络进行信息处理与交换，部分地代替企业内部或外部传统的信息储存和传递方式。

中级层次是指企业利用电脑网络的信息传递，部分地代替某些合同成立的有效条件，或者构成履行商务合同的部分义务。

高级层次是电子商务发展的理想阶段，是将商业机构对消费者的电子商务与商业机构对商业机构的电子商务，甚至商业机构对行政机构的电子商务有机地结合起来，实现企业最大限度的内部办公自动化和外部交易的电子化连接。

1.2 电子商务的分类与层次

第三节　电子商务的发展历程

一、电子商务萌芽时期

电子商务的发展首先经历了萌芽时期。在20世纪60年代至20世纪90年代初,该时期的电子商务主要是基于EDI的。

1839年,当电报刚出现时,人们就开始用电报进行商务活动,也就是广义的电子商务活动。

20世纪60年代,计算机网络诞生。60年代末,美国军用网ARPANET出现了,系统也产生了EDI,企业应用EDI成为电子商务的雏形。

1982年,ARPANET全面推广TCP/IP(传输控制协议/互联网络协议),并以其为主网建立了早期因特网。

1986年,美国国家科学基金会建成主干网NSFNET。

1990年,NSFNET取代ARPANET,成为因特网的主干网。同年,万维网(World Wide Web,WWW)出现。

由于丰富的资源和工具,1991年美国政府宣布向社会开放因特网,允许在网上开发商业应用系统。

1994年,美国网景通信公司(Netscape)成立,该公司开发并推出SSL(安全套接层)协议,支持B2B模式。

1995年,因特网上商业信息超过科教信息量,电子商务开始大规模发展。

二、电子商务形成时期

电子商务发展经历的第二个时期是形成时期,为20世纪90年代中期至21世纪初。该时期的电子商务主要是基于国际互联网的。

1995年4月30日,NSFNET停止运作。

1996年2月,维萨(Visa)与万事达(Master Card)两大国际信用卡组织共同发起制定了保障因特网上数据电子交易安全的SET(安全电子交易)协议,适用于B2C模式。

1997年,全球上网用户达1亿人,电子商务被推上历史舞台。

1997年年底,国内上网用户约60万,1998年6月,用户数增至120万,增长率200%。

2003年,国内上网计算机数为2083万台;上网用户总数为5910万;WWW站点数为371600个,其中浙江31216个,占8.4%;国际出口总带宽9380Mbps。

2003年,随着Web2.0技术的应用,大量社交网络如博客等纷纷出现。

2007年,国内上网计算机有6710万台,网民有1.62亿人,带宽为312346Mbps。

三、电子商务快速发展时期

电子商务发展经历的第三个时期是快速发展时期。

2008 年以后,网络社区与电子商务相结合逐步成为主流趋势。

2010 年年底,我国网民数量为 4.57 亿人,电子商务市场全年交易规模已达到 4.5 万亿元。

2011 年 5 月 26 日,中国人民银行公布了首批 27 家获得《支付业务许可证》的企业名称。

2012 年 11 月 14 日,易观国际于扬在易观第五届移动互联网博览会的发言中,首次提出"互联网＋"概念。通俗来说,"互联网＋"就是"互联网＋各个传统行业"。但这并不是简单的两者相加,而是让互联网与传统行业进行深度融合,创造新的发展生态。

2015 年 3 月,腾讯马化腾首次向两会递交"互联网＋"提案。

2015 年 3 月 5 日,李克强在政府工作报告中提出,制定"互联网＋"行动计划,推动移动互联网、云计算、大数据、物联网等与现代制造业结合,促进电子商务、工业互联网和互联网金融健康发展,引导互联网企业拓展国际市场。

四、中国互联网络发展状况统计报告

2018 年 1 月,中国互联网络信息中心(CNNIC)发布了第 41 次《中国互联网络发展状况统计报告》(见图 1-3)。报告显示,截至 2017 年 12 月,我国网民规模达 7.72 亿,互联网普及率为 55.8%;网络购物用户规模达 5.33 亿,占网民总体的 69.1%,我国手机网民规模达 7.53 亿,占网民的 97.5%;手机网络购物用户达 5.06 亿,占手机网民的 67.2%;我国农村网民规模为 2.09 亿,占全国网民的 27.0%,农村电子商务快速发展;使用网上支付的用户规模达 5.31 亿,使用比例为 68.8%;手机支付用户规模达 5.27 亿,使用比例为 70.0%。

1.3 电子商务的发展历程

图 1-3　CNNIC 发布第 41 次《中国互联网络发展状况统计报告》

第四节　电子商务对企业和消费者的影响

一、电子商务给企业采购带来的影响

电子商务能使企业通过网络及时了解供应商的信息,如价格、交货期、库存;使企业采购不用经常出差,减少了差旅费、调研费;使企业可以通过网上招标,节省时间和招标成本;也可以使企业通过网络改善与供应商的关系。

有个典型的案例:通用电气公司设备分部原来每天向公司资源部送交数百份定额申请单,向仓库索取附带图纸,装进信封寄出,这一过程需 7 天时间。后来,公司于 1996 年开发了一个联机采购系统,从内部网络传送定额申请单,自动调出附带图纸,然后通过网络向全世界供应商招标,可以在当天对投标做出决定,节省了不少时间。

二、电子商务给企业生产加工过程带来的影响

在电子商务时代,生产主要是顾客需求拉动型生产,小批量,个性化。

电子商务使企业缩短了研发与生产的周期,通过网络平台的资料共享和协同开发以及计算机辅助生产,大大加快了企业研发和生产的速度。

电子商务还能使企业减少库存,如不论是备货生产还是订单生产,电子商务都使库存减少。

(1)备货生产能减少库存,关键在于做准市场调查。如果生产多少就能卖出多少,就可以做到"零库存"。电子商务的市场调查利用电子工具能比传统商务的市场调查做得更准确,因此,电子商务能使企业减少库存,甚至做到零库存。

(2)采用订单生产,企业要做好与客户的及时沟通,产品生产出来以后,及时让客户来提货,这样也可以做到"零库存"。电子商务利用电子工具能比传统商务更好地与客户进行沟通,因此订单生产下,电子商务能使企业减少库存。

三、电子商务给企业销售带来的影响

电子商务降低了企业的销售成本,如:广告费用少了——网络广告比传统的印刷广告、户外广告要节省成本;中间环节费用少了——电子商务少了许多中间商;差旅费用少了——开展电子商务不需要经常外出推销。

电子商务的便利性使企业可以快速树立企业形象。

电子商务使企业可以突破时间和空间的限制。时间上,营业时间可延长至晚上,开网店的、做跨境商务的,晚上生意更好;空间上,客户的范围扩大到了国外,通过网络国外客户可以方便快速地访问国内企业网站。有个例子:国内一家旅游公司做探险旅游项目,用传统方式做时,国内游客很少,因为国内游客相对保守,不喜欢冒险。公司改用电子商务

方式后,吸引了许多国外游客,后来95%的游客团队来自国外。

电子商务的高效率,使企业可以进一步细分和深化市场,满足顾客的个性化需求。实际上,也只有高效的电子工具才能使企业面对顾客的个性化需求而从容不迫,否则企业的工作量太大了。

电子商务使企业可以全方位展示产品、介绍产品。现在的技术可以360度展示产品,包括产品细节,促使顾客理性购买。

四、电子商务给企业客户服务带来的影响

电子商务中,企业通过网络互动,如电子邮件、QQ、微信等,改善了与客户的关系。企业还可以直接通过网络进行售后服务,比如软件售后服务,通过IP地址或QQ号就能定位客户,进行远程维护。

电子商务还可以使用基于信息技术的客户服务系统,如CRM(客户关系管理)系统,从而提升客户服务质量,使客户的一条线索转变为一个订单。

五、电子商务给消费者带来的影响

前面讲了电子商务对企业的影响。那么,电子商务对消费者有什么影响呢?大家都是消费者,应该能体会到电子商务影响了消费者从购买需求到购买过程和购后行为的全过程。首先,电子商务中丰富多彩的网络广告激发了消费者的购买欲望,使其产生购买需求。其次,电子商务提高了消费者信息搜集的效率,节省了信息搜集时间和成本,消费者通过搜索引擎可以快速、全面收集商品信息。再次,电子商务节省了商品购买成本,包括价格(可以打折)、运输费(可以包邮)和交易的时间与精力成本。

1.4 电子商务对企业和消费者的影响

电子商务也使得消费者可以货比多家,理性做出购买决策。当然,电子商务也改变了消费者的支付方式。消费者可以进行线上支付,还可以通过网络工具传播口碑,方便向商家反映情况。

总的来说,电子商务给消费者带来了许多积极影响。

第一章练习题

第二章　电子商务技术基础

第一节　电子商务中的基础技术

电子商务中的基础技术有很多,包括计算机技术、网络技术、数据资源管理技术、安全性技术、EDI 技术、电子支付技术等,最基本的是网络技术。这一节中对计算机技术、数据资源管理技术、EDI 技术只做简单的介绍,主要介绍计算机网络技术。安全性技术、电子支付技术会在后续的章节中专门介绍。

一、计算机技术

如果大家学过计算机基础,那么应该知道,计算机包含计算机硬件与软件。硬件包括主机与外设,其中主机由主机板、CPU(中央处理器)、内存、硬盘等组成。软件包括系统软件和应用软件。

系统软件是指控制和协调计算机及外部设备,支持应用软件开发和运行的系统,如计算机的操作系统是系统软件。应用软件是为满足用户不同领域、不同问题的应用需求而提供的那部分软件。如电子商务软件是应用软件,其可以满足商品目录显示、购物交易等应用需求。

二、数据资源管理技术

数据资源管理技术是指对数据的分类、组织、编码、存储、检索和维护的技术。到目前为止,数据资源管理技术的发展已经经历了以下几个阶段:一是人工管理阶段,二是文件系统阶段,三是数据库系统阶段,四是高级数据库技术阶段。

以下主要介绍数据库系统阶段和高级数据库技术阶段。

从 20 世纪 60 年代后期开始的数据库系统阶段中,大容量磁盘出现,可以存储更多数据。有专门的数据库管理系统(DBMS)对数据库数据进行追加、删除、更新、查询等操作,对数据库进行统一的管理和控制,如图 2-1 所示。

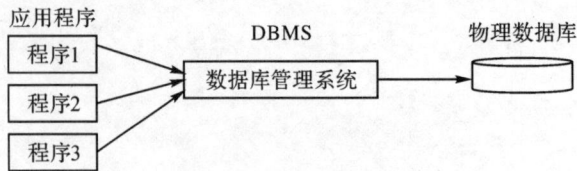

图 2-1　数据库管理系统

该阶段程序与数据相对独立,数据存在数据库中,可以为多个程序共享,比如电子商务中的采购、销售、库存等程序可以共享一个数据库中的数据,数据一致性好,冗余小。

而到了高级数据库技术阶段,企业可以将各种跨平台的数据,如电子商务销售系统的数据、企业内部管理信息系统的数据等经过重新组合和加工,构成面向决策的数据仓库。然后,企业可利用数据挖掘技术,从数据仓库等中抽取有价值的信息,帮助决策者寻找数据间潜在的关联,发现知识,为决策者所用。

三、EDI(电子数据交换)技术

EDI 技术是指电子数据交换技术。具体地说,它是参加商业运作的双方或多方按照协议,通过数据通信网络对具有一定结构的标准商业信息在参与方计算机之间进行传输和自动处理的技术。

标准化 EDI 已成为全世界电子商务的关键技术,实现了世界范围内电子商务数据文件的传递。

四、计算机网络技术

首先介绍一下计算机网络的概念。计算机网络是指处于不同地理位置的多台具有独立功能(有处理能力,有 CPU)的计算机系统通过通信设备和通信介质互连起来,并且在功能完善的网络软件(网络协议、网络操作系统等)的控制、管理下,实现资源共享和信息传递或协同工作的系统。其中,资源共享包括硬件资源、软件资源和数据资源的共享。

从网络逻辑功能角度看,计算机网络主要具有通信(信息传递)和资源共享两大功能,因此可以将计算机网络分成通信子网和资源子网两部分。

通信子网由网络通信控制处理机、其他通信设备、通信线路和只用于信息交换的计算机组成,负责完成网络数据传输和转发等通信处理任务。Internet 的通信子网一般由路由器、交换机和通信线路组成。

资源子网由主计算机系统、外设、各种软件资源和信息资源等组成,负责整个网络的数据处理业务,向网络用户提供各种网络资源和网络服务。

其次介绍一下计算机网络的分类。计算机网络可以从不同角度进行分类,如拓扑结构、传输技术、通信介质、信道带宽、使用范围、分布范围等。

按网络拓扑结构分类,有星型网、树型网、环型网和总线型网等。

按传输技术分类,有广播网与点—点网两种。

按通信介质分类,有双绞线网、同轴电缆网、光纤网和卫星网等。

按信道带宽分类,有宽带网与窄带网。

按网络的使用范围分类,有公用网与专用网。

按网络分布范围的大小分类,有局域网(LAN)、城域网(MAN)、广域网(WAN)。

局域网(local area network,LAN)是指在一个有限的地理范围(几千米)内将大量计算机及各种设备互连在一起实现数据传输和资源共享的计算机网络。局域网一般由服务器、网络工作站、网络适配器、通信介质、集线器、网络软件系统构成。

城域网(metropolitan area network,MAN)就是一个城市范围内的网络。

广域网(wide area network,WAN)是指在一个很大的地理范围(可跨国、跨城市)内,将各种局域网或网络设备互连在一起的网络。一般有两种互连的形式:一是局域网到局域网的连接,二是单机到局域网的连接。

最后,介绍一下计算机网络的OSI参考模型。这是由国际标准化组织(ISO)提出的"开放系统互联(open systems interconnection,OSI)参考模型",它将计算机网络的体系结构分成七层,从低到高依次为物理层、数据链路层、网络层、传送层、对话层、表示层和应用层,如图2-2所示。

图 2-2　OSI 参考模型

2.1 电子商务中的基础技术

也就是说,一个应用层的信息要通过表示层、对话层、传送层等,最终通过网络层、数据链路层和物理层传递到网络的另一端。

第二节　Internet(互联网)基础

Internet是一种国际互联网络,是一个全球的、开放的信息互联网络。它是通过分层结构实现的,包括物理网、协议、应用软件和信息四大部分。

一、Internet 的组成和功能

物理网是Internet的基础,它包括了大大小小的不同拓扑结构的局域网、城域网和广域网。Internet上使用TCP/IP协议组,负责网上信息的传输和将传输的信息转换成用户能够识别的信息。应用软件是用户同Internet打交道的界面,通过应用软件可以获取Internet提供的某种服务。

Internet 的核心内容是全球信息共享,共享包括文本、声音、图像等的多媒体信息,可以说其本质是高速数字化的通信网络。Internet 有两大功能:一是信息查询,可以共享 Internet 上的信息资源;二是信息的交流和传递。实现这两大功能的应用工具有许多,如早期的电子邮件、文件传输、远程登录、菜单式信息查询服务、网络新闻组和 BBS(电子公告栏)等,后期出现的博客、RSS(简易信息聚合)、wiki(多人协同创作)技术等。这里先不做详细展开,后面会专门介绍。

二、中国 Internet 的主干网

历史上,Internet 在中国有四大主干网络。

一是 CHINANET(中国公用计算机互联网)。CHINANET 是以邮电部门为主建设、经营、治理的中国公用 Internet 主干网,建设始于 1995 年,并向社会提供服务。

二是 CERNET(中国教育与科研网)。CERNET 是由政府资助的全国范围的教育与学术网络。1994 年由国家教委主持,北大、清华等十几所重点大学筹建,1995 年年底投入使用。

三是 CHINAGBN(金桥信息网)。CHINAGBN 是面向企业的网络基础设施,是中国可商业运营的公用互联网。1994 年 6 月,建设全面展开。

四是 CSTNET(中国科技网)。1989 年 8 月,中国科学院承担了国家计委立项的 NCFC(中关村教育与科研示范网络)的建设。1994 年 4 月,NCFC 率先与美国 NSFNET 直接互联,实现了中国与国际 Internet 的全功能网络连接,标志着我国最早的国际互联网络的诞生。1996 年 2 月,中国科学院决定正式将以 NCFC 为基础发展起来的 CASNET(中国科学院院网)命名为 CSTNET(中国科技网)。

三、Internet 的工作原理

前面提到,Internet 是在 TCP/IP(传输控制协议/互联网络协议)支持下构建起来的。因此,当一个 Internet 用户给其他机器发送一个文本时,TCP 会将该文本分解成若干个小数据包,再加上一些特定的信息,以便接收方的机器判断传输是正确无误的,并由 IP 在数据包上标上有关的地址信息。

当 TCP/IP 数据包到达目的地后,计算机将去掉 IP 的地址标志,利用 TCP 加上的特定信息检查数据在传输过程中是否有损失,并在此基础上将各数据包重新组合成原文本文件。如果接收方发现有损坏的数据包,则可要求发送端重新发送被损坏的数据包,以保证数据传送的正确性。

另外还有一种叫作网关(gateway)的专用机器使得该领域的各种不同类型的网可以使用 TCP/IP 语言与 Internet 打交道。网关就像一个翻译器,它在传输开始时将计算机网的本地语言(协议)转化成 TCP/IP 语言,而在传输结束时又将 TCP/IP 语言转化成计算机网的本地语言。

四、企业互联网络的应用层次

企业互联网络的应用层次分三层。

首先是 Intranet(企业内部网)，主要运行在企业内部。它既可以连接到 Internet，也可以局限于企业内部，独立运行，如图 2-3 所示。

其次是 Extranet(企业外部网)，它是一个使用 Internet/Intranet 技术把企业及其供应商或其他贸易伙伴联系在一起的合作网络，是 Intranet 的一种延伸。

最后是 Internet(互联网)。企业通过 Internet 与客户进行电子交易。

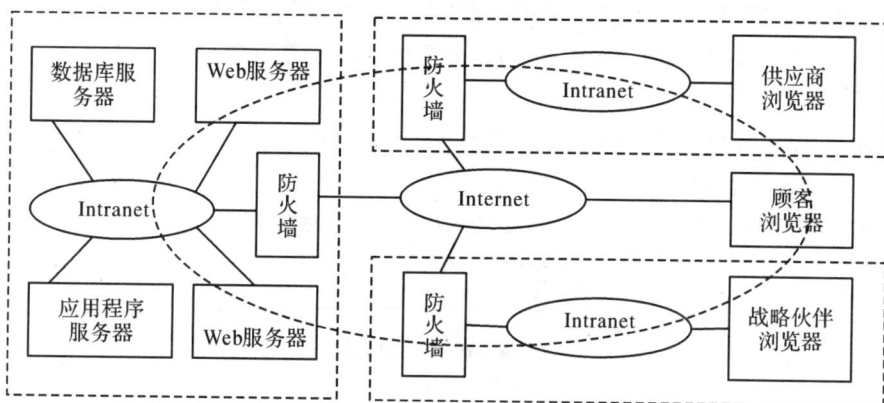

2.2 Internet
(互联网)基础

图 2-3　企业内部网的应用层次

第三节　IP 地址与域名

一、TCP/IP

TCP/IP 是一组用于组织网络中所有计算机和通信设备的协议。该概念中要强调的是"一组协议"，并不是一两个。下面来说这"一组协议"的其中三个。

第一，TCP(transmission control protocol)，传输控制协议。TCP 的作用是保证命令或数据能正确无误地到达其目的端，进行跟踪，比如数据包损坏了可要求重发。TCP 是可靠的。

第二，UDP(user datagram protocol)，用户数据报协议，也是传送层协议。UDP 不可靠、不跟踪，但效率高。

第三，IP(internet protocol)，因特网互联协议，负责将多个数据包的交换网络连接起来，在源地址和目的地址之间传送一种数据包。

二、IP 地址

IP 地址是指互联网协议地址，是 IP 提供的一种统一的地址。它为互联网上的每一个网络和每一台主机都分配一个地址，就像现实中的门牌号，这样就容易找到某台主机。

　　所有的 IP 地址都要由国际组织——网络信息中心(Net Information Center,NIC)统一分配。目前全球共有 3 个这样的网络信息中心,它们分别是 Inter NIC(负责美国及其他地区)、ENIC(负责欧洲地区)和 APNIC(负责亚太地区)。在中国,IP 地址分配由中国互联网络信息中心(CNNIC)负责。

　　那么 IP 地址的格式和分类是怎样的呢? TCP/IP 规定,每个 IP 地址由 32 位二进制数组成,IP 地址占 4 个字节,8 位 1 个字节。

　　为了便于表达和识别,习惯上采用所谓"点分十进制"表示法,其要点是:每 8 个二进制位为一组,用十进制数表示,即 0～255。因 2 的 8 次方等于 256,每组之间用小数点"."分隔。

　　例如,二进制数表示的 IP 地址:11010010　00100001　00011000　00000001。

　　用点分十进制表示即 210.33.24.1。

　　IP 地址的结构如图 2-4 所示,其由网络地址与主机地址构成。

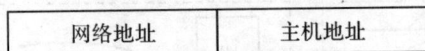

| 网络地址 | 主机地址 |

图 2-4　IP 地址的结构

　　IP 地址的分类如表 2-1 所示。

表 2-1　IP 地址的分类

分类	字节 1	字节 2	字节 3	字节 4	可用的网络数目	网络中节点的最大数目
A 类	0nnnnnnn	xxxxxxxx	xxxxxxxx	xxxxxxxx	$2^7=128$	$2^{24}=16777216$
B 类	10nnnnnn	nnnnnnnn	xxxxxxxx	xxxxxxxx	$2^{14}=16384$	$2^{16}=65536$
C 类	110nnnnn	nnnnnnnn	nnnnnnnn	xxxxxxxx	$2^{21}=2097152$	$2^8=256$
D 类	1110 后 28 位的多路广播地址					
E 类	1111:为将来使用保留					

注:n 表示网络地址中的二进制数的数码,x 表示主机标识中的二进制数的数码。

　　A 类:字节 1 为网络地址,第 1 位为 0,后 3 个字节为主机地址,因此根据排列组合算法,可用的网络地址数为 2 的 7 次方等于 128 个,而主机数有 2 的 24 次方,共 16777216 个,所以 A 类网络为大型网络。

　　B 类:字节 1 与 2 为网络地址,前 2 位为 10,后 2 个字节为主机地址,因此可用的网络地址数为 2 的 14 次方等于 16384 个,而主机数有 2 的 16 次方,共 65536 个,所以 B 类网络为中型网络。

　　C 类:字节 1 至 3 为网络地址,前 3 位为 110,后 1 个字节为主机地址,因此可用的网络地址数为 2 的 21 次方等于 2097152 个,而主机数有 2 的 8 次方,共 256 个,所以 C 类网络为小型网络。一般学校使用的为 C 类地址。

　　32 位的 IP 地址是 IPv4 协议的地址,基本已用完。因此现在已开始使用 128 位的 IPv6 协议的地址。其实,早在 2012 年 6 月 6 日,国际互联网协会就举行了世界 IPv6 启动纪念日。在这一天,全球 IPv6 网络正式启动。

三、域名系统

由于点分十进制的 IP 地址还是比较难以记忆,Internet 引入了一种字符型的主机命名机制——DNS(domain name system),即域名系统,用来表示主机的地址。要把计算机接入 Internet,必须获得网上唯一的与 IP 地址相对应的域名。

例如以下的 IP 地址与域名的对应关系:

18.181.0.21	www.mit.edu	美国麻省理工学院
210.33.24.1	www.usx.edu.cn	绍兴文理学院

Internet 每台主机上都有地址转换程序,负责域名与 IP 地址转换。域名和 IP 地址之间的转换工作称为域名解析,由网络上的域名服务器来完成,整个过程是自动的。

有了 DNS,凡域名空间中有定义的域名都可以有效地转换成 IP 地址,反之也一样,即 IP 地址也可以等价地转换成域名。

Internet 采用分层结构来表示域名。域名从右到左依次为顶级域名、二级域名、三级域名等,最左边的一段常常是主机名。为方便书写及记忆,每个主机域名序列的节点间用"."分隔,典型的结构如下:

计算机主机名.机构名.网络名.顶级域名

从域名上,人们便可以知道主机所属机构的性质和类别。例如,在绍兴文理学院主机的域名 www.usx.edu.cn 中,其顶级域名 cn 代表中国,二级域名 edu 代表教育和科研计算机网络,三级域名 usx 代表绍兴文理学院,www 则表示该主机是 www 服务器。

顶级域名目前采用两种划分方式:以国家和地区代号作为顶级域名,即地理性顶级域名;以所从事的行业领域代号作为顶级域名,即组织性顶级域名。

(1)地理性顶级域名:以两个字母的缩写形式来完全地代表某个国家或地区(见表 2-2)。

表 2-2 地理性顶级域名

域名	含义	域名	含义	域名	含义
cn	中国	au	澳大利亚	ca	加拿大
ch	瑞士	de	德国	es	西班牙
fi	芬兰	fr	法国	in	印度
jp	日本	kr	韩国	lu	卢森堡
mv	马来西亚	nl	荷兰	no	挪威
nz	新西兰	pt	葡萄牙	se	瑞典
sg	新加坡	uk	英国	us	美国

（2）组织性顶级域名：用来表明对该 Internet 主机负有责任的组织类型（见表 2-3）。

表 2-3　组织性顶级域名

域名	含义	域名	含义	域名	含义
com	商业组织	edu	教育机构	gov	政府部门
int	国际组织	mil	军事部门	net	网络机构
org	非营利组织	arts	文化娱乐组织	fim	公司企业
info	提供信息服务的组织	nom	个体或个人	arc	康乐活动
web	与万维网特别相关的组织	stor	销售单位		

后来在原域名资源日趋枯竭的情况下，互联网名称与地址分配机构（ICANN）又启用了新通用顶级域名，于 2011 年获得批准。第一批申请开始于 2012 年 1 月 12 日，并于 2012 年 4 月 20 日截止，2014 年开始面向全球开放注册。新通用顶级域名有体现客户、品牌、业务、安全等优点，可以较自主地申请，例如 taobao.，lenovo.，weibo.，tech.，网络.，手机.，等等。

2.3 IP 地址与域名

第四节　Internet 接入技术

Internet 接入技术，即"最后一公里"技术，它负责将用户的计算机或局域网与公用的 Internet 连接在一起。接入技术按接入线路类型，分有线接入与无线接入，按数据传输速率，分窄带接入与宽带接入。

下面介绍几种常用的 Internet 接入技术。

一、PSTN（电话线拨号）接入

PSTN 接入即通过电话线拨号接入 Internet，速率不超过 56kbps。它是一种窄带接入方式，特点是使用方便，只需有效的电话线及自带 modem（调制解调器）的 PC（个人电脑）就可完成接入。它主要适用于临时性接入或无其他宽带接入场所。缺点是速率低，不能与电话并用；费用较高，包括电话通信费和网络使用费。

二、ISDN（综合业务数字网）接入

ISDN 接入俗称"一线通"。它采用数字传输和数字交换技术，将电话、传真、数据、图像等多种业务综合在一个统一的数字网络中进行传输和处理；可与电话并用，速率有 128kbps/144kbps。缺点也是速度较慢，费用较高，费用由电话通信费和网络使用费组成。后来又发展出一种 B-ISDN（宽带综合业务数字网）。这是一种传输速率在 2Mbps 以上的 ISDN，采用 ATM（异步传输模式），主要以光纤作为传输媒体。

三、ADSL（非对称数字用户线路）接入

ADSL 接入可直接利用现有的电话线路，通过 ADSL modem 进行数字信息传输。所谓"非对称"是指下行与上行的速度不一样。最新的"ADSL2＋"技术可以提供最高24Mbps 的下行速率和 1Mbps 的上行速率。而用户主要用下行速率，上网看视频用的都是下行速率。此种接入方式可以充分利用现有的电话线网络，上网与打电话可同时进行，只上网的话则不用交电话费。它进一步发展为 VDSL（超高速数字用户线路），传输速率高，VDSL2 技术可以达到上下行各 100Mbps 的速率。

四、有线电视网

有线电视网是一种基于有线电视网络铜线资源的接入方式。优点在于速率较高，下行速率可达 40Mbps，上行速率可达 10Mbps，接入方便。缺点在于它属于资源分享型网络，当用户激增时，速率就会下降。

五、"光纤宽带＋局域网"接入

"光纤宽带＋局域网"接入指通过光纤将数据接入小区节点或楼道，再由局域网线连接到各个共享点上（一般不超过 100 米），提供一定区域内的高速互联接入。特点是速率高，抗干扰能力强，缺点是成本较高。

六、无线网络接入

无线网络接入是一种有线接入的延伸技术，使用 RF（无线射频）技术越空收发数据，减少电线连接。在公共、开放的场所或者企业内部，无线网络一般会作为已存在有线网络的一个补充方式，装有无线网卡的计算机通过无线手段可方便地接入互联网。

七、3G 和 4G 的移动通信技术

3G 是第三代移动通信技术，是指支持高速数据传输的蜂窝移动通信技术。目前 3G 存在 3 种标准：CDMA2000（中国电信采用）、WCDMA（中国联通采用）和 TD-SCDMA（中国移动采用）。

2.4 Internet 接入技术

4G 是第四代移动电话行动通信标准，集 3G 与 WLAN 于一体，并能够以 100Mbps 以上的速度下载，快速传输数据、高质量音频和视频及图像。

第五节　Internet 应用

随着 Internet 技术的迅速发展，Internet 的应用领域也在不断扩大，它对人们工作、生

活与学习的方方面面都产生了巨大的影响。下面介绍一些常用的、典型的 Internet 应用。

一、Web 1.0(第一代互联网)时代

1989 年,英国人 Time Berners-Lee 发明了万维网。此时的互联网称为 Web1.0(第一代互联网),是以数据为核心的互联网。以下是 Web 1.0 时代的 3 个 Internet 应用。

1. WWW 服务

WWW 是 World Wide Web 的英文缩写,译为"万维网""全球信息网"或"环球网"。WWW 是互联网上全球范围的超文本信息查找工具。用户可以利用 WWW 来浏览全球的信息。

在 WWW 站点上,用户还可以建立具有自己特色的起始网页来吸引其他访问者。每个 Web 页可展示文本、图形图像和声音等多媒体信息,又可提供一种特殊的链接。这种链接指向一种资源,它可以是另一个 Web 页面、另一个文件,也可以是另一个 Web 站点,这样可使全球范围的 WWW 服务连成一体。这就是所谓的超文本和超链接技术。

WWW 以 HTML(超文本标记)语言和 HTTP(超文本位移协议)为基础,能够提供面向各种互联网服务的、一致用户界面的信息系统。

2. 电子邮件(E-mail)

大家都在用的电子邮件(electronic mail,E-mail)服务是互联网为用户提供的一种最基本、最重要的服务之一,也是使用最为广泛的 Internet 应用。

这里介绍两个支持电子邮件工作的协议(见图 2-5)。

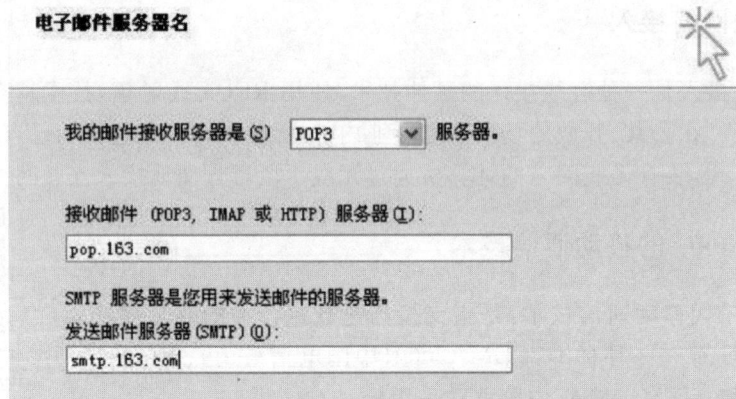

电子邮件服务器名

我的邮件接收服务器是(S)　POP3　服务器。

接收邮件 (POP3,IMAP 或 HTTP) 服务器(I):
pop.163.com

SMTP 服务器是您用来发送邮件的服务器。
发送邮件服务器(SMTP)(O):
smtp.163.com

图 2-5　电子邮件服务器(SMTP、POP3 协议支持)

(1)SMTP。SMTP(simple mail transfer protocol)即简单邮件传输协议,是互联网上基于 TCP/IP 应用层的协议,支持主机之间电子邮件的交换。

(2)POP3。POP3(post office protocol version 3)即邮局协议版本 3。基于 POP3 的电子邮件软件为用户提供了许多方便。它允许用户在不同的地点访问服务器上的电子邮件,通过用户计算机上运行的电子邮件客户程序向使用 POP3 的电子邮件服务器请求电子邮件,并决定是把电子邮件存放到服务器邮箱上,还是存入本地机。

3. FTP(文件传输协议)

FTP(file transfer protocol)即文件传输协议,主要用于将文件从网络上的一台计算机传送到另一台计算机。FTP 远程服务器称为 FTP 站点,分为注册用户 FTP 服务器和匿名(anonymous)FTP 服务器两类,应用得非常广泛的是匿名 FTP 服务器。

在 FTP 的工作模式中,文件传输分为上传(upload)和下载(download)两种。

FTP 可以通过命令行模式和图形界面模式实现。进行 FTP 命令行模式,命令格式是:FTP　IP 地址或域名。例如:ftp zju.edu.cn。图形界面模式采用 CuteFTP 等软件(见图 2-6)。浏览器可使用 FTP://用户名@IP 地址或域名或 FTP://IP 地址或域名。例如:ftp://ftp.microsoft.com

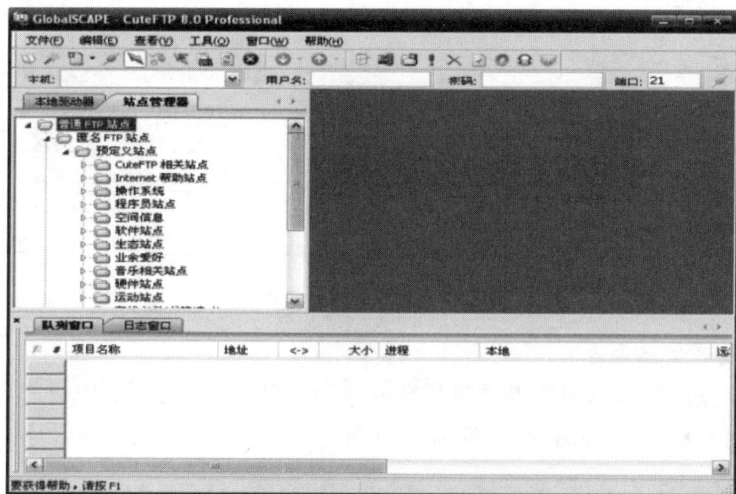

图 2-6　Cute FTP 软件的 FTP 图形界面

二、Web 2.0(第二代互联网)时代

Web 2.0(第二代互联网)是以用户为核心的互联网,它能提供给用户自己组织管理网络信息资源的工具,鼓励用户提供内容,创造情报。Web 2.0 时代具有个性化、去中心化、共享性、以微内容为基础四个特点。下面来看几个典型的 Web 2.0 时代的 Internet 应用。

1. 博客/网络日志(blog)

博客/网络日志的英文全称是 weblog,后来缩写为 blog。它于 1997 年出现在美国,2000 年开始在网络上流行。它是一个易于使用的平台,用户可以在其中迅速发布想法,与他人交流以及从事其他活动。博客的特点是内容个性化,更新频繁(日记形式),充分利用超链接实现网络群体间的深度交流和沟通。博客的功能包括个人信息发布、科学团体/共同体交流思想、合作研究、企业内部信息交流、个人经验的学习和共享、营销、知识管理等。

博客有个变种叫播客(podcast),具有个人视频/音频的发布/订阅功能,又被称作"有声博客"。

2. wiki(多人协同创作)技术

wiki 是一种多人协作的写作工具,实质上是一种超文本系统。这种超文本系统支持面向社群的协作式写作,同时也包括一组支持这种写作的辅助工具。wiki 站点可以由多用户(甚至任何访问者)共同建设维护,每个人都可以发表自己的意见,或者对共同的主题进行扩展或者探讨,如维基百科(见图 2-7)。

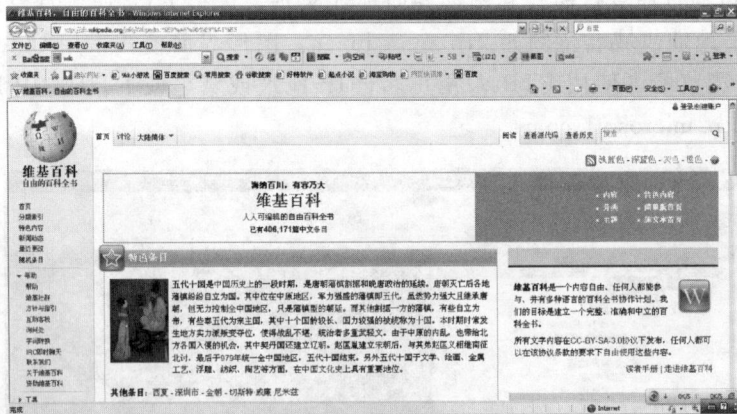

图 2-7　维基百科中文页面

3. RSS(简易信息聚合)

RSS 是站点用来和其他站点之间共享内容的一种简易方式,由用户产生内容自动分发,可订阅,如网易 RSS 订阅中心(见图 2-8)。

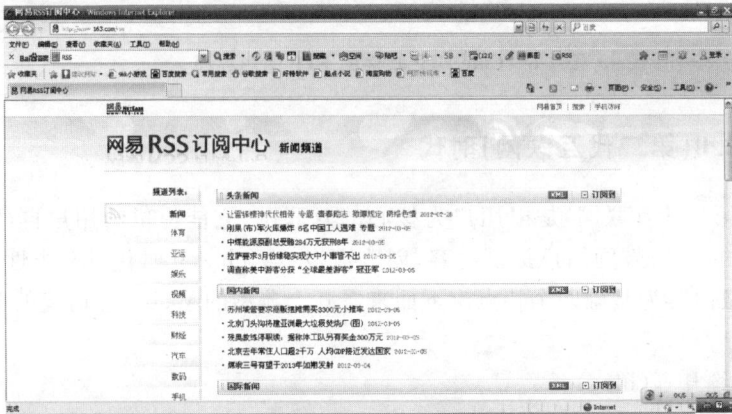

图 2-8　网易 RSS 订阅中心

2.5 Internet 应用

第二章练习题

第三章　电子商务框架及系统

第一节　电子商务框架

在本节介绍两个电子商务框架,一个是美国提出的,另一个是我国提出的。下面进行对两者的比较讲解。

在 1997 年 7 月 1 日,美国总统颁布了美国政府促进、支持电子商务发展的战略性文件《全球电子商务政策框架》。

1999 年 1 月 4 日,信息产业部制定了一个电子商务框架征求意见稿草案,指出:中国电子商务的发展要符合中国的国情,既要走自己的发展道路,又要注意同全球电子商务接轨。要做到国家利益、集体利益、个人利益的协调统一。

一、原则

两个框架都提到一些原则。

《全球电子商务政策框架》中提到以下几点:

(1)私营部门带头(符合美国国情);行业自我管理(自律)。

(2)政府应当避免对电子商务的不当约束;干预最小化,不要阻碍电子商务这个新生事物的发展。

(3)政府参与,参与的目标是支持。

(4)政府应该理解并掌握 Internet 的特性——分散和开放,全球性和公众性。

(5)Internet 上的电子商务应该在全球范围内来促进,有利于国际贸易和法规的统一。

我国的电子商务框架征求意见稿草案的原则体现了我国的特色:

(1)政府作用是宏观规划和指导,这是我国政府地位所决定的。

(2)企业作用是基本组成单位,积极参与自律,同样由企业地位决定。

(3)抓好重点领域、行业、地区、企业的电子商务示范工程,先试点再推广;在信息基础设施建设、支付认证、法律法规等方面总结经验,逐步推广。

(4)法律、法规和安全管理对电子商务发展至关重要,要完善电子商务法律法规和管理体系。

二、建议或必须解决的问题

两个框架也提出了一些建议或必须解决的问题。

《全球电子商务政策框架》中提出:

(1)无关税,不征新税,支持电子商务发展;

(2)对电子支付系统采取灵活的法规,不要约束,只做个别监测;

(3)规范电子商务的商业行为;认可电子合同;

(4)知识产权的保护上,确保销售者的成果不被窃取,购买者得到授权产品;

(5)保护隐私权;

(6)保证电子商务的安全性;

(7)促进电信基础设施和信息技术发展;

(8)内容上,做好自我规范,技术过滤和封锁,并进行相关法规建设;

(9)技术标准方面,由市场决定,谁先掌握谁制定;

而我国的电子商务框架征求意见稿草案提出了类似建议,但也有所不同:

(1)关税和税收方面:认为零关税、减少税收会影响发展中国家;要避免税赋不公和双重征税(两个国家或地区重复征税)。

(2)电子支付和外汇管理:政府要承担责任、立法规,但要灵活。

(3)版权、专利、商标、域名等知识产权的保护:要制定法规。

(4)保护个人隐私权。

(5)保证电子商务的安全性和可靠性。

(6)电子贸易的法律和规范:包括传统法规;指导行业自律规则;制定非歧视性标准;采用国际标准;关键标准由政府主导。

(7)信息基础设施:公平合理接入,低成本运行和良好的服务。

三、协调和重点工作

《全球电子商务政策框架》提出了内部的协调和外部的国际性协调:内部的协调指美国政府将继续调整其对电子商务的政策;制定本框架战略的跨部门班子(政府电子商务工作组)将继续保持会晤,以不断更新战略,促进其实施。国际性协调指该框架就政府针对电子商务的许多关键问题明确了一系列的指导性政策,并提供了进行国际商谈、合作的方针。

我国的电子商务框架征求意见稿草案提出了一些重要工作:要发展政府对企业级的电子商务;发展企业与企业间的电子商务;发展企业与消费者间的电子商务;要开展电子商务示范工程,总结经验,引导发展;要研究制定相关政策、法规和标准,建立安全认证机构等电子商务环境。

3.1 电子商务框架

第二节　电子商务系统结构

首先,可以回顾一下导言中介绍的图0-1,它其实就是一种电子商务的系统结构。它由网络、信息系统,企业、组织和消费者,支付结算,物流配送,电子商务服务商等基础设施和要素构成,又有经济、政策、法律、技术等环境。接下来再介绍几种电子商务系统结构。

一、电子商务系统框架结构

一个完整的电子商务系统所包含的框架如图3-1所示。

最底层是网络基础设施,包括了电信、有线电视、无线设备、Internet等网络通信设施。倒数第二层是多媒体内容和网络宣传,包括HTML、Java、WWW服务等(可以制作和发布多媒体内容)。倒数第三层是报文和信息传播的基础设施,包括EDI、E-mail、HTTP等(用于报文、信息的传递)。倒数第四层是贸易服务的基础设施,包括安全、认证、电子支付、目录服务等(这些服务在电子商务中不能少)。

最上层才是电子商务应用,包括供货链管理、视频点播、网上银行、电子市场及电子广告、网上娱乐、有偿信息服务、网络购物等。这些应用只有在下面四层的基础上才可以顺利开展。

另外,必不可少的是贯穿于各层的两大支柱——政策法规及隐私和各种技术标准安全网络协议,以此保证电子商务的合法、安全、统一和通用。

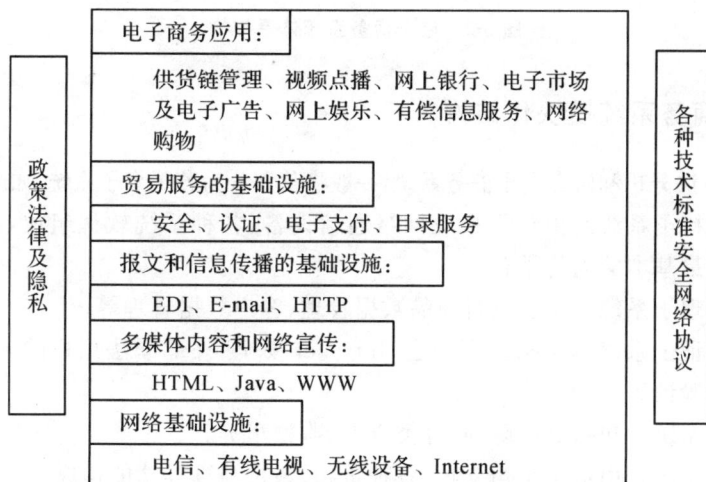

图3-1　电子商务系统框架结构

二、电子商务系统体系结构

从内部结构来看,电子商务系统是一个多层结构,从下到上可将其划分为四层结构,如图 3-2 所示。底层是网络和操作系统服务层(Network OS Services),主要提供硬件及底层的一些支持。倒数第二层是基础服务层(Infrastructure Services),主要包括语言支持、组件技术、运行时间分配服务等一般信息系统都具备的部分。倒数第三层是应用服务层(Application Services),主要包括应用通信、事务处理、数据库连接等一些公共的应用支持。第一层应用及解决方案层(Application & Solutions),主要包括电子市场、电子银行等适合各专业领域的电子商务应用服务。

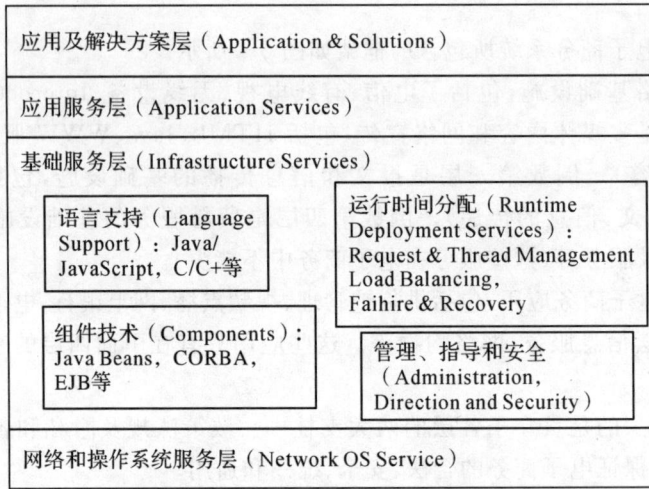

图 3-2　电子商务系统体系结构

三、电子商务系统模块化结构

用结构化方法分析和研究电子商务系统,一般将其划分为若干个子系统,如图 3-3 所示。

(1)基本支持子系统。由计算机及网络通信设备、各种系统软件组成,实现 Internet 功能,提供系统最基本的支持平台。

(2)数据管理子系统。主要进行商品数据管理、客户数据管理等。

(3)安全认证子系统。包括数据安全、Intranet 安全、外部非法用户的入侵检测、身份验证等。

(4)购物子系统。包括商品陈列、分类查询、购物车等。

(5)支付子系统。由电子货币支付、各种折扣、银行结算等功能构成。

(6)物流管理子系统。有商品即时配送、有关商家的联络、客户反馈等功能。

3.2 电子商务
系统结构

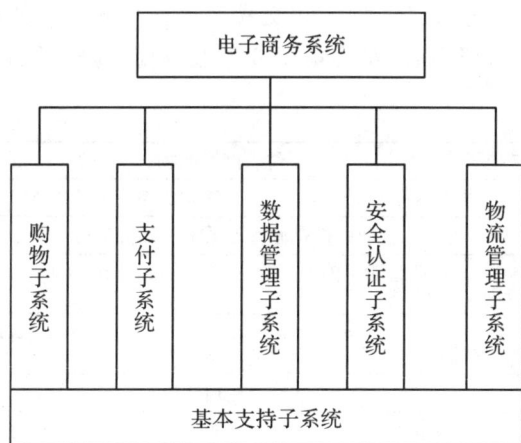

图 3-3　电子商务系统模块化结构

第三节　企业电子商务系统框架

　　企业电子商务系统框架是从企业的角度出发,将电子商务系统分为三个平台,分别是环境平台、技术平台和商务平台,并按照电子商务涉及的远近关系由下至上分层排列为七层,分别为社会环境、网络环境、商务服务环境、硬件环境及技术、软件及应用环境、企业内部资源管理系统及分析工具、电子商务应用。下面具体来讲解这个框架(见图 3-4),同学们可以从中具体了解企业开展电子商务所需的环境和软硬件资源。

一、环境平台

　　环境平台是电子商务系统的外部运行环境,包括社会环境、网络环境和商务服务环境三个层次。

　　1.社会环境

　　社会环境是指电子商务系统的存在和发展必须以特定的法律、税收等手段来规范,也需要满足企业和个人在信用和隐私等方面的需要。因此,电子商务的社会环境主要包括信用、法律、税收、隐私、国家政策、专门人才等。企业只能适应而不能选择不同的社会环境。一个好的社会环境将会促进电子商务的发展。如果每个消费者、企业都重信用,不拖欠货款,不交易假货,一定会使电子商务快速普及。

　　2.网络环境

　　网络环境是电子商务系统的底层基础,包括电信网络、行业性数据通信网络和无线通信网络等。可以根据实际需要选择不同的网络,如农村偏远地区可以选择无线通信网络。

　　3.商务服务环境

　　商务服务环境是由外部的电子商务服务商或组织为使企业顺利开展电子商务而提供

的服务环境,包括标准、支付、认证、物流和交易平台五个部分。如网上银行、快递企业、CA 认证中心(数字证书认证中心)都是电子商务服务商,为电子商务提供支付、物流、安全认证服务。

商务平台	7.电子商务应用(广告宣传、网络购物、电子市场、拍卖)				
	供应链管理(SCM)		客户关系管理(CRM)		
	6.企业内部资源管理系统及分析工具				
	在线分析工具(OLAP)、商业智能(BI)、数据挖掘(data mining)、统计产品和服务解决方案(SPSS)、知识管理(KM)等				
	企业资源计划(ERP),企业门户(enterprise portal),呼叫中心(call center),仓库管理系统(WMS),物流分拣、车辆调度、车辆跟踪、定位等系统				
技术平台	5.软件及应用环境				
	操作系统	网络通信	开发工具	数据库	应用环境
	Windows、UNIX等	TCP/IP、HTTP/WAP、IPV6	Java、C/C++、HTML、XML、JSP、ASP等	Oracle、DB2、MS SQL Server、My SQL等	办公自动化(OA)、FTP、网管软件等
	4.硬件环境及技术				
	服务器及终端设备	存储设备及技术	网络设备	定位设备	标识设备
	服务器、PC、计算机接口、PDA(个人数字终端)、手机、笔记本电脑等	磁带库、双机热备、磁盘陈列、NAS(网络附加信息存储)、SAN(信息存储区域网络)等	路由器、交换机、无线网络设备、蓝牙、防火墙等	GPS(全球定位系统)、GPRS(通用无线分组业务)等	IC卡、条形码、RFID(射频识别)、读写器、指纹识别、电子标签等
环境平台	3.商务服务环境	标准、支付、认证、物流、交易平台			
	2.网络环境	电信网络、行业性数据通信网络、无线通信网络等			
	1.社会环境	信用、法律、税收、隐私、国家政策、专门人才等			

图 3-4　企业电子商务系统框架

二、技术平台

技术平台是电子商务系统的内部运行环境,包括硬件环境及技术、软件及应用环境两个层次。电子商务系统的技术平台在三个平台中可变性最大,选择性最强。可以通过不同组合,形成有自身特色的电子商务系统。

1. 硬件环境及技术

硬件环境及技术包括服务器及终端设备[服务器、PC、计算机接口、PDA(个人数字终端)、手机、笔记本电脑等]、存储设备及技术[磁带库、双机热备、磁盘陈列、NAS(网络附加信息存储)、SAN(信息存储区域网络)等]、网络设备(路由器、交换机、无线网络设备、蓝牙、防火墙等)、定位设备[GPS(全球定位系统)、GPRS(通用无线分组业务)等]和标识设备[IC卡、条形码、RFID(射频识别)、读写器、指纹识别、电子标签等]等。这一层为电子商务系统的数据存储、应用系统运行提供关键设备。

2. 软件及应用环境

软件及应用环境包括操作系统(Windows、UNIX 等)、网络通信(TCP/IP、HTTP/

WAP、IPV6)、开发工具(Java、C/C++、HTML、XML、JSP、ASP 等)、数据库(Oracle、DB2、MS SQL Server、My SQL 等)和应用环境[办公自动化(OA)、FTP、网管软件等]等。这一层为电子商务应用系统的开发维护提供平台支持。

三、商务平台

商务平台是利用电子手段开展电子商务活动的核心,也是电子商务的核心组成部分,电子商务的应用程序就运行在这个平台上,包括内部资源管理系统及分析工具、电子商务应用两个层次。

1. 内部资源管理系统及分析工具

内部资源管理系统及分析工具包括以企业资源计划(ERP)为核心的企业管理信息系统[如企业资源计划(ERP),企业门户(enterprise portal),呼叫中心(call center),仓库管理系统(WMS),物流分拣、车辆调度、车辆跟踪、定位等系统]和各种企业信息管理工具[如在线分析工具(OLAP)、商业智能(BI)、数据挖掘(data mining)、统计产品和服务解决方案(SPSS)、知识管理(KM)]等。这些系统和工具主要为企业内部开展电子商务活动所用。

3.3 企业电子商务系统框架

2. 电子商务应用

电子商务应用包括以供应链管理(SCM)和客户关系管理(CRM)为核心的电子商务应用(如广告宣传、网络购物、电子市场、拍卖等),主要为对外的电子商务活动。

第四节　电子商务系统的服务商

电子商务系统的服务商包括电子商务的系统服务商和电子商务的中介服务商。为了介绍这些服务商,先来了解一下电子商务产业链。

一、电子商务产业链

电子商务产业链是指在现实的电子商务活动中,若干相关产业部门基于电子商务活动内在的技术经济关联,客观形成的环环相扣、首尾相接的链条式关联关系形态。

电子商务产业链链条较长,以"信息高速公路"、网络建设、IT 业为起点,到网络接入服务商(IAP)、网络运营服务提供商(ISP),再到网络内容服务提供商(ICP)、应用服务提供商(ASP)和商业服务提供商(BSP)以及电子支付与物流服务商(e-Payment & distribution),最终到提供服务给政府、企业和最终消费者的电子商务交易平台服务商等。具体如图 3-5 所示。

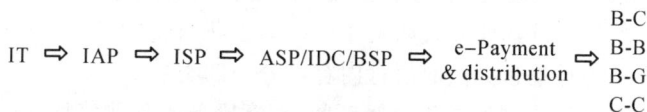

IT ⇒ IAP ⇒ ISP ⇒ ASP/IDC/BSP ⇒ e-Payment & distribution ⇒ B-C / B-B / B-G / C-C

图 3-5　电子商务产业链

二、电子商务的系统服务商

电子商务的系统服务商为电子商务提供系统支持服务。根据技术与应用层次不同，提供系统支持服务的电子商务系统服务商可以分为以下五类：

IAP(Internet access provider)，网络接入服务商；

ISP(Internet service provider)，网络服务提供商；

ICP(Internet content provider)，网络内容提供商；

ASP(application service provider)，应用服务提供商；

BSP(business service provider)，商业服务提供商。

1. IAP(网络接入服务商)

IAP为用户提供网络接入服务，通过租用或自建通信网接入 Internet 主干网。IAP又分为两个层次：低层的物理网络提供商和高层的网络接口服务商。物理网络提供商的主要业务是维护路由器、检测通信质量、保持通信信道畅通，并在此基础上计算流量，进行计费工作。网络接口服务商是物理网络提供商的产品代理，其业务是一端连接物理网络提供商的网络接口，一端连接众多的通过各种方式进入的终端用户，收入来源于用户的月租费和超流量费。如中国电信、中国联通、网通等都属于网络接口服务商。

2. ISP(网络服务提供商)

ISP 为企业建立电子商务系统提供全面支持。中小企业没有实力建设自己的网络服务平台，为此 ISP 应运而生。ISP 为企业提供 Web 服务器的维护工作，维护企业委托的主页。如万网(见图3-6)、东方网景等提供的服务。

图3-6　万网

3. ICP(网络内容提供商)

ICP 主要为企业和消费者提供信息内容服务、搜索引擎服务，这类服务一般是免费或适当收费的。ICP 主要通过其他方式如发布网络广告获取收入。

ICP 按推广服务的对象和提供的信息内容可分为四类：

(1)网络媒体运营商，为网民提供分类新闻、搜索服务等免费信息，收入来源主要是广告和收费邮箱等，如新浪、搜狐。

（2）数据库运营商，提供信息搜索的专业服务，如期刊、论文、统计信息等，主要靠会员年费和出售光盘收入，如中国知网（见图3-7）、万方数据库等。

图3-7　中国知网

（3）信息咨询商，为企业提供战略规划和决策咨询服务，有庞大的信息量、较强的数据挖掘能力，提供市场预测、法律咨询、投资咨询等收费服务，如麦肯锡（见图3-8）等。

图3-8　麦肯锡

（4）信息发布代理商，为交易主体提供方便的双向信息发布环境，靠年费和交易撮合费营利，如阿里巴巴。

4. ASP（应用服务提供商）

ASP是指通过互联网为商业、个人提供配置、租赁和管理应用解决方案服务的专业化服务公司。它提供的服务包括系统解决方案，如IBM公司（见图3-9），也包括应用程序的租赁服务，如万网。其优势有：节约企业信息化建设时间；缓解部分企业人才短缺的问题；节约企业成本；提供最佳技术解决方案。

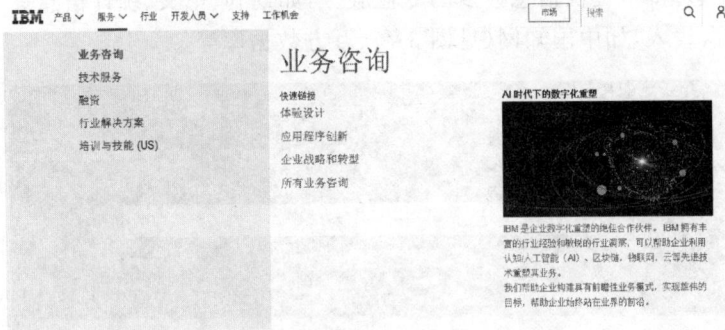

图 3-9　IBM 中国

5. BSP(商业服务提供商)

BSP 是指向客户提供出租第三方软件应用套装的公司。BSP 和 ASP 很类似,二者都能提供一种应用软件。不同之处在于,BSP 可以根据客户的需求为其量身定制一个软件套装,并且通过外包客户的大部分商业过程(如记账)向客户提供后端解决方案,而 ASP 不能。

三、电子商务中介服务商

电子商务中介服务商包括以下两类。

1. 提供交易平台的中介服务商

(1) B2B 型,为企业提供供求信息,主要有两类:一是综合性的 B2B 交易网络公司,如阿里巴巴(见图 3-10)、慧聪;二是垂直商务门户网站,如中国化工网(见图 3-11)、中国纺织商务网等,也即行业网站(许多著名的行业网站总部都在浙江杭州)。

(2)B2C 型,为多家商品销售企业开展网上售货服务,如当当网(见图 3-12)等。

(3)C2C 型,为消费者买卖产品提供中介服务,如 eBay(见图 3-13)、淘宝网等。

图 3-10　阿里巴巴

图 3-11　中国化工网

图 3-12　当当网

图 3-13　eBay

2.提供服务平台的中介服务商

(1)信用认证型:一是行业与政府部门建立的,如中国人民银行的中国金融认证中心(CFCA)(见图3-14);二是地方政府与公司共建的,如上海的SHECA(上海市数字证书认证中心);三是商业性认证平台,如汇信网(见图3-15)。

(2)电子金融型:网上银行、电子支付系统等。之后会专门介绍。

(3)物流配送型:专业物流企业。之后会专门介绍。

3.4 电子商务
系统的服务商

图 3-14　中国金融认证中心(CFCA)

图 3-15　汇信网

第五节　电子商务系统的法律环境

在开展电子商务活动的过程中,我们必然会碰到各种法律问题。下面先来看电子商务中可能出现的几个法律问题。

一、电子商务的几个法律问题

与传统商务比较,电子商务的特点有无国界性、虚拟性、无纸化,所以可能出现以下法律问题:

(1)电子合同问题(如合同无效);

(2)网络安全问题(如不安全);

(3)商业信用问题(如网络上缺乏信用);

(4)关税和税收问题(如不确定是否征税);

(5)电子商务的著作权问题(如容易侵权);

(6)网络广告问题(如无证经营);

(7)消费者权益保护(如网上合同中的霸王条款)。

可见电子商务活动中存在许多问题,需要依据相关的法律来解决。现实中电子商务法律环境正在建全,许多国际组织、国家和地区制定了有关电子商务的法律法规,下面从国际和国内两方面来具体介绍。

二、国际电子商务法律环境

1.国际经济合作与发展组织有关电子商务的立法

从20世纪80年代初到现在,国际经济合作与发展组织制定了许多有关电子商务的原则、法规,如《保护个人隐私和跨国界个人数据流指导原则》《关于电子商务身份认证的宣言》《电子商务消费者保护准则》(其中提出了保护消费者的三大原则和七大目标)等。

2.联合国国际贸易法委员会有关电子商务的立法

1982年,出台《电子资金划拨法律指南》。

1996年,出台《电子商务示范法》为各国电子商务立法打下了基础。具体看几条:

第5条 数据电文的法律承认

不得仅仅以某项信息采用数据电文形式为理由而否定其法律效力、有效性或可执行性。

第6条 书面

如法律要求信息须采用书面,则假若一项数据电文所含信息可以调取以备日后查用,即满足了该项要求。

第7条 签字

如法律要求要有一个人签字,则对于一项数据电文而言,倘若情况如下,即满足了该项要求:

a.使用了一种方法,鉴定了该人的身份,并且表明该人认可了数据电文内含的信息;

b.从所有各种情况看来,包括根据任何相关协议,所用方法是可靠的,对生成或传递数据电文的目的来说也是适当的。

第8条 原件

如法律要求信息须以其原始形式展现或留存,倘若情况如下,则一项数据电文即满足了该项要求:

a. 有办法可靠地保证自信息首次以其最终形式生成，作为一项数据电文或充当其他用途之时起，该信息保持了完整性；

b. 如要求将信息展现，可将该信息显示给观看信息的人。

2001 年的《电子签章示范法》重新定义了电子签章："电子签章指在数据电文中，以电子形式所含、所附或在逻辑上与数据电文有联系的数据，它可用于鉴别与数据电文有关的签字人和表明此人认可数据电文所含的信息。"

3. 世界贸易组织有关电子商务的立法

1998 年，《关于全球电子商务的宣言》针对电子图书、数字音乐、软件等商品和服务，通过网络贸易零关税至少保持一年的协议，并提议制定一项 WTO 的工作计划来研究电子商务的所有相关问题。

同年 9 月 25 日，WTO 理事会通过了《电子商务工作计划》，涵盖了服务贸易、货物贸易、知识产权保护、强化发展中国家（包括其中小企业）的参与等问题，并已开始实施。

4. 世界知识产权组织（WIPO）有关电子商务的立法

1996 年 12 月 20 日，WIPO 通过的《世界知识产权组织著作权条约》（WCT）和《世界知识产权组织表演和录音制品条约》（WPPT），被称为"网络环境下的著作权条约"。

1999 年 4 月 30 日，出台《互联网名称和地址管理及其知识产权问题》；1999 年 11 月 29 日，出台《反域名抢注消费者保护法》；等等。

三、我国电子商务法律环境

我国有关电子商务的法律法规主要包括以下几方面：

（1）网络安全与犯罪防治。如：1997 年 3 月 14 日，第八届全国人民代表大会第五次会议修订《中华人民共和国刑法》第六章妨害社会管理秩序罪，包括其中的第 285、286 条规范计算机犯罪（即第 285 条——非法入侵计算机系统罪，第 286 条第 1、2 款——破坏计算机信息系统功能罪，第 286 条第 3 款——制作、传播计算机病毒等破坏性计算机程序罪）。

（2）网络一般行业规范。如：2004 年 8 月 28 日，第十届全国人大常委会第十一次会议通过了《中华人民共和国电子签名法》，并于 2005 年 4 月 1 日开始实施。

（3）网络特殊行业规范。如：2003 年 5 月 10 日，文化部公布《互联网文化管理暂行规定》，自 2003 年 7 月 1 日起正式施行。

3.5 电子商务系统的法律环境

（4）知识产权。如：2011 年 4 月 21 日，商务部、工业与信息化部、公安部等发布《关于进一步推进网络购物领域打击侵犯知识产权和制售假冒伪劣商品行动的通知》。

（5）域名与商标。如：2014 年 9 月 1 日，新的《中国互联网络信息中心域名争议解决办法》开始实施。

第三章练习题

38

第四章　电子商务的安全性

第一节　电子商务安全概述

电子商务安全问题很多,有技术问题、管理问题和法律问题。所以,要解决电子商务安全问题,就要从技术、管理和法律三方面一起来解决。下面来介绍一下电子商务存在的安全问题、触发电子商务安全问题的原因和电子商务的安全要求。

一、电子商务的安全问题

1.电子商务安全的技术问题

(1)安全漏洞:木马的植入。"木马"是"特洛伊木马"(Trojan horse)的简称,也可用它来表示不怀好意的软件,如那些窃取网银账号、证券账号和监视屏幕的窃密程序等,它们会通过安全漏洞进入,窃取信息或破坏计算机系统。

(2)计算机病毒。

(3)黑客攻击:网页篡改(如黑客通过网页隐蔽地传播间谍软件);设置陷阱(点击网络上的某个链接,而该链接实际上是黑客设计的陷阱,它往往会向计算机中载入病毒代码等);口令破译,窃取信息;等等。

(4)网络仿冒:欺诈邮件,虚假网页(诱骗信用卡号、口令),等等。

(5)信用风险:买方拖欠货款;卖方不发货;买卖双方抵赖曾有的交易。

2.电子商务安全的管理问题

(1)很多企业、机构及用户的网站或系统都疏于安全管理,如支付环节、发货环节。

(2)人员管理也是电子商务安全管理上薄弱的环节。由于缺少道德、安全教育,常出现内部人员违反规定,破坏系统、泄露信息等现象。

3.电子商务安全的法律保障问题

该问题涉及两个基本方面:第一,电子商务交易首先是一种商品交易,其安全问题应当通过民商法加以保护;第二,电子商务交易是通过计算机及其网络实现的,其安全与否依赖于计算机及其网络自身的安全程度。我国目前在上述两个方面的法律制度尚不完善。

二、触发电子商务安全问题的原因

(1)人的因素:电子商务中人的虚拟隐蔽性是导致安全问题的一个重要因素。人的道德素质低,感觉自己是隐蔽的,就有可能做坏事,要进行教育。

(2)网络的因素:网络的功能主要是信息传输与信息共享,而其在安全性方面功能较弱,从而被黑客利用,进行攻击。

(3)管理的因素:许多从事电子商务的企业欠缺管理,对病毒侵袭、黑客的攻击准备不足,导致电子商务安全问题的产生。

(4)系统的因素:很多开发出来的电子商务系统会存在这样或者那样的漏洞,这就给了攻击者可乘之机。通过这些漏洞,黑客可以编写代码传播病毒、进行攻击等。

(5)其他因素:其他自然的、物理的不安全因素也会给电子商务系统的安全带来威胁。

三、电子商务的安全要求

如何才能满足电子商务的安全要求呢? 只有保证机密性、完整性、不可否认性、访问控制性、认证性五个方面的安全性,才能满足电子商务安全的基本要求。

(1)机密性。机密性(security)要求是保证信息不被泄露给非授权的人或实体,特别是一些隐秘的信息,如信用卡账号、用户名和密码等。机密性一般可通过加密的方式来获得。

(2)完整性。完整性(integrity)要求就是保证数据的一致性,防止数据被非授权访问修改和破坏,主要是传输过程中的信息修改、丢失等。一般可通过提取数字摘要、进行数字签名的方式来获知信息是否完整。

(3)不可否认性。不可否认性(non-repudiation)要求就是要建立有效的责任机制,防止实体否认其行为。主要是一些电子交易中的抵赖行为(如发了订单后不承认发订单)将损害卖方的利益。一般可通过数字签名、数字证书、时间戳等方式来确认。

(4)访问控制性。访问控制性(access control)要求只有授权用户才能访问,保证系统、数据和服务能由合法人员访问。可用防火墙、口令、生物测定法等技术方法及相关制度措施等实现。

(5)认证性。认证性(authenticity)要求就是可验证身份,能确保交易信息的真实性和交易双方身份的合法性。交易双方要能够在相互不见面的情况下确认对方的身份,一般可通过数字证书、数字签名、提问—应答、口令、生物测定法等方式来确认。

4.1 电子安全
概述

第二节 电子商务的安全性技术

电子商务的安全性技术包括加密技术、数字签名技术、认证技术、防火墙技术、虚拟专用网技术等,从技术层面来解决一些电子商务的安全性问题。

一、加密技术

1.加密技术的概念

加密技术的原理是利用加密算法,将明文转换成为无意义的密文,从而阻止非法用户获取和理解原始数据。明文变为密文的过程称为加密,由密文还原为明文的过程称为解密,加密和解密的规则称为密码算法。在加密和解密的过程中,由加密者和解密者使用的加解密可变参数叫作密钥。如图 4-1 所示,M 为明文,C 为密文,E 为加密算法,D 为解密算法,Ke 为加密密钥,Kd 为解密密钥。

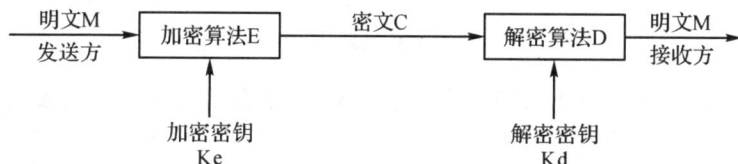

明文M
发送方 → 加密算法E → 密文C → 解密算法D → 明文M
接收方

加密密钥
Ke

解密密钥
Kd

图 4-1 加密和解密过程

例如,用最简单的恺撒密码来说明一个加密系统的构成:

它的加密算法是把每个英文字母向前推 x 位,x 是密钥,如 $x=3$,即字母 a,b,c,d,……,x,y,z 分别变为 d,e,f,g,……,a,b,c。如发送的明文为 Caesar was a great soldier,则对应的密文为 Fdhvdu zdv d juhdw vroglhu。而解密算法就是向后推 x 位,x 是密钥。

2.加密技术的类型

目前,获得广泛应用的两种加密技术是私钥加密体制和公钥加密体制。

(1)私钥加密体制。私钥加密体制,又称对称密钥加密,即加密与解密时使用相同的密钥。其主要思想是:用一个约定的加密函数和密钥加密明文,用逆函数和同一把密钥来解密密文,还原为原来的明文(见图 4-2)。

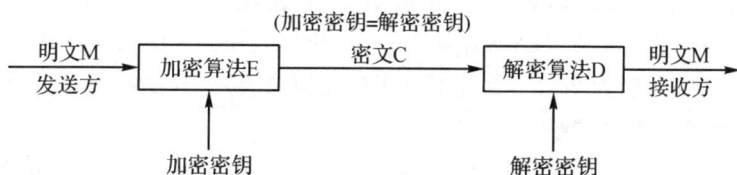

(加密密钥=解密密钥)

明文M
发送方 → 加密算法E → 密文C → 解密算法D → 明文M
接收方

加密密钥

解密密钥

图 4-2 私钥加密体制

使用私钥加密技术可简化加密的处理,每个参与方可以采用相同的加密算法并只需交换共享的专用密钥即可。因此,这种加密的好处是执行效率高、速度快;缺点是密钥传递和管理很困难,要严防密钥泄露。

(2)公钥加密体制。公钥加密体制,又称非对称密钥加密,其加密密钥与解密密钥不同。其基本思想是:每个用户拥有两个密钥,一个可通过密钥分布中心公开发布,即公开密钥;一个由用户自己秘密保存,即私有密钥。若用公钥加密信息,只有与其对应的私钥才能解密;反之,若用私钥加密信息,也只有用相应的公钥才能解密。

根据公开密钥是用作加密密钥还是解密密钥,公开密钥加密体制有两种基本的模式:加密模式和验证模式。

①加密模式。发送方用接收方的公开密钥对要发送的信息进行加密;发送方将加密后的信息通过网络传送给接收方;接收方用自己的私有密钥对接收到的加密信息进行解密,得到信息明文(见图 4-3)。

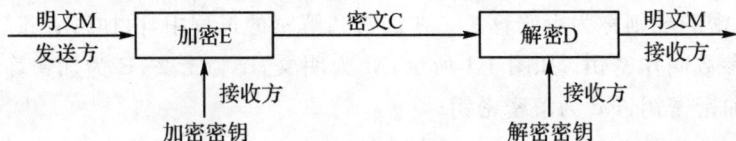

图 4-3 加密模式

在这一过程中,非法攻击者即使窃取了密文,由于其不知道相应的私钥,也是无法读懂信息的,从而可以保障信息的机密性。

②验证模式。发送方用自己的私有密钥对要发送的信息进行加密;发送方将加密后的信息通过网络传送给接收方;接收方用发送方的公开密钥对接收到的加密信息进行解密,得到信息明文(见图 4-4)。

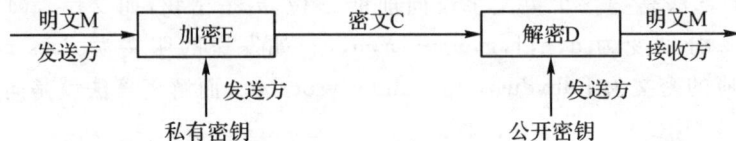

图 4-4 验证模式

在这一过程中,公开密钥加密系统可以用来验证该消息确实来自发送方,并确保信息的完整性。这种公开密钥加密体制的验证模式为数字签名系统奠定了基础。

3.加密算法

(1)私钥加密算法。私钥加密算法具有代表性的是美国数据加密标准(data encryption standard, DES)。DES 算法将输入的明文分成 64 位数据组块进行加密,密钥长度为 64 位,有效长度为 56 位(其他 8 位用于奇偶校验)。其加密过程大致分三步:初始置换、16 轮迭代变换和逆置换。

(2)公钥加密算法。最著名的公钥加密算法是 RSA,它是于 1977 年由美国麻省理工学院的三位教授 Ronald Rivest、Adi Shamir、Leonard Adleman 联合发明的,所以把三位教授姓氏的首字母结合起来,称其为 RSA 加密算法。RSA 加密算法的主要优点是安全性好,容易实现密钥管理。其主要缺点是算法复杂,加密解密速度慢。RSA 是目前较为理想的用于数字签名的加密算法。

二、数字签名技术

1.数字签名概念

数字签名指通过某种密码运算生成一系列符号及代码组成电子密码进行签名,可代替书写签名或印章。数字签名技术以加密技术为基础,其核心是采用加密技术来实现对报文的数字签名。数字签名与书面文件签名有相同之处,它能确认:第一,信息是由签名者发送的,即身份验证,具有不可抵赖性;第二,信息自签发后到收到为止未曾做过任何修改。

数字签名的用途有:

(1)防止伪造电子商务信息。

(2)防止冒用他人名义发送信息。

(3)防止发出或收到信息后又加以否认。

2.数字签名的工作过程

数字签名采用了双重加密的方法来保证信息的完整性和发送者的不可抵赖性,工作过程如下(见图 4-5)。

(1)被发送消息用哈希算法加密生成 128 位的消息摘要 A。

(2)发送方用自己的私用密钥对消息摘要 A 加密,这就形成了数字签名。

(3)发送方通过某种关联方式,比如封装,将消息原文和数字签名一起发送给接受方。

(4)接受方用发送方的公开密钥对数字签名解密,得到消息摘要 A;如果无法解密,则说明该信息不是由发送方发送的。如果能够正常解密,则发送方对发送的消息就具有不可抵赖性。

(5)接受方同时对收到的文件用约定的同一哈希算法加密产生又一摘要 B。

(6)接受方将摘要 A 和摘要 B 进行对比。如两者一致,则说明传送过程中信息没有被破坏或篡改过;若两者不一致,说明传送过程中信息被破坏或篡改过。

这样,就达到了验证身份、验证信息并保证不可否认的目的。

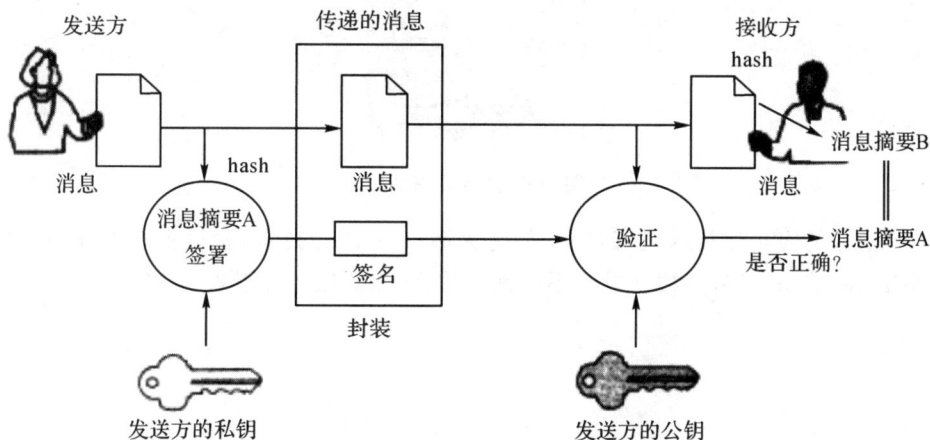

图 4-5 数字签名的工作过程

三、认证技术

1. 身份认证

(1)用户所知道的某个秘密信息,例如口令。

(2)用户所持有的某个秘密信息,例如智能卡等。

(3)用户所具有的某些生物学特征,如指纹、声音、DNA 图案等。这种认证方案一般价格较高,适用于保密性高的场合。部分生物学特征比较如表 4-1 所示。

表 4-1　部分生物学特征比较

生物学特征	特性					
	唯一性	稳定性	易用性 (可采集)	准确性	安全性 (防欺骗)	可接受性
指纹	高	高	中	高	高	中
虹膜	高	高	中	高	高	低
视网膜	高	中	低	高	高	低
人脸	低	中	高	低	低	高
声纹	低	低	中	低	低	高
笔迹	低	低	高	低	低	高

2. 信息认证

通常采用私钥加密体制、公钥加密体制或者两者相结合的方式,以保证信息的安全认证。

3. CA 认证(数字证书认证)

在交易支付过程中,参与各方必须利用认证机构(certificate authority,CA)签发的数字证书(digital certificate,DC)(见图 4-6)来证明各自的身份。

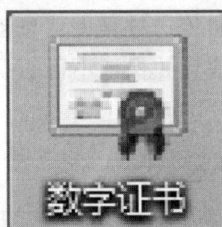

图 4-6　数字证书图标

电子商务的安全性技术还有很多,如防火墙(firewall)技术,是设置在被保护网络和外部网络之间的一道屏障,以防发生不可预测的、潜在的破坏性侵入(见图 4-7)。

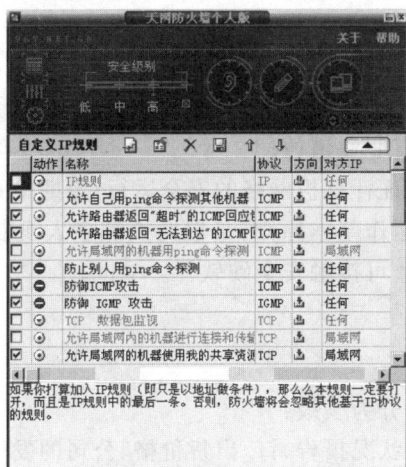

图 4-7　防火墙技术

VPN(virtual private network)技术,即虚拟专用网络技术,是指采用"隧道"技术以及加密、身份认证等方法在公共网络上构建专用网络的技术,数据通过安全的"加密管道"在公众网络中传播(见图 4-8)。

4.2 电子商务的安全性技术

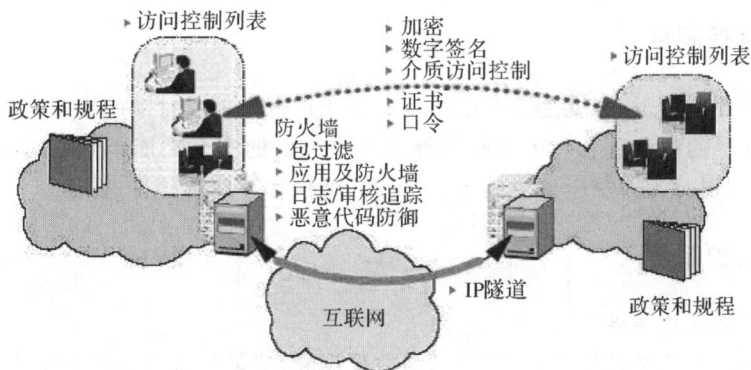

图 4-8　VPN 技术

第三节　电子商务的安全管理

电子商务安全管理是用制度形式对各项安全要求所做的规定,企业在参与电子商务初期,就应当形成一套完整的、适用于网络环境的安全管理制度,这些制度应当包括以下几方面。

一、人员管理制度

(1)严格选拔网上交易和网络管理人员:具有传统市场交易的知识和经验;具有计算机网络知识与操作技能;具有职业道德。

(2)落实工作责任制:保证计算机网络的安全运行;定期检查,发现问题及时改进。

(3)贯彻电子商务安全运作基本原则:采取两人和多人机制;不能长期担任与交易安全相关的岗位;网络管理员才可接触安全硬软件。

二、保密制度

信息的安全级别一般可分为三级:

(1)绝密级(如公司经营状况报告、订/出货价格、公司的发展规划等)。绝密级信息不在互联网上公开,只限于公司高层人员掌握。

(2)机密级(如公司的日常管理情况、会议通知等)。机密级信息不在互联网上公开,只限于公司中层以上人员使用。

(3)秘密级(如公司简介、新产品介绍及订货方式等)。秘密级信息可供消费者浏览,但必须有保护程序,防止黑客入侵。

三、审计跟踪制度

运行安全中的审计跟踪,就是要对电子商务系统进行人工或自动的审计跟踪,保存审计记录和维护详尽的审计日志。审计跟踪涉及三个方面的安全功能:记录和跟踪各种系统状态的变化;实现对各种安全事故的定位;保存、维护和管理审计日志。

四、系统维护制度

1. 硬件的日常管理和维护

(1)网络设备:安装网管软件,进行如网络故障诊断、流量与状态监控等操作。

(2)服务器和客户机:记录设备规格型号、操作系统名、数据库名。

(3)通信线路:结构化布线,降低故障率,有故障及时修复。

2. 软件的日常管理和维护

(1)系统软件:及时清理临时文件,整理文件系统,打补丁,等等。

(2)应用软件:及时升级等。

五、数据备份制度

运行安全中的备份与恢复,就是要提供对系统设备和系统数据的备份与恢复。对系统数据进行备份与恢复所使用的介质可以是磁介质、纸介质、光碟、缩微载体等。

六、病毒防范制度

(1)安装防病毒软件。

（2）不打开陌生地址发来的电子邮件。

（3）定期清理病毒制度。

（4）控制权限：只读权限。

（5）警惕网络陷阱：诱人广告和免费使用。

七、应急措施

应急措施是指在计算机灾难事件发生时,利用应急计划、辅助软件和应急设施,排除灾难和故障,保障计算机信息系统继续运行或紧急恢复正常运行。在启动电子商务业务之初,就必须制定交易安全计划和应急方案。

4.3 电子商务的安全管理

第四章练习题

第五章　电子货币与支付系统

第一节　传统支付方式

首先,回顾一下传统的支付方式,思考:(1)有哪些传统支付方式? (2)这些支付方式有什么特征?

一、传统支付方式

1.现金

现金支付可能是大多数人首先想到的传统支付方式。它的主要特征是:

(1)买卖双方在同一位置,一手交钱一手交货,而且交易是匿名进行的,不记名,出了商场就找不到顾客了。

(2)现金使用方便、灵活,交易程序上非常简单,不用仪器设备。当然,涉及大额现金时需点钞、验钞机。

现金支付也存在一些缺陷,主要表现在:受时间和空间的限制,比如须在工作时间内进行,且一般要面对面;携带的不便性、不安全性,特别是大额现金。

2.票据

广义的票据包括各种记载一定文字、代表一定权利的书面凭证,如股票、债券、货单等。狭义上的票据是一个专有名词,专指票据法所规定的汇票、本票和支票等票据。汇票是出票人委托他人于到期日前无条件支付一定金额给受款人的一种票据;本票是出票人自己于到期日前无条件支付一定数额给受票人的一种票据;

支票则是出票人委托银行或其他法定金融机构于见票时无条件支付一定金额给受款人或持票人的一种票据。

用票据进行交易的主要特点是:

(1)以票据的转移代替实际金钱的转移,可以大大减少携带现金的风险;

(2)可以异时异地进行交易,突破了现金交易同时同地的局限,大大增加了实现交易的机会;

（3）可以避免清点现金可能产生的错误，并可以节省清点现金的时间；

（4）需要出票人的签名方能生效；

（5）非匿名，即记名。

此外，票据本身也存在一定的不足，如票据的真伪、遗失等都可能带来一系列问题。

3. 信用卡

信用卡是银行或其他金融公司发行的、授权持卡人在指定的商店或其他场所进行记账消费的信用凭证。国际上有两大信用卡集团：维萨公司（Visa Inc.）和万事达卡国际组织（Mastercard Incorporated）。

信用卡的优点主要有：

（1）多功能。主要有四种功能，即转账结算功能、消费借贷功能、储蓄功能和汇总功能。

（2）高效便捷。体现在结算高效、方便存取现金方面。

缺点是：在信用卡交易中，发卡人担保向卖方付款，卖方则要向发卡人付手续费。有时，买方也要向发卡人缴纳一定的费用。这样，发卡人从买卖双方身上都能获利，因而这种交易方式费用较高。

既然讲到了卡，对卡再做些分类介绍：

（1）按功能分，有贷记卡（信用卡，可按信用额度透支）、借记卡（不可透支）、电话卡、预付卡（如超市卡）。

（2）按介质分，有磁条卡、IC（integrated circuit，集成电路）卡和光卡。

①磁条卡：以磁介质为材料的一种卡。存在的问题是复制与擦写磁介质上的信息都比较容易（安全性差），磁介质的可靠性也不高，容易损坏，因此渐渐被淘汰。

②IC 卡：利用集成电路芯片技术制成的卡，有接触式（有接触点）卡（见图 5-1）和非接触式卡。优点是存储量大；数据保密性好；抗干扰能力强；存储可靠；读卡设备简单；操作速度快。

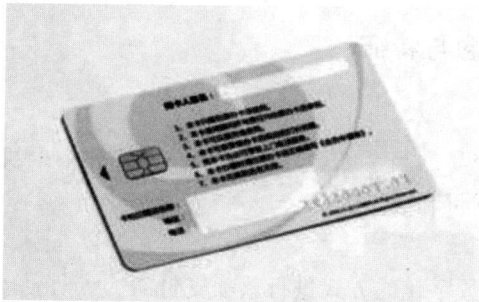

图 5-1　接触式卡

IC 卡按所装芯片不同，可分为存储器卡、逻辑加密卡和智能卡。

a. 存储器卡：只有一般的 EEPROM（带电可擦写可编程只读存储器），安全性不高。

b. 逻辑加密卡：由逻辑电路和 EEPROM 两部分组成，实现了对存储单元读/写/擦的控制，增强了卡的安全性。其原理见图 5-2。

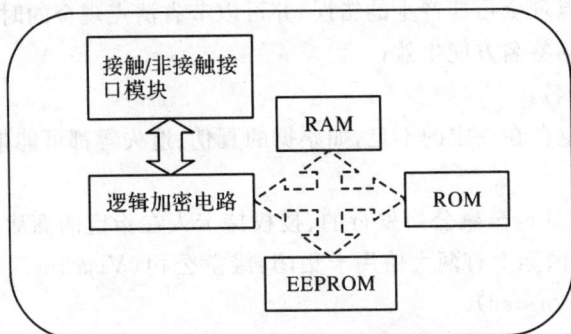

图 5-2　逻辑加密卡原理

c.智能卡:有 MPU(微处理器)、EEPROM、RAM(随机存储器)、ROM(只读存储器),能进行复杂的加密运算和密钥密码管理。其安全性和可靠性大大增加,应用非常广泛。

③光卡:能透过激光的透明基板,在激光照射下能写入信息的记录层以及硬质保护层三部分组成的卡片。优点是信息存储量大;记录的数据在物理上不可改写,安全性好;可靠而且经久耐用。

5.1 传统支付方式

第二节　电子支付方式

随着越来越多的商家进入电子商务领域,支付问题就显得越来越突出。如何处理每日通过网络产生的成千上万个交易流的支付? 答案显而易见:利用电子支付。那么,什么是电子支付? 它的特征与分类又是怎样的呢?

一、电子支付的概念与特征

1.电子支付的定义

电子支付是指电子交易的当事人,包括消费者、厂商和金融机构,使用安全的电子手段通过网络进行的货币支付和资金流转。

2.电子支付的特征

(1)电子支付是采用数字化的方式进行款项支付的。

(2)电子支付是基于开放的系统平台(即互联网)之中的。

(3)电子支付对软硬件要求很高,有计算机软硬件配套设施。

(4)电子支付可以完全突破时间空间的限制,可以满足 24/7 的工作模式的要求。

二、电子支付的分类

电子支付主要分为四大类。

(1)电子货币类:如电子现金、电子钱包(可取电子现金、电子信用卡支付)等。

(2)电子信用卡类:如信用卡、智能卡等。

(3)电子支票类:如电子支票、电子汇款、电子划款等。

(4)移动支付类:用移动设备通过无线方式完成支付行为的一种新型的支付方式。有基于账户、代币券的支付。

下面对电子现金、电子钱包、电子支票等进行移动支付专题的介绍。

1.电子现金

(1)电子现金的概念:以数字化形式存在的电子货币,其发行方式包括存储性质的预付款和纯电子形式的用户号码数据文件等。

(2)电子现金的特征:价值性,有一定价值资金的支持;可交换性,可与其他形式的资金或商品服务交换;可存储性,可在计算机或其他存储设备中存储或检索;可分割性,可以分为若干份;安全性,防止盗用、重复使用等。

(3)电子现金的运作过程:购买电子现金,存储电子现金,购买商品或服务,资金清算,确认订单(见图 5-3)。

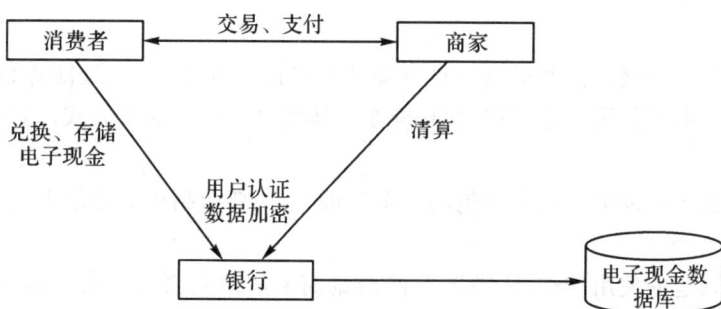

图 5-3　电子现金的运作过程

(4)电子现金支付方式的特点:①银行与商家之间应有协议和授权关系。②消费者、商家和电子现金银行都需要使用电子现金软件。③适合小的交易量。④身份验证是由电子现金本身完成的,电子现金银行在发放电子现金时使用数字签名。商家在每次交易中,将电子现金传给电子现金银行,由电子现金银行验证消费者支付的电子现金是否有效。⑤电子现金银行负责消费者和商家的资金转移。⑥具有现金的特点,可以存、取和转让。⑦买卖双方都无法伪造银行的数字签名。⑧电子现金和普通的钱币一样,也会丢失。例如中国银行的电子现金(见图 5-4)。

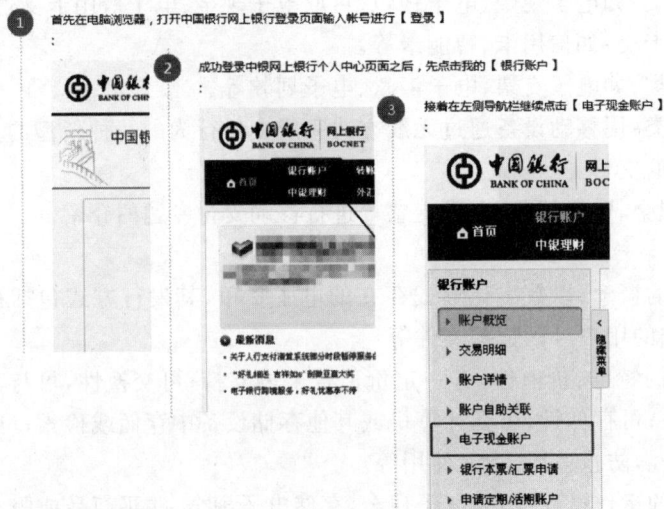

图 5-4　中国银行的电子现金

2.电子钱包

(1)电子钱包的概念。电子钱包是存储所有者的身份证书、地址簿等识别信息,并可装入电子现金、电子信用卡等,集多种功能于一体的电子货币支付方式。它实际上是一种智能卡。

(2)电子钱包的种类。电子钱包具有多种形式,主要包括服务器端电子钱包和客户端电子钱包。

(3)电子钱包的使用步骤:①顾客上网浏览商家网站主页上的在线商品目录,选择要购买的商品。②顾客填写订单,包括项目列表、价格、总价、运费、搬运费、税费等。③订单可通过电子化方式来商定,或由顾客的电子购物软件建立。④顾客确认后,选定用电子钱包付钱,从中取出一张电子信用卡来付款。⑤电子商务服务器对此信用卡号码采用某种保密算法加密后送到相应的银行。同时,商店也收到经过加密的购货账单。商家将自己的顾客编码加入电子购货账单后,再转送到电子商务服务器上去。⑥如果该信用卡经商业银行确认后拒绝并且不予授权,则说明顾客的这张电子信用卡上的金额不够、金额为零或者已经透支。⑦经商业银行证明这张信用卡有效并授权后,商店就可交货。⑧上述交易完成后,商店按照顾客提供的电子订货单上的地址,将商品通过物流配送方式交到顾客或其指定人手中。例如建设银行龙卡电子钱包(见图 5-5)。

图 5-5 建设银行龙卡电子钱包

3. 电子支票

(1) 电子支票的概念。电子支票采用电子方式完成纸面支票功能,是纸面支票的电子版。其包含与纸面支票相同的信息,使用的方式与纸面支票相似。

(2) 电子支票的运作方式。电子支票系统一般是专用网络系统。国际金融机构通过自己的专用网络、设备、软件及一套完整的客户识别、标准报文、数据检验等规范化协议来完成数据的传输,从而控制其安全性。如SWIFT(环球同业银行金融电信协会,见图 5-6)系统应用范围主要是企业与企业之间,采取安全控制措施,保证报文传输的可靠、完整与安全。

5.2 电子支付方式

图 5-6 SWIFT 中文站

第三节　移动支付

随着科技的迅速发展,移动互联网的蓬勃兴起,智能手机的日益普及,移动支付正在走进人们生活的各个角落,改变着人们的支付习惯。下面介绍一下移动支付的概念、流程、运营模式和类型。

一、移动支付的概念

移动支付可以简单定义为借助手机、掌上电脑、笔记本电脑等移动通信终端和设备,通过手机短信息、IVR(互动式语音应答)、WAP(无线应用协议)等多种方式所进行的银行转账、缴费和购物等商业交易活动。它也是整个移动商务的重要组成部分。

在移动支付协议中,有以下四个角色:

(1)用户(支付者):买方。

(2)商家:卖方。

(3)金融机构:移动支付系统中的金融机构,包括银行、信用卡发行商等组织。

(4)支付网关:以金融机构代理的身份出现在移动商务环境中,实现核准和支付功能,可细分为移动支付系统与移动交互平台。

二、移动支付的流程

下面介绍一个基于账户和预先付款的移动支付流程(见图 5-7)。

(1)注册。消费者首先必须向移动支付提供商提出开户申请。

(2)提交购物支付申请。

(3)提交处理后的支付申请。移动交互平台首先根据服务号对消费者的支付申请进行分类,然后把这些申请压缩成 CMPP(China Mobile Peer to Peer,中国移动点对点协议)格式,最后把它们转交给移动支付系统。

(4)商家确认。在收到 CMPP 格式的申请后,移动支付系统会向商家查询并验证一些细节问题,商家之后会给出相应的反馈。

(5)转账申请。如果商家同意消费者的支付申请,系统就会处理消费者的申请,如验证行为的有效性、计算业务总额以及向金融机构申请转账等。

(6)确认转账申请的有效性。这时金融机构会对转账申请的合法性进行验证并给出系统反馈。

(7)向商家反馈支付结果。在收到金融机构的反馈之后,移动支付系统就会向商家发出转账成功的信息和递送货物的要求。

(8)递送货物。商家把货物通过一定形式发送给消费者。

(9)反馈确认结果。在收到金融机构的反馈后,移动支付系统会立刻把这一反馈转发给移动交互平台。

(10)反馈消费者。移动交互平台会把从移动支付系统那里得到的支付结果反馈给消费者。

以上所讨论的流程是一种成功的支付方式,即消费者、商家、金融机构能在支付网关的支持下进行移动支付。如果在其中某一步发生错误,整个流程就会停滞,并且系统会立刻向用户发出消息。

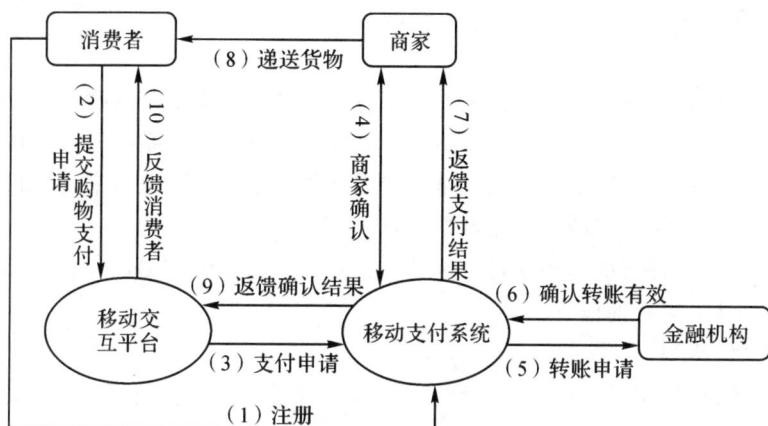

图 5-7 移动支付流程

三、移动支付的运营模式

当前,移动支付的运营模式主要有以下三类:一是以移动运营商为运营主体的移动支付业务;二是以银行为运营主体的移动支付业务;三是独立的第三方为运营主体的移动支付业务。三种运营模式的比较如下。

(1)在以移动运营商为运营主体的移动支付方式下,以用户的手机话费账户或专门的小额账户作为移动支付账户。这样,用户每月的手机话费和移动支付费用很难区分,而且通过这种方式进行的交易仅限于小额交易。例子有中国移动的新浪点歌服务支付。

(2)在以银行为运营主体的移动支付方式下,银行账户与手机账户绑定,用户通过银行账户进行移动支付,银行为用户提供交易平台和付款途径。移动运营商只为银行和用户提供信息通信,不参与交易过程。例子有招商银行的手机银行支付。

(3)在以独立的第三方为运营主体的移动支付业务下,移动支付平台提供商是独立于银行和移动运营商的第三方经济实体,同时也是连接银行、移动运营商和商家的纽带和桥梁。通过交易平台运营商,用户能够轻松实现跨银行的移动支付,例子有支付宝支付。

四、移动支付的类型

1. 按移动支付基础划分

(1)基于账户的支付。消费者在每次支付事务中均通过账号进行交易,并会定期收到账单,然后通过向 IPP(Internet payment provider,互联网支付业务提供商)付款来保持账户平衡,其间有管理费产生。

(2)基于代币券的支付。消费者把实际货币兑换成代币券(电子货币),在交易过程中,电子货币完全像普通货币一样被使用。

2. 按移动支付时间划分

(1)实时支付。

(2)预支付。

(3)后期支付。

3. 按采用的媒介划分

(1)采用银行账户或信用卡进行的移动支付。这种移动支付有两种方法:第一种方法在交易过程中并不直接使用信用卡,而是通过已经建立好的支付系统进行支付,直接从信用卡或银行账户中扣款;第二种方法就是直接把智能卡植入移动电话中,在通过手机进行支付时,手机可以直接向智能卡存储数据。

(2)由电话账单进行的移动支付。这种方式有一个重要的前提,那就是移动运营商以及其账单必须具备良好的信誉。

4. 按支付距离划分

(1)近场支付:消费者在购买商品和服务时,即时通过手机向商家进行支付。

(2)远程支付:消费者通过移动工具,远程发送支付指令进行支付。

5.3 移动支付

与传统支付方式相比,移动支付不仅给用户带来了新鲜的感受,而且还有支付灵活便捷、交易时间成本低等优点。我国的移动支付虽然较国外起步晚,但近年来得到了高速发展。

第四节　电子支付安全协议

电子支付的安全性直接影响电子商务的发展,因此,支付安全协议对电子商务非常重要。

一、SSL(安全套接层)协议

SSL(secure socket layer protocol,安全套接层)协议是由美国网景公司开发的在网络会话层上的安全协议,用于浏览器和 Web 服务器之间的安全连接。它通过数字签名和数字证书实现客户机和服务器的身份验证,通过公开密钥和私有密钥保证通信安全。

1. SSL 协议概述

SSL 协议运行在传输层协议和应用层协议之间,其在 TCP/IP 网络分层结构中的位置如图 5-8 所示。

| 应用层：HTTP、TELNET、FTP、SMTP |
| SSL握手协议（SSL hand shake protocol） |
| SSL记录协议（SSL record protocol） |
| TCP协议 |
| IP协议 |

图 5-8　SSL 协议位置

SSL 协议完全独立于应用层协议，为其提供"透明"的服务，即在应用层开始通信之前，客户机和服务器就已完成了加密算法、会话密钥的协商以及服务器的认证工作。随后的应用层传输数据都被加密，保证客户机与服务器的通信不被窃听。

SSL 提供的基本安全服务功能如下：

（1）进行服务器认证。支持 SSL 协议的客户机软件可以对服务器的数字证书进行认证。

（2）进行客户机认证。与服务器认证类似，支持 SSL 协议的服务器软件可以对客户机的数字证书进行认证。

（3）保证数据传输的机密性和完整性。经过认证的服务器和客户机之间可以形成安全通道，利用双方约定的会话密钥实现加密通信。对于传输的数据，能够判定信息是否被篡改，保证数据的完整性。

2. 基于 SSL 协议的银行卡支付过程

基于 SSL 协议的银行卡支付涉及多个参与方，如客户端浏览器（持卡人）、商家服务器、银行服务器、CA 认证机构，有可能还有第三方机构的支付网关。但是，在真正的支付过程中，CA 认证机构是不参与通信的，它仅是离线颁发数字证书。

银行卡的支付有两种解决方案。

一是持卡人通过商家服务器向银行发送账户信息：

（1）持卡人与商家服务器建立 SSL 连接，登录网站，向商家发出购买请求。

（2）商家响应持卡人请求，发出"同意支付"等信息，包括银行或支付网关的数字证书。

（3）持卡人使用得到的银行或支付网关的公开密钥加密支付信息，并将其与购买信息捆绑，发送给商家服务器。

（4）商家使用银行或支付网关的公开密钥加密支付信息，并将其与持卡人的加密支付信息一起发送给银行或支付网关服务器，请求支付。

（5）银行或支付网关服务器用自己的私钥解密商家发来的消息。这时，商家的账户信息和持卡人的支付信息转到了银行内部网，由发卡银行验证卡的有效性，并完成账户之间的资金结算。

（6）银行或支付网关服务器用自己的私钥加密支付结果，发送给商家。

（7）商家服务器用银行或支付网关的公钥解密结果，并发送给持卡人。

（8）商品配送。

二是持卡人直接向银行服务器发送账户信息：这种解决方案较前一种更加安全，但在支付流程和消息内容上有些差别。持卡人与商家服务器、银行或支付网关服务器分别建立 SSL 连接，账户信息根本不从商家服务器过，而是直接传送到银行或支付网关。

在基于 SSL 的银行卡支付过程中,SSL 协议只是建立了持卡人的客户机到商家服务器、银行或支付网关服务器的安全信息通道,而持卡人的身份真实性和交易双方的不可抵赖性并没有得到根本解决。

二、SET(安全电子交易)协议

1. SET 协议概述

SET(secure electronic transaction,安全电子交易)协议是维萨和万事达公司组织倡导,由多家著名公司,包括 IBM、微软、网景等共同开发制订的一个安全协议。SET 是一个完备的信用卡支付协议,可以支持各种银行卡,实现支付过程中的所有需求,与此同时保证数据机密性、数据完整性、身份真实性和不可抵赖性。它也是一个基于第三方的认证中心方案,交易的参与方还包括持卡人、商家、支付网关、收单银行、发卡银行。

2. SET 协议的购物流程

(1)持卡人通过浏览器访问商家的网站主页,在线查看商品目录,浏览产品图片或试用部分功能,然后选择需要购买的商品。

(2)持卡人填写商品订单。订单有固定的格式,主要内容包括名称、数量、收货地址、运输方式等,价格一般是由商家确定好的,在有的系统中可以在线协商。订单可以从商家的网站获得,也可以由持卡人电子钱包软件产生。

(3)持卡人选择所使用的银行卡、语言等,向商家发出初始请求,以后开始按 SET 协议规范操作。

(4)商家服务器产生一个不含任何机密的初始响应信息,将商家的数字证书和支付网关数字证书一起生成数字摘要,并用私钥对该数字摘要、商家数字证书和支付网关数字证书进行数字签名,形成数字信封,然后发给持卡人。

(5)持卡人利用商家的公钥打开收到的数字信封,对商家的身份进行认证,并得到商家产生的数字摘要、数字证书和支付网关数字证书。持卡人利用同样的算法生成商家数字证书和支付网关数字证书的数字摘要,与商家产生的数字摘要进行比较。如果相同则表示该消息有效,否则就表示该信息无效,应丢弃。

(6)持卡人利用电子钱包软件将订购信息和自己的数字证书、账户信息打包成一个购买请求信息,并对其进行双重签名,发给商家。

(7)商家认证持卡人的数字证书,检查数据的完整性,再从购买请求信息中提取订购信息,然后产生支付请求信息,包括摘要、商家数字证书、持卡人的双重签名等,发送到支付网关。

5.4 电子支付

(8)支付网关检查数据的完整性,认证商家和持卡人的数字证书,提取出支付信息,发送给收单银行。至此 SET 流程完成,转入银行内部网处理。

(9)收单银行将支付请求信息发给发卡银行。经核实后,发卡银行给出支付授权,由收单银行通过支付网关发给商家。

(10)商家将订单确认的信息发给持卡人,组织商品的配送或在线服务。

第五章练习题

(11)持卡人软件记录交易日志。

第六章　电子商务网站和公众平台建设

第一节　电子商务网站概述

电子商务的实施与运作依赖于电子商务系统,电子商务网站则是电子商务系统运作的主要承担者和表现者,是网上的"虚拟公司"或"虚拟工厂"。下面先来介绍电子商务网站的定义。

一、电子商务网站的定义

电子商务网站是企业开展电子商务的基础设施和信息平台,是实施电子商务的公司或商家与服务对象之间的交互界面。电子商务网站在软硬件基础设施的支持下,由一系列网页、编程技术和后台数据库等构成,具有实现电子商务应用的各种功能。那么,电子商务网站具有哪些主要功能呢?

二、电子商务网站的主要功能

(1)企业形象宣传:在网络上树立形象,是企业利用网站开展业务最基本的出发点。这是电商网站的初级功能,比较容易实现。

(2)产品和服务项目展示:通过网站进行产品和服务的推销,让企业多了一个营销渠道,是电商网站基本且重要的功能。

(3)商品和服务订购:网上购物或获取网上服务的业务功能,是电商网站的核心功能,依赖于业务流程的设计与技术的实现。

(4)转账与支付、运输:这是体现资金流、物流信息活动的功能,一般借助第三方平台实现,如支付宝、EMS 等。

(5)信息搜索与查询:体现网站信息组织能力和拓展信息交流与传递途径的功能,主要是使用户能快速找到所需商品与服务的信息。

(6)客户信息管理:这是一个网站主体以客户为中心,利用客户信息挖掘市场潜力的功能。利用这一功能可从客户信息中挖掘出有价值的客户来。

（7）销售业务信息管理：这个功能下，不同角色包括的内容是有所不同的。如分公司销售业务管理功能应包括订单处理、销售额统计、价格管理、货单管理、库存管理、商品维护管理和客户需求反馈等。

（8）新闻发布、供求信息发布：这也是电商网站的基本功能，包括新闻的动态更新，新闻的检索，热点问题追踪以及行业信息、供求信息和需求信息的发布，等等。

三、网站在电子商务中的作用

（1）树立新的企业形象：电子商务网站为企业提供了一种可以全面展示其产品和服务的虚拟空间，起到了提高企业知名度和增加企业信誉度的作用，所以也树立了企业形象。

（2）改变企业的竞争格局：电商网站帮助企业扩大竞争领域，比没有网站的企业大幅度地提高了竞争能力，因此也改变了竞争格局。

（3）与客户直接交流，提供个性化服务：通过网站，企业可以全天候跨地区为客户服务，迅速捕捉到消费者的偏好与购买习惯，提供个性化服务。

（4）直接开拓国际市场：企业建立网站，就意味着打开了进入国际市场的通道。

（5）提供全天候的服务：电商网站可以 24 小时不间断进行服务。

（6）高效廉价的定向宣传：电商网站是针对客户群进行高效廉价定向宣传最有力的工具。

（7）缩短推出新产品和打开新市场的周期。

（8）有利于发展客户关系网。

（9）大大降低商务活动的成本。

（10）有利于同在外机构与人员保持联系。

四、电子商务网站的各种形式

（1）宣传式网站：一般提供企业机构设置、产品种类及价格、联系方法等信息，不提供更多的服务，也不能开展网上交易，属于一种静态网站。如乔万尼纺织官网（见图 6-1）。

图 6-1　乔万尼纺织官网

（2）门户式网站：所谓门户式网站，是指只要客户登录到这个网站，就可以得到企业提供的所有服务。如海尔集团官网（见图6-2）。

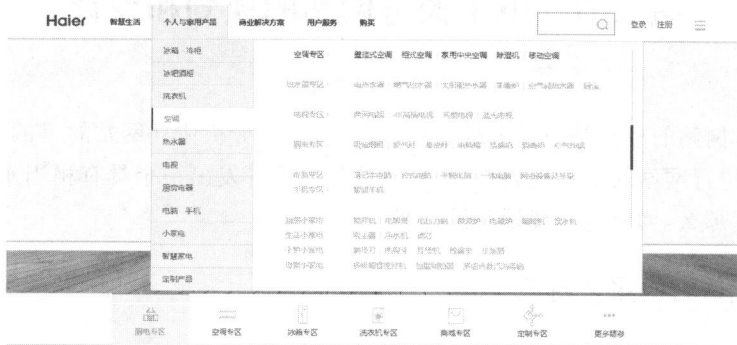

图6-2 海尔集团官网

（3）交易式网站：企业可通过交易式网站开展商品交易活动和提供相应的交易服务，比如网上超市、网上专卖店（如博库书城）、特殊交易网站（如证券交易网站）。如苏宁易购官网（见图6-3）。

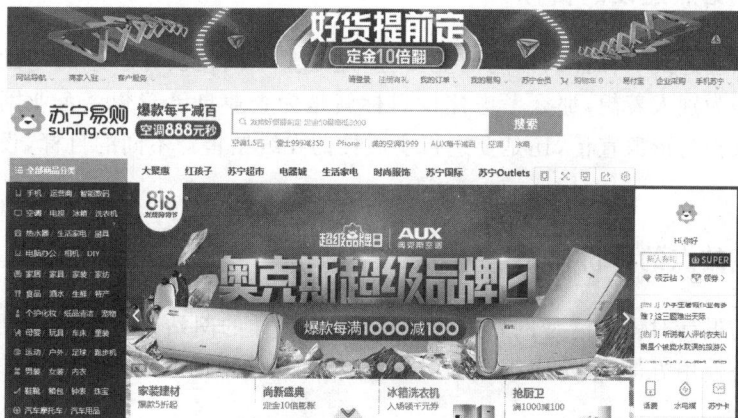

图6-3 苏宁易购官网

（4）交易中介式网站：交易中介式网站主要用于建立交易平台，让其他企业或个人到此网站进行交易，收取一定的中介服务费用或服务器存储空间租用费用，比如网上商城（如阿里巴巴）、网上拍卖（如淘宝）、网上信息提供。

（5）内部管理式网站：基于 Web 的管理信息系统是现代企业管理信息系统的新模式，而企业的内部管理式网站在这种系统中起着极为重要的作用。

（6）行业式网站：社会上各行各业都可以根据需要创建本行业的商务网站开展行业性的电子商务活动。

（7）电子政务网站：如政府网站。

6.1 电子商务
网站概述

第二节　电子商务网站的规划和设计

电子商务网站的建立是一项系统工程,必须考虑和分析建立网站的目的、需求和要实现的功能,并进行网站的整体规划设计,只有这样才能开发出一个具有相当水准的专业电子商务网站。那么,如何进行规划和设计呢?

一、确定网站的服务对象

只有清楚确认网站的服务对象(即客户群体),了解服务对象的需求、兴趣,才可能在网站上提供服务对象所需要的内容和信息,以及功能和风格。一个企业网站的服务对象有哪些呢?外部对象有客户、供应商、合作伙伴、投资人、政府部门管理者、行业研究者等,内部对象有员工、管理者等。不同服务对象有不同需求,规划和设计时需进行考虑。

二、确定站点建设的目标

确定网站应达到一种什么样的商业目标,这是整个网站设计思想的基础。如果说考虑服务对象是为别人着想,那么考虑建设目标就是为企业自己着想。企业网站的目标是什么?是仅仅作为形象宣传,还是要进行实质性的在线销售?不同的目标,设计的功能模块不同。

三、确定站点的评价体系

在规划与设计时就应清楚网站的评价体系,即怎样的网站是一个好的网站。比如一个好的网站应使用方便、信息丰富、具有比较流行的操作界面等。

四、确定站点的内容

站点内容分为静态和动态内容。静态内容是一些一般性的、常规的信息,如企业历史、文化、所属行业、交易规则。动态内容经常变动,如新产品和服务的种类与价格等信息。内容分类后就成为栏目,栏目设置要恰当,便于维护。

五、确定站点的功能

站点的功能分为主要功能和辅助功能。主要功能是网站的关键所在,如信息发布、在线交易等。辅助功能起到辅助作用,如用户注册、搜索引擎等。当然,不同类别网站,其主要功能和辅助功能有所不同。

六、确定站点的装饰风格(企业形象设计)

1. 设计网站的 logo(标志)

logo 是站点特色和内涵的集中体现,看见它要能联想到该网站。logo 创意来自于网站的名称和内容,可以是与网站有关的中文、英文;与网站有关的符号、图案,也可以是与网站有关的动物或者人物,如图 6-4 所示。

图 6-4 网站的 logo

2. 选择网站的标准色彩

网站给人的第一印象来自视觉感受,因此确定网站的标准色彩是很重要的一步。网站可以使用企业的标准色,一方面体现企业形象,另一方面有自己的特点,与其他公司网站分开。网站的标准色只有一种,虽可以有明度变化,但要给人以整体统一的印象。其他色彩只是作为对比和衬托。

3. 选择网站的标准字体

网页默认的字体是宋体,一般不变,而标志、标题、主菜单的字体可以是与众不同和有独特风格的。如少年儿童网站用咪咪体,艺术网站用篆体、隶书,等等。有些字体可以做成图片式的。

4. 构思网站的广告词

把企业的卖点提炼成几个字的广告词,应高度精练、明确、好记。如:英特尔的"给你一颗奔腾的'芯'",联想的"因特网上的新生活",等等。

logo、色彩、字体和广告词是一个网站树立企业形象的关键。完成这四个工作,网站整体形象就有了一个基本轮廓。

七、确定站点的导航系统

导航系统包括主题列表、选项菜单、相关条目的列表和返回首页的链接。

八、确定网站的版面布局

版面指的是从浏览器看到的一个完整的页面,有 640×480、800×600、1024×768 等不同尺寸。布局是一个设计的概念,指在一个限定的面积内合理安排,布置图像、文字的位置。

1. 版面布局的过程

过程分为绘制草图、粗略布局和最后定案。绘制草图即一个设计创意;粗略布局指在草图的基础上,确定需要放置的功能模块,将其安排到页面上;最后定案指将粗略布局精细化,具体化。原则:平衡、呼应、对比、疏密。

2.版面布局的几种样式

版面布局的样式包括同字形、国字形、左右形、上下形和自由形(见图6-5)。

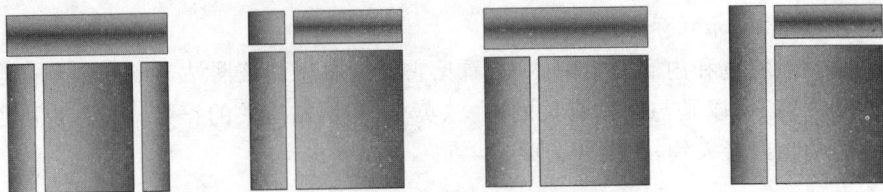

图6-5 网站版面布局的样式

3.网页布局技术

(1)帧布局。帧布局就是将页面分成互不重叠的几个部分,每个部分称为一帧并对应于一个独立的网页。

(2)表格布局。表格布局是最常用的页面布局技术,利用表格中的单元格把页面分成若干个部分,不同部分可插入文字或图像。

(3)层布局。层布局是一种较新的技术,其最大优点是将页面的布局从平面空间扩展到立体空间。

九、确定网站的结构

1.网站的链接结构

(1)分级结构:类似于目录系统的树形结构。该结构下,由网站文件的主页开始,依次划分为一级标题、二级标题等,并逐级细化,直至提供给浏览者具体信息。

(2)线性结构:组织线性顺序形式存在的信息。

(3)线性和分级结构的结合。

(4)Web结构:各网页之间形成网状连接,允许用户随意浏览,如图6-6所示。

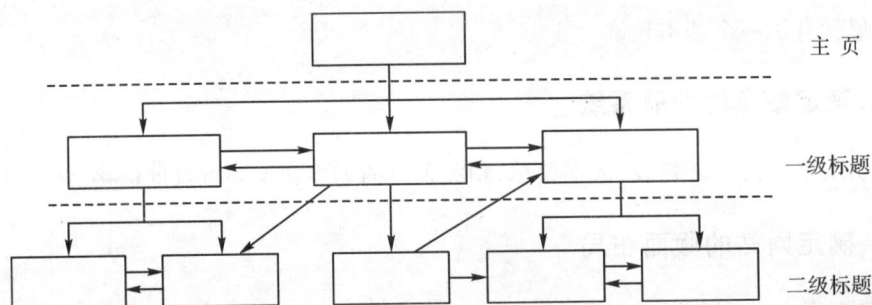

图6-6 网站的Web结构

2.网站的目录结构

如 D:\Myweb\music

\img

\data

6.2 电子商务网站的规划和设计

第三节　电子商务网站的建设

电子商务网站的建设有多种方式,如企业外包给 ISP(网络服务提供商)进行建设,租借 ASP(应用服务提供商)的平台与模板进行网站建设,也可自行建设网站。

一、外包

对于外包方式,企业要注意在规划与设计阶段必须亲自参与;实施阶段可以外包。

二、租借

对于租借方式,首先要选择好 ASP。选择考虑的因素包括:ASP 是否能提供本企业所需要的应用系统;ASP 的网络通信能力;ASP 在保证数据安全方面的能力;ASP 所提供的服务的完善性;ASP 的市场覆盖范围;等等。

然后,就是做好网站栏目的规划,收集相关信息资料提交上传。上传完毕后,ASP 平台模板就会自动生成一个简单的企业网站,如图 6-7 所示。

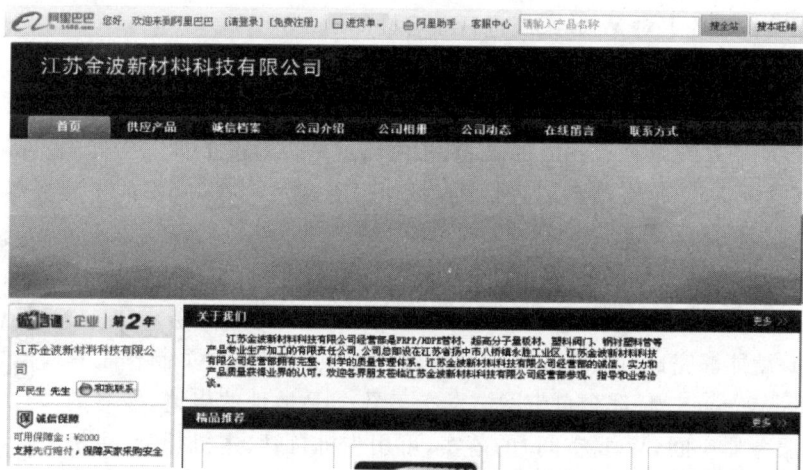

图 6-7　租借方式建设的企业网站

三、自行建设

自行建设的过程比较复杂,下面来具体介绍。

1. 网站资料准备

资料包括文字与图像。说说简单,但做起来可能较难,需要企业员工的配合,有较大的工作量。

2.选择站点开发工具

开发工具包括主页设计工具,如 Dreamweaver;图像处理工具,如 Photoshop、Flash 等;交互式页面设计软件,如 ASP、JSP、PHP;等等。

3.网站开发实施

网站开发实施包括制作主页、新闻页面、产品或服务页面、企业信息页面、帮助页面、虚拟社区页面等。当然这里需要用各种工具和技术,花较多时间和精力进行开发实施。

4.网站测试

任何网站在发布前都要进行周密的测试,以确保可供访问者正常浏览并能达到预期的目标。

(1)用户界面测试。用户界面测试主要测试站点地图、导航条、内容、颜色/背景、图像、表格等。具体包括:导航测试,测试导航是否正确;内容测试,检验网站提供信息的正确性、准确性和相关性;图形测试,测试图形是否正确。

(2)功能测试。功能测试包括:链接测试,测试链接是否正确;表单测试,当用户端给服务器端提交信息时,就需要使用表单操作,例如用户注册、登录、信息提交等,测试提交的信息是否正确收到;数据库测试,测试有没有数据一致性错误和输出错误。

(3)兼容性测试。兼容性测试是测试网站在不同浏览器(如 IE 或谷歌)、不同的操作平台(如 Windows 或 Linux)下表现出来的差别。具体包括:浏览器测试,需要多次调试,直到在各种类型和版本的浏览器中都能正常浏览为止;平台测试,在 Web 系统发布之前,需要在各种操作系统下对 Web 系统进行兼容性测试。

(4)安全测试。在安全测试中,必须测试有效和无效的用户名和密码,要注意是否对英文字母大小写敏感,可以限制试多少次,是否可以不登录而直接浏览某个页面,等等,也要测试 Web 应用系统是否有超时的限制,相关信息是否写进了日志文件、是否可追踪,还要测试加密是否正确,检查信息的完整性。测试没有经过授权,就不能在服务器端放置和编辑脚本的问题。

5.网站的发布

网站发布,实际上就是指把网站内容放到接入互联网的服务器上,一般使用 FTP 就能够完成,可用 CuteFTP 等软件工具。许多网页制作工具本身如 Dreamweaver 等,都会自带网站发布工具。IP 地址的申请、域名的申请,以及服务器空间(Web 空间)的落实,可用主机自管、主机托管、主机独享、虚拟主机等方式。

6.3 电子商务网站的建设

6.网站的评价

评价标准有许多,这里介绍一下一级指标。一级指标共五个:有用性,娱乐性,易用性,响应时间,信任。其中,有用性包括网站有客户需要的信息、有支持客户通过网站交流和接受特定信息的能力、允许客户在网络上操作重要的业务功能等。娱乐性包括网站使用色彩、图片和文字吸引客户眼球,但又不杂乱;网站设计给客户有愉悦的观感;网站具有创新性;等等。易用性包括网页容易阅读和理解;有一个直观的易学易控的导航系统;等等。响应时间包括有足够的硬件和通信能力承担负荷和避免图片过大,能快速传递。信任是指采用安全和秘密的策略程序,使客户感到安全。

第四节　电子商务网站的推广与管理

电子商务网站建设完成后,如果别人不知道、不来访问,那就没有作用,因此需要推广。同样,网站如果不进行很好的管理与维护,网站信息会过时,链接会失效,访问量就会下降。因此,电子商务网站的推广与管理显得非常重要。

一、电子商务网站推广

电子商务网站的推广有许多种方式。比起传统的方式,现在用得更多的是网络推广的方式,具体包括:

(1)搜索引擎推广(网站登录):可以把自己网站的信息提交给搜索引擎进行推广。

(2)banner(旗帜广告):可以到一些门户网站、行业网站上做一些图片广告。

(3)电子邮件:发邮件告知客户网站信息。不过这有可能被认为是垃圾邮件,因此最好得到客户的许可。

(4)论坛:在论坛发帖是一种免费的广告,但有的论坛不允许,会将广告帖删除。在QQ群、微信群中做广告也是一样的。

(5)互换链接:在别人的网站上放置友情链接,让大家的客户资源实现共享。

(6)电子杂志:通过创办电子杂志进行推广。

(7)活动宣传:通过举办一些活动来进行宣传。

网络推广的方式在后续的网络营销章节中还会详细讲解。当然,还可通过各种传统媒体(如电视、电台、报纸、杂志),以及企业或个人的各种印刷资料进行推广(如在资料上印上企业电子商务网站的网址。)

二、电子商务网站的管理与维护

1.起用网站管理员

(1)技能方面的要求:能熟练使用电子邮件、FTP、BBS 和搜索引擎等网络工具;掌握HTML、ASP(Active Server Pages)、JSP(Jave Server Pages)等网络编程语言;掌握数据库技术,可以对网页页面进行修改编写及对数据库进行维护操作;有一定的图形图像处理能力,能使用两种以上图形图像处理软件(如 Photoshop、Flash 等);具有一定的分析能力,能够根据网站的相关统计数据得出一定的结论;熟悉防病毒软件及防火墙系统的使用,掌握修补系统漏洞的方法,对网络有较深刻的理解。

(2)道德方面的要求(这很重要):对工作认真负责,具有很高的工作热情;能维护企业利益,保护企业的隐私信息(如客户信息、交易信息等)。

2.具体的管理与维护工作

(1)更新与检查网站内容:维护新闻栏目(及时更新);维护商品信息,时常检查相关链接,链接失效时及时维护。

(2)对会员进行管理:建立会员管理制度,审查与管理会员,为会员提供积极的服务。

(3)对网站浏览进行统计分析:

①统计分析网站访问数据的指标。相关指标包括:首页计数器;综合浏览量,某一时间段内网站各网页被浏览的总次数;独立访客数,一般可用 IP 地址来判定,但也不确切,因为有时一个 IP 地址可代表多个用户;印象数,网页或广告图片被访问的次数,等同于计数器所表达的数字;点击次数和点击率,一般用于表示网站上广告的广告效应,如果一个广告出现了 1 万次,而它被点击的次数为 500 次,那么点击率即为 5%。

②利用数据分析管理电子商务网站。通过对访问数据的分析,可以了解访问者的来源地、访问行为、兴趣爱好等,这是管理好电子商务网站的重要依据。

③根据数字变化趋势随时调整网站的发展方向。可以根据访问浏览量、独立访客数、点击次数等的变化,判定网站应发展的方向并及时调整。

④根据统计数字曲线选择合适的宣传推广方式。不同的宣传推广方式可引起访问量的变化,需要随时调整。

(4)客户信息的及时反馈:要对订单及时处理,否则会失去订单;要对留言簿、客户的电子邮件、BBS 进行维护;要对顾客意见及时处理;等等。

(5)对网站安全进行监控:要监控网站安全,即要防止某些心怀不轨的来客对网站进行攻击。这就需要网站的管理员对网站进行严密的防护,设置防火墙,采用加密算法进行密钥传输,进行用户身份认证,等等。其他维护网络安全的方式还包括适当时候进行改版,一般一年左右改版一次。

6.4 电子商务网站的推广与管理

第五节　微信公众平台的建设与管理

微信等社交工具的出现改变了人们的沟通、生活和工作的方式,在商业圈中更是改变了营销模式。现在,微信在商业营销中占据了不可替代的位置。微信公众平台,或者更确切地说是企业或商家的公众号,已成为企业或商家最有效的营销工具之一。

一、微信公众平台的定义和分类

1.微信公众平台的定义

微信公众平台,英文名为 WeChat。它曾被命名为"官号平台"和"媒体平台",最终定位为"公众平台"。商家利用公众平台可进行自媒体活动,比如展示微官网,进行微推送、微支付、微活动等。

微信公众号是商家在微信公众平台上申请的一个应用账号。商家通过公众号可以在微信平台上实现与粉丝之间的文字、图片、语音、视频等全方位互动,并且形成一种线上线下的微信互动营销方式。

2.微信公众号的分类

微信公众号主要分为三种类型,即服务号、订阅号和企业号。

(1)服务号。服务号是为企业和组织提供更强大的业务服务与用户管理能力的公众号,如图 6-8 所示。企业申请服务号之后,微信公众平台中自带自定义菜单,方便企业更快地管理平台和粉丝。企业认证成功之后,还会有一个更高级的接口,可进行更好的服务和营销管理。服务号的群发消息次数规定是一个月(自然月)4 次,平均一周一次。服务号在通信里会被归类,粉丝在自己的微信列表中可以直接看到企业服务号推送的信息。

图 6-8 服务号

(2)订阅号。订阅号为企业提供了一种新的信息传播方式,旨在构建与企业读者之间更好的沟通模式,如图 6-9 所示。

图 6-9 订阅号

订阅号刚开始申请时是没有自定义菜单的,只有经过认证之后才会有,并且它没有高级接口,不能使用用户开发模式。其最大优势在于每天都有一次群发消息的机会。一些快消品企业、餐饮企业及从事娱乐行业的电商或其他商家,就非常适合建立微信公众号的订阅号。

旧版订阅号的企业信息会在用户微信的通信录的订阅号列表中,点开订阅号的选项后,每一篇文章都被收在所属公众号的页面之内,用户需要通过层层点击才会进入自己想要收看到的文章。而新版订阅号的页面上,文章是以一种类似"信息流"的形式,按照时间先后的顺序呈现的。

(3)企业号。企业号为企业或组织提供移动应用入口,帮助企业或组织建立与员工、上下游供应链及企业应用间的连接。它能有效地简化管理流程、提高信息的沟通和协同效率、提升对一线员工的服务及管理能力,如图 6-10 所示。微信企业号与其他公众号最主要的区别是:只有限定范围内的用户才可以关注对应的企业号,使用企业号发送的信息数量不受限制。

图 6-10　企业号

二、微信公众号的作用

(1)精准营销:企业根据自身情况选择开设相应类型的公众号,比如服务号或订阅号,适用于已有目标客户并有一定粉丝基础的企业。

(2)分析数据:可以帮助企业通过直观的图表来分析粉丝的增加、减少、属性、信息接收、回馈等资料。

(3)品牌传播:微信公众号就如同一个企业和移动门户网站,企业可以在这里加入品牌理念、文化,放入产品宣传,嵌入粉丝使用体验,等等。

(4)创造商机:为企业创造商机。

三、微信公众平台的建立

1.公众号的开通方式

微信公众号的建立是一个非常严肃的事情。无论是选择服务号还是订阅号,都要严格遵守要求来进行实名信息注册。

具体公众号的开通步骤如下:

第一步,企业要先有一个注册工具,也就是注册过的邮箱。

第二步,打开微信公众平台官网,点击"立即注册",进入注册界面。

第三步,进入注册界面,填写相关的邮箱和密码。

第四步,点击"注册"后,用户会收到微信团队发送的验证邮件,用户这时候需要到填写的邮箱中进行验证。

第五步,验证之后,选择注册账号类型。

第六步,选择好注册账号类型后,再选择运营的主题类型,然后填写各种信息。这一步骤需要的信息比较多,所有的选项都必须如实填写。

第七步,选择填写公众号名称、功能介绍、运营所属城市等信息,然后点击"完成"。

第八步,等待腾讯审核通过之后即可使用。

2.公众号的认证

需要提供营业执照和组织机构代码;需要认证费,如果申请没有通过,认证费是不退的;有效期为一年,届时还要年审(也就是重新认证一次)。

四、微信公众平台的运营与推广

1.公众号的运营方法

(1)内容运营。内容尽量避免大量纯文字,图文并茂最佳,多图与文字内容叠加会更加突出账号整体的充实度,提升粉丝对内容的粘性。

(2)用户运营。利用公共账号自带功能增加账号与用户的互动,提高用户关注粘性,如消息自动回复、消息实时回复等。

2.公众号的推广方法

可通过各种线上线下方法推广,如用电子邮件、BBS 平台、QQ 群、微信群、名片、易拉宝等形式推广账号。

6.5 公众平台

第六章练习题

第七章 网络营销

第一节 网络营销概述

网络营销是利用数字化的信息和网络媒体的交互性来辅助营销目标实现的一种新型的市场营销方式。下面先来介绍网络营销的定义。

一、网络营销的定义

到目前为止,"网络营销"没有一个公认的、完善的定义,有人称之为互联网营销、网上营销、在线营销、网络行销等,其英文名有 cyber marketing, Internet marketing, network marketing, E-marketing 等。实际上,凡是以互联网为主要手段进行的、为达到一定营销目标的营销活动,都可称为网络营销(或叫网上营销)。也就是说,网络营销贯穿于企业开展网上经营的整个过程,从信息发布、信息收集,到开展以网上交易为主的电子商务阶段,网络营销一直都是一项重要内容。

对网络营销定义的几点认识:

第一,网络营销不只是网上销售。原因在于:(1)网络营销的效果可能表现在多个方面,例如企业品牌价值的提升、与客户之间的沟通得到增强等;(2)网上销售的推广手段也不仅仅靠网络营销,往往还要采取许多传统的方式。

第二,网络营销不仅限于网上。一个完整的网络营销方案,除了在线上做推广之外,还很有必要利用传统营销方法进行线下推广。

第三,网络营销建立在传统营销理论基础之上。网络营销理论是传统营销理论在互联网环境中的应用和发展。

二、网络营销的特征

(1)互动性:企业通过网络可以显示商品信息,提供相关服务,等等。消费者可以通过网络获得商品信息,进行信息对比,等等。企业与消费者可以在网上通过各种网络工具进行互动交流。

（2）经济性：一方面，可以减少营销成本，这一点前面已经讨论过；另一方面，网络营销可以减少中间环节，从而可以减少商品因多次交换而产生的损耗。

（3）高效性：网络营销传送的信息精确度高，更新速度快。

（4）统一性：企业可以通过互联网方便地将各种营销活动统一起来，协调进行。

（5）技术性：无论是企业还是顾客，参与网络传播都必须有一定的技术。

三、网络营销的利弊分析

1. 网络营销的优点

（1）网络营销是以客户为中心的电子化销售和服务。对大多数企业而言，提供定制产品与成本之间存在着不平衡关系。网络营销的到来悄悄地改变着这种不平衡关系，即在大规模生产的基础上实现单独设计某种产品以符合特定需求，从而使大规模定制的生产成为可能。

（2）互联网的全球性和即时互动性为企业、供应商和客户提供了一条相互沟通的新渠道。网络营销的成功之处就在于它的实时性、交互性拉近了企业和消费者之间的距离，使消费者能得到更好的服务和产品，也使企业不断地开拓新的商机。

（3）网络页面引人入胜的图形界面和多媒体特性，使企业可以充分地展示自己的形象、产品及服务，充分地利用网络进行广告宣传，全方位、立体化地展示企业和产品信息，也将使受众者对信息的接受度大幅提高。

2. 网络营销存在的问题

（1）消费者对网络营销仍缺乏信任。首先，网络商店较容易设立，也容易做假，消费者对此也会心存疑虑。其次，网上购物安全性仍然不足。一方面，消费者的私人资料如信用卡资料在传输过程中可能被截取或被盗用。另一方面，蓄意制造的计算机病毒也令人望而生畏。再次，互联网是一个开放和自由的系统，目前仍缺乏适当的法律或其他手段的规范。因此，如果网上购物发生纠纷，消费者的权益未必能获得足够保障。

（2）网络营销无法满足消费者某些特定的心理需求，如不可能满足消费者的个人社交动机。此外，虚拟商店也无法使消费者因购物而受到注意和尊重。消费者无法以网上购物过程来显示自己的社会地位、成就或支付能力。

7.1 网络营销概述

四、网络营销的内容

网络营销涉及的范围较广，所包含的内容较丰富，主要表现两个方面：第一，网络营销要针对新兴的网上虚拟市场，及时了解和把握网上虚拟市场的消费者特征和消费者行为模式的变化，即网上市场调研。第二，网络营销依托网络开展各种营销活动来实现企业目标，包括销售产品、树立品牌、维护客户关系等。

第二节　网上市场调研

网上市场调研是网络营销的前道工序。只有先通过网上市场调研,了解消费者的行为和特征,了解企业产品在市场中的状况,才可进行精准的营销。

一、网上市场调研概述

网上市场调研泛指利用互联网手段进行的各种以市场调研为目的的活动,如收集市场信息、了解竞争者情报、调查顾客对产品/服务的满意度等。通过网上市场调研既可以获得第一手资料,也可以获得第二手资料。网上市场调研的方法有多种,如通过搜索引擎、网站跟踪法、在线调查表等。

1.网上调研与传统调研的比较

(1)调研费用。网上市场调研费用较低,主要是设计费和数据处理费,每份问卷所要支付的费用几乎为零;传统市场调研费用昂贵,包括问卷设计、印刷、发放、回收、聘请和培训访问员、录入调查结果、由专业公司对问卷进行统计分析等多方面的费用。

(2)调研范围。网上市场调研全国乃至全世界,样本数量庞大;传统市场调研受成本限制,调查地区和样本的数量均有限。

(3)运作速度。网上市场调研很快,只需搭建平台,数据库可自动生成结果,几天就可以得出有意义的结论;传统市场调研慢,至少需要2个月到6个月才能得出结论。

(4)调研的时效性。网上市场调研可全天候进行;传统市场调研中,针对不同的被访问者可进行访问的时间不同。

(5)被访问者的便利性。网上市场调研中,被访问者可自由决定时间、地点回答问卷,非常便利;传统市场调研中,被访问者一般要特地赶到访问地点,不太方便。

(6)调研结果的可信度。网上市场调研的结果相对真实可信;传统市场调研中,一般有督导对问卷进行审核,措施严格,可信度高。

(7)适用性。网上市场调研适合长期的大样本调查,或者要迅速得出结论的调查;传统市场调研适合面对面的深度访谈。

2.网上市场调研要注意的问题

(1)在线调查表本身:问卷设计要目的明确,容易回答,有选择性,易控制时间。

(2)样本的数量:要将调查做得有趣一些,吸引网民参与。

(3)样本的质量:要注意网民结构问题,避免填写随意性。

(4)个人信息保护:避开涉及个人敏感信息的问题,否则网民不愿意填真实信息。

(5)结果真实性:警惕被调查者有意做假、获取奖品的情况。

所以,应采用网络调研与传统调研相结合的方式。

二、网上市场调研方法

网上市场调研方法有许多种。

（1）网上搜索法：利用搜索引擎搜索各种资料。

（2）网站跟踪法：对一些提供信息的网站进行定期跟踪，对有价值的信息及时收集记录。

（3）在线调查表：用网页方式公布调查表，让被调查者填写提交，如图7-1所示。

（4）电子邮件调查：通过邮件发放调查表进行调查。

（5）对网站访问者的抽样调查：利用一些访问者跟踪软件，按照一定的抽样原则对某些访问者进行调查。

（6）固定样本调查：选定固定样本用户，对其培训后调查。

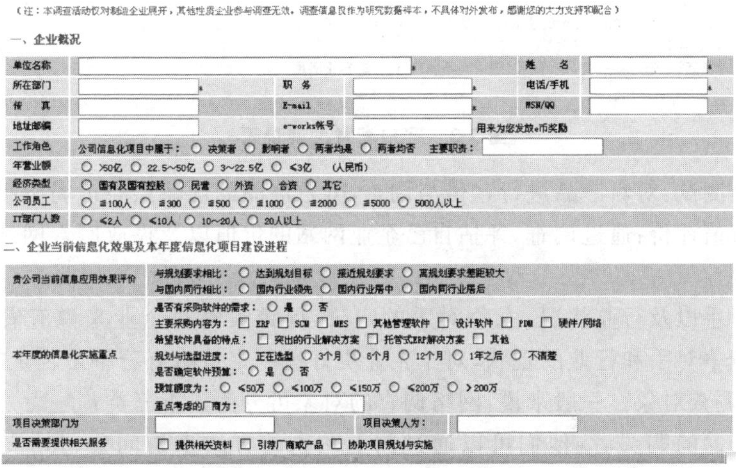

图7-1　在线调查表

三、网上市场调研的步骤

（1）确定调研的目的。对现代企业来说，进行网上市场调研一般有以下几个目的：

①识别企业站点的访问者。在网上进行市场调研，最基本的一个目的是了解谁是企业站点的访问者。

②调查客户/员工满意度。客户/员工满意程度影响着企业制定策略，要对其进行调查，可采用客户满意调查表（见图7-2）。

客户满意度调查表下载

客户满意度调查表

尊敬的客户：

力求客户满意一直是《东方油气网》追求的目标，了解您对《东方油气网》信息及服务品质的满意程度，必有助于我们改善《东方油气网》信息产品品质，提升服务的品质。请您于百忙之中真实地填写此份问卷，您所提的每一项宝贵意见，都将成为我们改进的方向。

客户信息：

姓名：

职务：

电话：

传真：

E-mail：

单位：

地址及邮编：

一、您订阅《东方油气网》的主要产品是：（请在下面的括号里打勾）

VIP □　油品 □　燃气 □　燃油 □　　化工 □　油品短信 □　燃气短信 □

广告 □　传真专题分析报告 □　其他 □

二、您从事的主要领域是：（请在下面的括号里打勾）

石油化工 □　石油 □　燃气 □　运输 □　建筑装饰 □　机械 □　　食品 □

塑胶 □　其它 □

三、问卷(最好能填写评价的理由)：（请在下面的括号里打勾）

1、您对本公司产品的评价是：

非常满意 □　满意 □　尚可 □　　不满意 □　非常不满意 □

图 7-2　客户满意度调查表

③新产品测试：对新产品进行宣传与调查，分析产品的优缺点与市场份额。

④网站价值评价：通过调查，评估自己企业网站的价值以及投放广告网站的价值。这两点都很重要。

⑤竞争对手以及行业状况：竞争对手的定价、促销策略对企业来说有着很强的借鉴性。知道了竞争对手和行业的现状，对于企业更好地制定策略有着举足轻重的作用。

（2）确定调查对象。一般来说，网络调查的对象可分为以下三类：

①企业产品的购买者：他们可以通过网上购物的方式来访问公司站点，企业可以通过网络来跟踪他们，了解他们对产品的意见及建议。

②企业的竞争者：企业可以通过访问竞争对手的网站，查询有关信息。通过分析，企业可以准确把握本公司的优势和劣势，及时调整营销策略。

7.2 网上市场调研

③企业合作者和行业内的中立者：了解他们的想法，对企业制定策略有很大帮助。

（3）制定调查计划：具体来说，要确定资料来源、调查方法或手段、抽样方案、联系方法和时间表等。

（4）收集信息：直接在网上递交或下载信息即可。

（5）分析信息：使用一些统计分析软件进行分析，如 SPSS 软件等。

（6）提交报告：撰写分析报告。

第三节　网络促销

网络促销是在网络市场调研的基础上,运用各种网络方法和手段开展营销活动,来实现企业目标的。

一、网络促销概述

网络促销是指利用计算机及网络技术向虚拟市场传递有关商品和劳务的信息,以引发消费者需求,唤起其购买欲望和促成其购买行为的各种活动。它有以下几个特点:

(1)网络促销是在网络这个虚拟市场环境下进行的。

(2)网络促销是面向全球的。

(3)网络促销通过网络传递商品和服务的存在、性能、功效及特征等信息。

网络促销活动主要分为网络广告促销和网络站点促销两大类。前者是指通过 ISP 或 ICP 进行广告宣传,开展促销活动;后者主要是指企业利用自己的网络站点树立企业形象,宣传产品,开展促销活动。

二、网络促销作用

(1)告知:传递商品信息。

(2)诱导:诱导顾客购买。

(3)创造需求:发掘潜在的消费者。

(4)反馈:结合网络促销活动,通过在线表格或电子邮件等方式及时地收集和汇总消费者的意见和需求。

(5)稳定销售:通过适当的网络促销活动,树立良好的产品形象和企业形象,达到锁定用户、实现稳定销售的目的。

三、网络促销的实施

1.确定网络促销的对象

(1)产品的使用者:实际使用或消费产品的人。抓住了这一部分消费者,网上销售就有了稳定的市场。

(2)产品购买的决策者:实际决定购买产品的人。多数情况下,产品的使用者和购买决策者是一致的,尤其在虚拟市场上更是如此。但是也有许多产品的购买决策者与使用者相分离的情况,如婴儿用品。

(3)产品购买的影响者:看法或建议上可以对最终购买决策产生一定影响的人。

2.设计网络促销的内容

促销内容应当根据产品所处的生命周期的不同阶段和消费者目前所处的购买决策过

程的不同阶段来决定。

在新产品刚刚投入市场的阶段,消费者对该产品还非常生疏,促销活动的内容应侧重于宣传产品的特点,以引起消费者的注意。

当产品在市场上已有了一定的影响力,即进入成长期阶段,促销活动的内容则应偏重于唤起消费者的购买欲望;同时,还需要创造品牌的知名度。

当产品进入成熟阶段后,市场竞争变得十分激烈,促销的内容除了针对产品本身的宣传外,还需要对企业形象做大量的宣传工作,树立消费者对企业产品的信心。

当产品进入饱和期及衰退期时,促销活动的重点在于密切与消费者之间的感情沟通,通过各种让利促销,延长产品的生命周期。

3. 决定网络促销的组合方式

企业应根据网络广告促销和网络站点促销两种方法各自的特点和优势,结合自己产品的市场状况和顾客情况,扬长避短,合理组合,以达到最佳促销效果。网络广告促销主要实施"推"战略,其主要功能是将企业的产品推向市场,获得广大消费者的认可,适用于产品生命周期的前期;网络站点促销主要实施"拉"战略,其主要功能是紧紧地吸引住用户,保持稳定的市场份额,适用于产品生命周期的后期。

4. 制定网络促销的预算方案

首先,需要明确开展促销的是自己的站点还是别人的站点,并依此确定开展网上促销活动的方式。企业应当认真比较投放站点的服务质量和价格,从中筛选适合于本企业促销活动开展、价格匹配的服务站点。

其次,要确定网络促销的目标,比如是树立企业形象、宣传产品,还是宣传服务。再围绕这些目标来策划投放内容的多少,包括文案的数量、图形的多少、色彩的复杂程度;投放时间的长短、频率和密度;广告宣传的位置、内容更换的周期以及效果检测的方法;等等。这些都是制定预算的依据。

再次,要确定网络促销策略希望影响的是哪个群体、哪个阶层,比如是国内还是国外的,因为不同网站的服务对象有较大的差别。

5. 评价网络促销的效果

对促销效果的评价主要从两个方面进行:一方面,要充分利用网络上的统计软件,对开展促销活动以来,站点或网页的访问人数、点击次数、千人印象成本等数字进行统计。另一方面,评价要建立在对实际效果全面调查分析的基础上,通过调查市场占有率的变化情况、销售量的变化情况、利润的增减情况、促销成本的升降情况,判断促销决策是否正确。

7.3 网络促销

6. 注重网络促销过程的综合管理

在对网络促销效果正确评价的基础上,对偏离预期促销目标的活动进行调整是保证促销取得最佳效果的必不可少的一环。同时,在促销实施过程中,加强各方面的信息沟通、协调与综合管理,也是提高企业网络促销效果所必需的。

第四节 网络广告

网络广告是网络促销主要的手段,包括多种方法与类型。

一、网络广告概述

网络广告的主要价值表现在品牌形象宣传、产品促销等方面。网络广告策略既可以独立采用,也可以与其他网络营销方法相结合。网络广告是网络营销内容体系中的重要组成部分。

二、网络广告的类型与特点

1. 网络广告的类型

(1)banner广告(旗帜广告):其中文译名较多,其他的还有横幅广告、全幅广告、条幅广告等,如图7-3所示。

图 7-3 banner 广告

(2)赞助式广告:用于内容赞助、节目赞助等。赞助式广告形式很多样,广告主可根据自己所感兴趣的网站内容或网站节目进行赞助。

(3)推荐式广告:常看到许多广告采用专家、真实产品的使用者或明星为产品代言。这种利用代言人的推荐式广告手法,是期望能为消费者提供专业的,或有比较性或象征性的选择。

(4)富媒体(rich media)广告:并不是一种具体的互联网媒体形式,而是指具有动画、声音、视频和/或交互性的信息传播方法。

此外,还有分类广告、插播式广告、电子邮件广告、关键词搜索广告等。

2. 网络广告的特点

(1)网络广告需要依附于有价值的信息和服务载体。并非网络广告本身具有目标针对性,而是用户获取信息的行为特点要求网络广告具有针对性。因此,网络广告的效果并不单纯取决于网络广告自身,还与其存在的环境和依附的载体有密切关系。

(2)网络广告的核心思想在于引起用户关注和点击。由于网络广告承载信息有限,因此难以承担直接销售产品的职责。而网络广告的直接效果主要表现在用户的浏览和点击数上。

(3)网络广告具有强制性和用户主导性的双重属性。越来越多的网络广告采用强制手段迫使用户浏览和点击,但不管怎样,用户还是有是否接受广告信息的选择权,因此网络广告仍具有主导性。

(4)网络广告应体现出用户、广告客户和网络媒体三者之间的互动关系。就是说,网络媒体提供高效的网络广告环境和资源,广告客户则可以自主地进行广告投放、更换及效果监测和管理,而用户可以根据自己的需要选择自己感兴趣的广告信息及其表现形式。

三、网络广告的发布

(1)利用自己的网站发布广告。这是最常用的发布网络广告的方式之一。这种情况下,企业可对广告的内容、画面结构、互动方式等各种因素进行全面的、不受任何约束的策划。

(2)借助他人的网站发布广告。要注意选择访问率高的网站和选择有明确受众定位的网站。

(3)利用广告交换服务网络。国内外都有许多这样的广告交换服务网。

(4)利用电子邮件发布广告。

(5)使用其他工具发布广告。如采用社区、RSS、微信、应用程序等多种方式发布广告。

四、网络广告的定价

1. 影响网络广告价格的因素

(1)印象(impression)和网页浏览次数。指含有文字、banner 和 logo 广告的页面被浏览的次数,一次就叫一个印象或一次浏览。

(2)点击次数(click-through)与点击率(click-through ratio)。点击次数是指被访问者点击、浏览网页上广告的次数。点击率是指网络广告被点击的次数与页面被浏览的次数之比。

(3)带有关键词检索显示的 banner 广告(keyword-triggered banner advertising)。

(4)banner 广告的幅面大小与位置。

5)网络广告服务商的知名度。

2. 常用的网络广告的收费模式

(1)千人印象成本模式——CPM(cost per thousand impressions)模式。一般指以广告网页被 1000 次浏览为基准计价单位的收费模式。如一个旗帜广告的单价是 $1/CPM,就意味着每 1000 人次看到这个广告就收 1 美元。依此类推,若有 10000 人次浏览了该广告就是 10 美元。CPM 模式的特点:首先,CPM 模式只按实际的访问人次收费,这样可以保证广告主所付出的费用与浏览人次直接挂钩;其次,按 CPM 收费,可以鼓励网站尽量提高自己网页的浏览人数;再次,可以避免客户只愿在网站的首页做广告的弊病,因为按照

CPM 的计价方式,在首页做广告和在其他页面做广告的收益和支出比是一样的。

(2)每千次点击成本模式——CPC(cost per thousand click-throughs)模式。以网页上的广告被点击并链接到相关网站或详细内容页面 1000 次为基准的网络广告收费模式。如广告主购买了 10 个 CPC,则意味着其投放的广告可被点击 10000 次。CPC 模式的特点:受众确实看到了广告,并且进入了广告主的网站或页面,虽然费用较高。

(3)单次点击次数收费模式。应与相同条件下 CPM 方式做一个比较。

(4)每行动成本收费模式。该模式下,广告主在广告带来产品的销售后才按销售数量付给广告网站较一般广告价格更高的费用。

(5)其他收费模式。如采用按月固定收费的模式。

3. 网络广告定价过程中存在的问题

(1)企业在网络广告上的支出还是较低。

(2)免费广告的存在,同一网站广告费不一致,等等。

(3)广告商和客户在广告效果的认同上存在差异。广告服务商可以用访问者浏览广告的时间、浏览目的页面的深度和浏览页数等指标来衡量其广告的影响。而广告客户为的是销售产品或服务,对他们来说,真正能够解释广告是否有效的不是点击率,而是访问者进入网站后对广告页面显示出来的兴趣和购买行为,即实际结果。

7.4 网络广告

第五节　搜索引擎营销

一、搜索引擎营销原理及主要模式

目前流行的搜索引擎有两大基本类别:被动式搜索引擎(分类目录式搜索引擎)和主动式搜索引擎(全文关键词自动索引式搜索引擎)。

搜索引擎信息传递过程如图 7-4 所示。

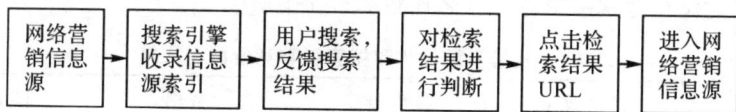

网络营销信息源 → 搜索引擎收录信息源索引 → 用户搜索,反馈搜索结果 → 对检索结果进行判断 → 点击检索结果 URL → 进入网络营销信息源

图 7-4　搜索引擎信息传递过程

二、搜索引擎营销的基本任务

(1)构造适合搜索引擎检索的信息源,做好网站建设工作;对搜索引擎友好,对用户友好。

(2)创造网站/网页被搜索引擎收录的机会。

(3)让企业信息出现在搜索结果中靠前的位置。

（4）以搜索结果中有限的信息获得用户关注,需对每个搜索引擎收集信息的方式进行研究。

（5）为用户获取信息提供方便,促使用户转化,将访问用户转化为真正的客户。

三、搜索引擎营销的基本方法

（一）搜索引擎的注册

1.分类目录式搜索引擎注册

分类目录式搜索引擎分为固定排序型、推广型、普通型和免费型。

在分类目录式搜索引擎上注册网站有几点需要注意的问题：

第一,网站在进行注册之前,必须有一定的质量,否则会被搜索引擎的工作人员在浏览网站时当作垃圾网站处理,而不会被收录进搜索引擎的分类目录中去。

第二,网站注册时正确选择初始分类也很重要。分类越细越准,成功登录搜索引擎的机会也越大。搜索引擎的工作人员会为网站建立索引,并把网站添加到其他相关的分类中。

第三,如果网站已经被添加到分类目录中,要检查其所属分类是否恰当,数据是否仍具有时效性。若发现分类不当或数据过时,要重新变更注册信息,直至达到满意的效果。

2.主动式搜索引擎注册

（1）通过网站登录入口向搜索引擎提交网站的 URL 信息。

（2）广泛建立网站外部链接,让主动式搜索引擎主动收录。

（二）搜索引擎优化

1.搜索引擎优化概念

搜索引擎优化的英文是 search engine optimization,因此通常也简称为 SEO。SEO 主要就是通过对网站的结构、内容、标签、排版等各方面的优化,使主流搜索引擎更快更多地索引网站的内容,并且让网站的各个网页在针对特定关键词的搜索引擎检索结果中获得较好的排名,使搜索引擎对企业营销的贡献最大化。

2.搜索引擎优化与搜索引擎竞价排名的关系

搜索引擎优化和搜索引擎竞价排名比较如表 7-1 所示。

表 7-1　搜索引擎优化和搜索引擎竞价排名比较

比较项目	营销效果	技术难度	费用	排名稳定性
SEO	取决于技术水平	高	极低	不够稳定
竞价排名	取决于资金投入	低	较高	稳定

（三）搜索引擎优化的方法

1.页面因素优化

页面因素优化如图 7-5 所示。

- <html>
- <head>
- <title>网站标题</title>
- <meta name="description" content="网站描述" />
- <meta name="keywords" content="网站关键词" />
- </head>
- <body>
- <a href="链接地址" title="链接说明">链接关键词</a>
- <img src="图片链接地址" alt="图片说明" />
- ………
- </body>
- </html>

图 7-5　页面因素优化

具体地说,页面因素优化包含以下内容。

(1)关键词的选择:既要选择搜索量比较大的词,又要选择相对容易优化到目标位置的词。

(2)页面标题(title):不宜太长或太短,以 6～10 个汉字为宜;含网页核心内容;含有关键词,如"核心关键词＋公司名/品牌名"。

(3)标签:例如＜name＝"keywords" content＝"电子书,电子图书,电子书籍,电子书下载,书籍,图书,下载"＞。

(4)对关键词采用特殊的文字格式,如粗体、斜体、下划线等。

(5)图片的 ALT 注释中应包含关键词。

(6)页面的关键词分布密度要适当。

(7)合理运用动态网页、图片、Flash 动画,因为静态内容(如文字)对搜索引擎更友好。

(8)页面代码优化:减少表格嵌套,保持页面简洁。

2.非页面因素优化

(1)域名和主机:有独立域名,域名中有核心关键词,主机速度快。

(2)网站链接结构:扁平的、树状的网站链接结构比较有利于搜索引擎检索。

(3)网站的外部链接:高质量的外部链接是一种信任。

(4)其他因素:网页建立的时间、流量、与搜索引擎的合作关系等。

无论是页面因素优化,还是非页面因素优化,都须不断研究与实践。

7.5 搜索引擎营销

四、关键词竞价排名

关键词竞价排名是百度首创的一种赢利模式。

第一步:在百度上注册竞价排名账户,注册网址为 http://jingjia.baidu.com/login.html。

第二步:缴费开户,选择提交关键词。

第三步:根据推广情况随时调整关键词,达到最佳效果。

第七章练习题

第八章　电子商务物流

第一节　物流概述

随着电子商务的快速发展,物流量也快速增加。物流成为电子商务发展的瓶颈,当然也成为物流业快速发展的动力。

一、物流的概念

先看一下物流名称的发展历史。"物流"的概念最早是在 19 世纪 30 年代初提出的,表达为 physical supply,直译成"物料供应"。1935 年,美国销售协会使用 physical distribution 一词指代物流,意思是"物质分配和销售"。在此期间使用的词还有:physical movement,"物质的流动";materials flow,"物流"。

到了 20 世纪 80 年代后半期,使用的词为 logistics,原指"军事上的后勤工作"或"后勤学"。该词被借用到企业管理中,称作"企业后勤",指对企业的供销、运输、存储等活动进行综合管理,也就是物流。如图 8-1 所示的是某物流企业主页。

图 8-1　物流企业主页

1. 物流的定义

物流的定义很多,不同的国家、不同的机构在不同的时期对其的定义都有所不同,各有各的侧重。

美国物流管理权威机构——物流管理委员会认为,"物流作为客户生产过程中供应环节的一部分,它的实施与控制提供了有效的、经济的货物流动和储存服务,提供了从存货原始地到消费者的相关信息,以期满足客户的要求"。

联合国物流委员会对物流做了新的界定:"物流是为了消费者的需求而进行的从起点到终点的原材料、中间过程库存、最终产品和相关信息有效流动和存储计划、实现和控制管理的过程。"

《中华人民共和国国家标准物流术语》中,物流的定义是:物品从供应地向接收地的实体流动过程,根据实际需要,将运输、储存、装卸、搬运、包装、流通加工、配送、信息处理等基本功能实施的有机结合。具体可概括为三个要点和两个方面。

(1)三个要点:物体的空间移动;物体的空间存储、包装、流通加工等;物体的信息处理与流动。

(2)两个方面:狭义的物流定义下,物流仅仅指作为商品的物质资料在生产者与消费者之间发生的空间位移、存储等服务和信息流动,限于流通领域内。广义的物流定义下,物流除了包括流通领域外,还包括物质资料在生产过程中的一切运动,即从原材料变为制成品后再到最终到达消费者手中所发生的一系列的空间位移、存储等和信息流动。

2. 物流的分类

(1)按照物流活动覆盖的范围分类。

国际物流:伴随国际贸易活动和交流所发生的物流。

区域物流:一个国家范围内的物流,一个城市的物流,一个经济区域的物流,都称为区域物流。

(2)按照物流在供应链中的作用分类。

供应物流:从物资供给者采购、运输、储存、加工、分类或包装、搬运装卸、配送,直到购买者收到物资这一全过程的物流活动。

生产物流:从原材料购进入库起,直到工厂产品库的产品发送为止,这一全过程的物流活动。

销售物流:企业将产品所有权转给用户的物流活动。

分销物流:专业批发业务的物流活动。

回收物流:伴随货物运输或搬运中的包装容器、装卸工具及其他可再用的旧杂物的回收、分类、再加工及复用过程的物流活动。

废弃物流:对企业排放的无用物进行运输、装卸和处理的物流活动。

(3)按照物流活动的主体分类。

企业自营物流:企业自身经营的物流。

专业子公司物流:把自己的一部分职工分离出来,成立物流子公司的物流经营方式。

第三方物流:指由供方与需方以外的物流企业提供物流服务的业务模式。

3. 物流在电子商务中的重要性

物流是电子商务发展的瓶颈,在农村电商与跨境电商中更是如此。物流成本决定着企业获得的利润多少。物流成本高，企业利润就少。物流效率决定着企业服务的效率。物流服务的质量决定着企业服务的质量。物流服务的效率与质量差，客户会记在企业身上，如图 8-2 所示。

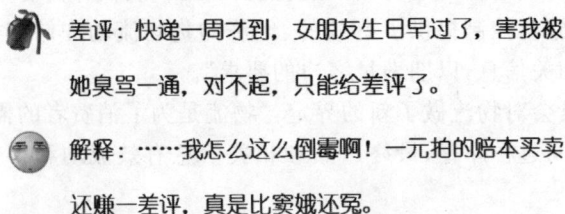

差评：快递一周才到，女朋友生日早过了，害我被

她臭骂一通，对不起，只能给差评了。

解释：……我怎么这么倒霉啊！一元拍的赔本买卖

还赚一差评，真是比窦娥还冤。

图 8-2　物流的重要性

二、物流活动的基本元素与功能

物流是一个作业跨度大、业务复杂的领域，涉及信息、运输、存储、搬运、包装等综合服务的集成。物流活动包含物资包装、装卸、运输、储存、流通加工、配送、订单处理、物流信息管理等几个方面的基本元素。

物资包装：为了在流通过程中保护产品、方便储运、促进销售，按一定技术方法而采用的容器、材料及辅助物的总称，也指为了达到上述目的而在采用容器、材料和辅助物的过程中施加一定技术方法的操作活动，如图 8-3 所示。

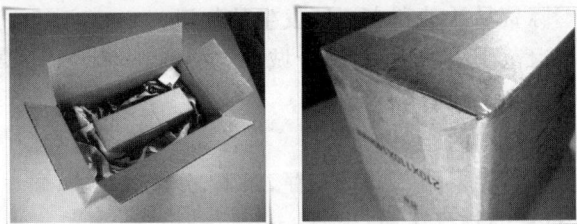

图 8-3　物资包装

装卸：在特定范围内移动物品，以改变物品的存放状态和空间位置为主要内容和目的的活动。

运输：用设备和工具，在规定的时间内将实体物品从一个地点向另一地点运送的物流活动。

储存：对物品进行的堆存、保管、保养、维护等活动。

流通加工：在流通过程中，根据需要对物品施加分割、计量、分拣、刷标志、拴标签、组装等简单作业的总称。

配送：按用户的订货要求，在物流据点进行分货、配货工作，并将配好的货物送交收货人的物流活动。

订单处理：企业对订单的获取、对订单的确认、与客户的沟通、对订单的履行及送达客户指定地、对订单的结算这个过程。

物流信息管理：计划、反映、控制物流各种活动内容的知识、资料、图像、数据、文件的总称，包括计划信息、状态信息、控制调节信息。

对物流信息活动的管理，要求建立信息系统和信息渠道，正确地选定信息点和内容，以及信息的收集、汇总、统计和使用方式，以确保信息的可靠性和及时性。

8.1 物流概述

第二节　物流管理概述

前面提到物流是电子商务的瓶颈，物流成本决定着企业的利润，物流服务效率和质量决定着企业服务的效率和质量。因此，必须加强物流管理，提高物流效率与效益。

一、物流管理的定义、内容和特点

物流管理的定义：在社会再生产过程中，根据物质资料实体流动的规律，应用管理的基本原理和科学方法，对物流活动进行计划、组织、指挥、协调、控制和监督，使各项物流活动实现最佳的协调与配合，以降低物流成本，提高物流效率和经济效益。

1. 物流管理的内容

(1) 对物流活动诸要素的管理，包括运输、储存、包装、配送等环节的管理。

(2) 对物流系统诸要素的管理，即对其中人、财、物、设备、方法和信息等六大要素的管理。

(3) 对物流活动中具体职能的管理，主要包括对物流计划、质量、技术、经济等职能的管理。

2. 物流管理的特点

(1) 物流管理是战略管理的重要方面，要通过合理的、科学化的管理达到降低成本、提高物流过程效率的目标，实现可持续发展。

(2) 物流管理是系统化管理，是从生产到销售的一体化管理；强调对物流、商流、信息流进行统一组织和构建。

(3) 物流管理要运用现代化手段和工具。

二、物流系统化管理

1. 物流系统化管理的目标(5S)

优质服务(service)：无缺货、损伤和丢失现象，且费用便宜。

迅速及时(speed)：按用户指定的时间和地点迅速送达。

节约空间(space saving)：发展立体设施和有关的物流机械，以充分利用空间和面积，缓解城市土地紧缺的问题。

规模适当(scale optimization)：物流网点的优化布局，合理的物流设施规模、自动化和机械化程度。

合理库存(stock control)：合理的库存策略，合理控制库存量。

---

2. 物流管理系统的构成

(1)作业系统:围绕实体移动的作业过程,包括运输、存储、包装、物料搬运、订单处理、预测、生产计划、采购、客户服务、选址、其他作业等。

(2)信息系统:协调实体移动的信息沟通系统。低成本的信息处理可以代替高成本的库存,即如果信息沟通及时,可以减少库存,从而降低成本。高效的信息系统也可大大提高物流作业系统的运转效率,是物流管理系统构成的神经系统。如图8-4中的"啤酒游戏"形象地反映了一种"牛鞭效应"(见图8-5),即源头的"小动"带来尾巴的"大动",像神经一样敏感。

订货	正常	1周	2周	3周	4周	5周	6周
酒吧	12/12	12/16	16/18	18/16	16/12	12/12	12/12
批发	12	12	12	18	24	18	16
销售	12	12	12	12	20	26	18
酒厂	12	12	12	12	12	22	28

注:12/16表示订货/实际需求,即本周订下周的货,其余可依次类推

图8-4　啤酒游戏

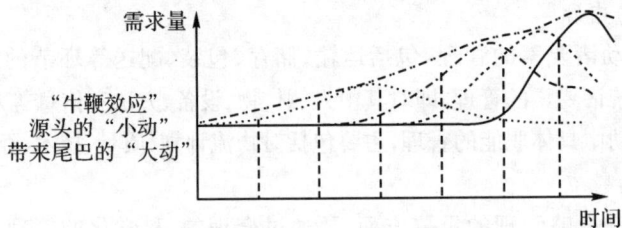

图8-5　牛鞭效应

三、物流管理的发展

(1)运输管理阶段:主要针对企业的配送部分。在该阶段中,既定数量的成品生产出来后,被动地去迎合客户需求,将产品运到客户指定的地点。

(2)物流管理阶段:从20世纪70年代后期起。该阶段中,物流管理的范围扩展到除运输外的需求预测、采购、生产计划、存货管理、配送与客户服务等,以系统化管理企业的运作,达到整体效益的最大化。

(3)供应链管理阶段:20世纪90年代。该阶段中的物流管理超出了一个企业的管理范围,它要求与各级供应商、分销商建立紧密的合作伙伴关系,共享信息,精确配合,集成跨企业供应链上的关键商业流程。

(4)供应链一体化物流管理阶段:从20世纪90年代末到现在。该阶段中,企业的物流系统更加系统化、整合化,互联网技术为供应链管理取得成功提供了有力的支持,围绕核心企业,对信息流、物流、资金流进行控制。

四、绿色物流

绿色物流是 21 世纪物流管理发展的方向和趋势,即物流过程中减少物流对环境造成危害的同时,实现对物流环境的净化,使物流资源得到最充分的利用。它包含以下要素:

(1)集约资源:整合现有资源,优化资源配置,提高资源利用率。

(2)绿色运输:合理布局与规划,通过缩短运输路线、提高车辆装载率等措施,实现节能减排的目标。

(3)绿色仓储:一方面,仓库选址要合理,有利于节约运输成本;另一方面,仓储布局要科学,使仓库得以充分利用。

(4)绿色包装:可以提高包装材料的回收利用率,有效控制资源消耗,避免环境污染。

8.2 物流管理概述

(5)废弃物物流:对在经济活动中失去原有价值物品的回收与处理。

第三节　电子商务物流

关于电子商务物流,目前并没有明确的定义。有人认为,电子商务物流就是电子物流,或者物流的电子化,也有人认为,它是电子商务时期的物流,还有人认为,电子商务物流就是现代物流。上述观点从不同的侧面强调了电子商务物流与其他物流的联系与不同。

一、电子商务物流的概念

华中师范大学信息管理系的王学东教授指出:"电子商务物流指的是服务于电子商务活动的物流。在本质上,它从属于现代物流,是现代物流的重要组成部分。与其他物流不同的是,它更强调物流的电子化、第三方物流、第四方物流以及物流配送。"

二、电子商务物流的特点

(1)信息化。信息化表现为物流信息收集的数据库化和代码化、物流信息处理的电子化和计算机化、物流信息传递的标准化和实时化、物流信息存储的数字化等。

(2)自动化。自动化的基础是信息化,其核心是机电一体化,外在表现是无人化,效果是省力化。另外,在电子商务物流中实现自动化还可以扩大物流作业能力,提高劳动生产率,减少物流作业的差错,等等。

(3)网络化。电子商务物流中的网络化有两层含义:一是电子商务物流配送系统的计算机通信网络,包括物流配送中心与供应商或制造商的联系要通过计算机网络,另外与下游客户之间的联系也要通过计算机网络;二是电子商务物流组织的网络化。

(4)智能化。在电子商务物流自动化的进程中,智能化是不可回避的技术难题。智能化的进一步发展要借助于专家系统、机器人等相关技术的先进研究成果。

(5)柔性化。在电子商务活动中,企业往往需要根据客户需求的变化来灵活调节生产工艺,没有配套的柔性化的电子商务物流系统是不可能达到目的的。柔性化的电子商务物流正是适应生产、流通与消费的需求而发展起来的一种新型物流模式。

(6)集成化。电子商务物流系统在物流基础设施、信息基础设施、商品包装上向标准化的方向发展,在物流运作模式上向社会化、共同化的方向发展,而在数据与功能、技术与设备、人员和组织等各个层次上,都在向集成化的方向发展。

(7)虚拟化。随着全球卫星定位系统的应用,社会大物流系统的动态调度、动态储存和动态运输将逐渐代替企业的静态固定仓库。

三、电子商务物流模式

1. 物流一体化

物流一体化,就是以物流系统为核心,由供应商、生产商、分销商组成的整体化和系统化的物流供应链。

2. 第三方物流

第三方物流是指由供方与需方以外的物流企业提供物流服务的业务模式。国外常称之为契约物流、物流联盟、物流伙伴或物流外部化。

第三方物流的特点:

(1)同货主企业关系密切,是长期伙伴。

(2)能帮助企业建立物流系统,共同优化其供应链。

(3)与货主企业分享利益、共担风险。

(4)不一定有物流作业能力,但可以采用代理方式。

3. 第四方物流

第四方物流是一种现代物流运作的模式。该模式下,由具有电子信息技术和第三方物流运作等知识能力的第四方拟定一套供应链总体解决方案,并负责对该方案的实施过程进行监控与评价,以提高供应链的整体绩效,代表企业官网如图8-6所示。

图8-6 第四方物流代表企业官网

第四方物流的特点:

(1)提供一整套完善的供应链解决方案。

　　(2)供应链过程协作和供应链过程的再设计。

　　(3)实施流程一体化、系统集成和运作交接。

　　(4)承担多个供应链职能和流程的运作。

　　4.国际物流

　　国际物流(international logistics，IL)，就是组织货物在国家间的合理流动，也就是发生在不同国家之间的物流。国际物流的实质是按国际分工协作的原则，依照国际惯例，利用国际化的物流网络、物流设施和物流技术，实现货物在国家间的流动与交换，以促进区域经济的发展和世界资源优化配置。

　　国际物流的特点：

　　(1)物流环境差异大。

　　(2)物流系统范围广。

　　(3)运输方式具有复杂性。

　　(4)必须有国际化信息系统的支持。

　　(5)标准化要求较高。

四、电子商务物流的发展趋势

　　(1)多功能化——物流业发展的方向。物流业不单单提供仓储和运输服务，还必须开展配货、配送和各种提高附加值的流通加工服务项目，也可按客户的需要提供其他服务，以提高竞争优势。

　　(2)一流的服务——物流企业的追求。在电子商务下，物流企业是介于供货方和购货方之间的第三方，以服务作为第一宗旨。物流企业不仅要考虑"我能为客户提供哪些服务"，而且要考虑"客户要我提供哪些服务"，努力去实现它。

　　(3)信息化——现代物流业的必由之路。在电子商务时代，企业要提供最佳的服务，物流系统必须要有良好的信息处理和传输能力。

　　(4)全球化——物流企业竞争的趋势。电子商务的出现加速了全球经济的一体化，致使物流企业的发展出现了多国化的趋势。企业从许多不同的国家收集所需的资源，加工后再向各国出口。联邦快递就是体现全球化的典型企业，其官网如图8-7所示。

8.3 电子商务物流

开设FedEx帐号，享受更多优惠

图8-7　联邦快递官网

第四节 现代物流技术

物流技术一般是指与物流要素活动有关的、实现物流目标的所有专业技术的总称,而现代物流技术则主要包括各种现代物流操作方法、管理技能等。这里主要介绍条形码、射频、GPS(全球卫星定位系统)、GIS(地理信息系统)技术的基本知识。

一、条形码技术

条形码技术包括条形码的编码技术、条形符号设计技术、快速识别技术和计算机管理技术,是实现计算机管理和电子数据交换不可少的开端技术。

1.条形码概念

条形码简称条码,由一组黑白相间、粗细不同的条状符号组成(见图8-8)。条码隐含着数字信息、字母信息、标志信息、符号信息,主要用以表示商品的名称、产地、价格、种类等,是全世界通用的商品代码的表示方法。

图8-8 条形码

2.条形码分类

(1)按材料不同,可分为纸质条形码、金属条形码和纤维织物条形码。

(2)按条形码形成的空间不同,可分为一维条形码、二维条形码和复合条形码。目前流行的二维条形码/二维码是用某种特定的几何图形按一定规律在平面(二维方向)上分布的黑白相间的图形记录数据符号信息的。二维码具有条码技术的一些共性:每种码制有其特定的字符集,每个字符占有一定的宽度,具有一定的校验功能,等等。二维码还有信息量大、可靠性高的优点,可以直接通过阅读它得到相应的信息,可把照片、指纹编制于其中。它还有错误修正技术,能有效地解决证件的可机读和防伪问题,增加了数据的安全性。

(3)按条形码的码制不同,可分为 UPC 码、ENA 码、三九码等几十种条形码。

UPC 码主要在美国和加拿大使用。

EAN 条码是国际通用商品代码,我国通用商品条码标准也采用 EAN 条码结构。它的主版由 13 位数字及相应的条码符号组成,在较小的商品上也采用 8 位数字码及其相应的条码符号。其构成有以下几种:

前缀码。由 3 位数字组成,是国家的代码。我国的代码为 690,是国际物品编码会统一决定的。

制造厂商代码。由 4 位数字组成,是我国物品编码中心统一分配并统一注册的,一厂一码。

商品代码。由 5 位数字组成,表示每个制造厂商的商品,由厂商确定,可标识十万种商品。

校验码。由 1 位数字组成,用以校验前面各码的正误。

二、RF(射频)技术

1. RF 技术概念

RF(radio frequency)技术,即射频技术的基本原理是电磁理论,利用无线电波对记录媒体进行读写。射频系统的优点是不局限于视线,识别距离比光学系统远。

2. RFID(射频识别)系统的分类

根据完成的功能不同,RFID(radio freawency identification)系统,即射频识别系统可分为四种类型:EAS 系统、便携式数据采集系统、物流控制系统和定位系统。

(1)EAS 系统。EAS(electronic article surveillance)系统,即电子商品防窃(盗)系统是一种设置在需要控制物品出入的门口的 RFID 技术。这种技术的典型应用场所是商店、图书馆、数据中心等,当未被授权的人从这些地方非法取走物品时,EAS 系统会发出警告。

(2)便携式数据采集系统。便携式数据采集系统中,使用带有 RFID 阅读器的手持式数据采集器采集 RFID 标签上的数据。

(3)物流控制系统。在物流控制系统中,RFID 阅读器被分散布置在给定的区域,并且阅读器直接与数据管理信息系统相连。信号发射机是移动的,一般安装在移动的物体、人上面。当物体、人经过阅读器时,阅读器会自动扫描标签上的信息并把数据信息输入数据管理信息系统进行存储、分析、处理,达到控制物流的目的。

(4)定位系统。定位系统用于自动加工系统中的定位及对车辆、轮船等进行运行定位支持。阅读器放置在移动的车辆、轮船上或者自动化流水线中移动的物料、半成品、成品上,信号发射机嵌入操作环境的地表下面。信号发射机上存储有位置识别信息,阅读器一般通过无线的方式或者有线的方式连接到主信息管理系统。

三、GPS(全球定位系统)技术

1. GPS 的基础知识

GPS(global positioning system)是结合了卫星及无线技术的导航系统,具备全天候、全球覆盖、高精度的特征,能够实时、全天候为全球范围内的陆上、海上、空中的各类目标提供持续、实时的三维定位、三维速度及精确时间信息。

2. GPS 的物流功能

(1)实时监控功能。GPS 能在任意时刻通过发出指令查询运输工具所在的地理位置

（经度、纬度、速度等信息），并在电子地图上直观地显示出来。

（2）双向通信功能。GPS的用户可使用GSM的话音功能与司机进行通话或使用本系统安装在运输工具上的移动设备的汉字液晶显示终端通过汉字消息收发进行对话。

（3）动态调度功能。GPS的调度人员能在任意时刻通过调度中心发出文字调度指令，并得到确认信息。

（4）数据存储、分析功能。GPS能实现路线规划及路线优化，事先规划车辆的运行路线、运行区域，何时应该到达什么地方，等等，并将该信息记录在数据库中，以备以后查询、分析使用。

四、GIS（地理信息系统）技术

1. GIS 概念

GIS（geographical information system）是多种学科交叉的产物。它以地理空间数据为基础，采用地理模型分析方法，适时地提供多种空间的、动态的地理信息，是一种为地理研究和地理决策服务的计算机技术系统。

2. GIS 功能

GIS的基本功能是将表格型数据转换为地理图形显示出来，然后对显示结果进行浏览、操作和分析。其显示范围可以从洲际地图到非常详细的街区地图，显示对象包括人口、销售情况、运输线路以及其他内容。

GIS技术把地图这种独特的视觉化效果和地理分析功能与一般的数据库操作（例如查询和统计分析等）集成在一起。这种能力使GIS与其他信息系统相区别，从而使其在许多领域里的解释事件、预测结果、规划战略中体现出实用价值。

8.4 现代物流技术

第八章练习题

第九章　电子商务的应用与发展趋势

随着互联网新技术的不断产生以及新商业模式的不断涌现,电子商务的新兴应用以新颖的模式、便利的服务、个性化的体验充实着社会的各行各业,创造着全新的业态。下面来介绍电子商务的各种新应用与发展趋势。

一、移动电子商务

1. 移动电子商务概念

移动电子商务(mobile business,MB)是通过智能手机、PDA(个人数字助理)等移动通信设备与互联网有机结合进行的电子商务活动,它能提供个人信息管理(person information manager,PIM)、LBS(基于位置的服务)、在线银行、实时交易、票务、移动购物、即时娱乐、无线医疗业务等服务。

2. 移动电子商务发展趋势

一是传统电子商务平台争相向移动端迁移。从排名前十位的移动电商企业看,除了买卖宝之外,淘宝、京东、唯品会、苏宁易购、聚美优品、国美在线、当当网、亚马逊中国等全部是 PC 时代的主流电子商务企业,即传统电商平台企业。

二是移动时代流量入口多元化,从线上到线下的入口布局是竞争的焦点。阿里巴巴以支付宝钱包为依托,腾讯以微信支付为依托,与线下商家展开广泛合作,积极布局二维码入口。

三是移动社交和自媒体爆发,正开启去中心化的电子商务发展新模式。与传统电子商务企业通过一个平台聚集所有商家和流量的中心化模式不同,去中心化的电子商务模式以微博、微信等移动社交平台为依托,通过自媒体的粉丝经济模式,通过社群关系链的分享传播来获取用户。

四是 O2O 闭环生态链相关技术基本成熟,当前及未来一段时期都将是 O2O 模式创新和创业的窗口期。以二维码和 NFC(近距离无线通信技术)为代表的移动支付技术、以百度地图和高德地图为代表的 LBS 技术、以阿里云为代表的云计算技术、以微信公众号为代表的客户关系管理技术以及免费无线网络等相关技术都已经进入大规模商用阶段,服务线下商业的 O2O 闭环生态链基本成熟。

二、社交化电子商务

1. 社交化电子商务的概念

社交化电子商务,是指将关注、分享、沟通、讨论、互动等社交化的元素应用于电子商务交易过程的现象。具体而言,从消费者的角度来看,社交化电子商务,既体现在消费者购买前的店铺选择、商品比较等,又体现在购物过程中通过 IM(即时通信)、论坛等与电子商务企业间的交流与互动,也体现在购买商品后的消费评价及购物分享等。

2. 社交化电子商务的特征

社交化电子商务具备三个核心特征:

(1)具有导购的作用;

(2)用户之间或用户与企业之间有互动与分享,即具有社交化元素;

(3)具备"社交化传播多级返利"的机制,即可获益。

3. 社交化电子商务的趋势

此处以微商为例,归纳一下社交化电子商务的趋势。

(1)市场销售规模高速增长。2015 年微商市场销售规模 1819.5 亿元,2016 年达到 3607.3 亿元,增长率为 98.3%;2017 年的市场销售规模达到 6835.8 亿元,增长率高达 89.5%。

(2)发展的区域跟中国互联网发展的区域密切相关。广州、深圳是一块,江苏、浙江是一块,发展速度非常快,而且形成了良好的氛围。

(3)品类从最早的护肤品等便于展示的产品到现在极其丰富多样的产品,所有能体验的、能讲出故事的,在微商里都有。

(4)参与群体慢慢向高端的白领人群渗透。性别比例上,女性参与者占绝对的优势,约有 75% 是女性。

三、跨境电子商务

1. 跨境电子商务概念

跨境电子商务是指分属不同关境的交易主体,通过电子商务平台达成交易、进行支付结算,并通过跨境物流送达商品、完成交易的一种国际商业活动。

2. 跨境电子商务分类

跨境电子商务从进出口方向角度来分,可分为出口跨境电子商务和进口跨境电子商务;从交易模式角度来分,可分为 B2B 跨境电子商务和 B2C 跨境电子商务。

3. 跨境电子商务发展趋势

中国电子商务研究中心监测数据显示,2017 年中国跨境电商整体交易规模(含零售及 B2B)达 7.6 万亿元,增速可观;2018 年跨境电商交易规模有望增至 9.0 万亿元。

中国跨境电商以出口为主。2017 年,跨境电商出口交易额达 6.3 万亿元,占跨境电商交易总额的 82.89%,而进口交易额则占跨境电商交易总额的 17.11%。预计到 2020 年,跨境电商进口交易额占比将上升到 25%。

按业务模式分,中国跨境电商目前以 B2B 为主,但 B2C 增长强劲。2017 年,中国出口跨境电商中 B2B 市场交易规模为 5.1 万亿元,占出口跨境电商总额的 80.9%,同比增长 13.3%;而 B2C 市场交易规模为 1.2 万亿元,占出口跨境电商总额的 19.1%,同比增长 21.2%。

四、物联网电子商务

1. 物联网商务概念

物联网电子商务是以 RFID 为品牌保护基础的,是所有商品全保真的物联网电商。物联网电子商务确保每一个消费者采购的唯一商品,从指定厂家、经销商及其物流服务商到支付服务商等都是唯一的、明确的。商品和服务出现问题,可以从任意节点进行追溯,确定问题。

2. 物联网商务的趋势

物联网商务凭借其在提升自动化处理方面的天然优势,将能有效地改善电商运营管理中存在的问题。

(1)在电子商务的库存层面,物联技术可以通过对库存物品信息的实时感知,形成自动化库存。

(2)在支付环节,网上零售商可利用物联网技术加强与电信运营商之间的合作,发展多样化的移动支付业务。

(3)在物流领域,可借助物联网和 GPS 技术结合的方式,将配送包裹模块化,让消费者、网上零售商户和物流公司三方实时获悉货物的路线,利用无线视频系统甚至还可以看到货物运输车辆的现场状态。

(4)在产品方面,可建立产品溯源系统。通过物联技术实现产品唯一的识别标志,不仅可以使用户有效地辨别商品,更加清楚地了解商品的具体来源,还可以降低用户被骗的风险,进一步提高用户消费的积极性。

总的来说,随着现代信息技术的快速发展,电子商务涌现了许多新的应用模式和发展趋势。除了上面提到的,还有许多如基于大数据技术的电子商务模式、互联网金融的新模式、基于人工智能的电子商务新模式,以及在农村电商和生鲜、家居、装修、生活缴费等各个方面的电子商务应用。

9.1 电子商务的应用与发展趋势

其实,就发展趋势来看,在若干年以后"电子商务"这个概念一定会逐渐淡出人们的视野。但这并不意味着电商将消失,而是意味着电商将成为主流,因为任何商务都需要电子化工具,甚至可以说根本就离不开电子化工具,很可能线上与线下的界线会逐渐淡化最后消失。

第九章练习题

下篇　电子商务实务实验

第十章 电子商务模拟实验

本章实验为基于 ZK-28 电子商务模拟系统的模拟实验。ZK-28 电子商务模拟系统为浙江大学科技开发公司开发的教学模拟软件,它为电子商务教学提供了真实的互动教学与实践环境,可在局域网上运行。它集合了当前实用的几种电子商务的主要模式,有 B2C 的电子商务模式;B2B(一对多)的电子商务模式;C2C 的电子商务模式,其中包括了议价、拍卖、竞价、外贸等。通过全过程的网上模拟操作实验,学生可以把课本上的电子商务理论与具体实践相结合,加深对理论知识的理解,加强感性认识,掌握实际应用的技能。

ZK-28 电子商务模拟系统的角色与功能描述如下:

(1)管理员:主要管理整个系统的教师账号,具有账号管理、教师查看等功能。

(2)教师:主要进行班级及学生用户的管理,具有班级与学生用户管理、系统设置、考核管理以及其他附加功能。

(3)银行:主要负责维持和处理生产厂家、物流企业、商场和客户之间的银行转账业务,也起着监督资金流动的作用,具有储蓄业务、对公业务、信贷业务、代理业务等功能。

(4)厂家:主要是以产品最终供应商的身份存在的,系统中交易的所有商品(拍卖网除外)都是由厂家生产并供应的,而其他角色的商品都直接或间接购买自厂家;具有生产管理、库存管理、销售管理、营销管理、客户关系管理、应收应付、资金管理、网络访问等功能。

(5)商场:主要向厂家购买商品组建自己的产品库,然后通过网络渠道把产品销售给消费者,从中获得利润;具有采购管理、销售管理、库存管理、营销管理、客户关系管理、应收应付、资金管理和网络访问等功能。

(6)消费者:主要通过各种网络资源搜索个人的需求,并通过网络途径进行消费;具有现金金额、消费记录、订单查询、收货确认、网上银行、柜台业务、搜索等功能。

(7)物流:主要通过接受客户的配送请求组织货物运输,收取运输费用,实现营业利润;具有客户管理、订单管理、运输管理、库存管理、配送管理、应收应付、财务管理、网络访问等功能。

(8)出口商:主要从查看国外采购信息开始,经过报价、合同磋商、确认合同一直到向国内厂家采购商品,组织货物通关,最终完成结汇;具有采购管理、库存管理、出口业务、客户管理、应收应付、财务管理和网络访问等功能。

(9)EDI 中心:主要负责电子数据交换。

ZK-28 电子商务模拟系统的总体框架及流程如图 10-1 所示。

ZK-28 电子商务模拟系统采用 B/S(浏览器/服务器)结构,安装在局域网的服务器上,客户端可通过浏览器访问,如在浏览器地址栏中输入 http://192.168.0.5/ZKEcom/default.aspx,按回车键即可启动模拟系统。主界面如图 10-2 所示。

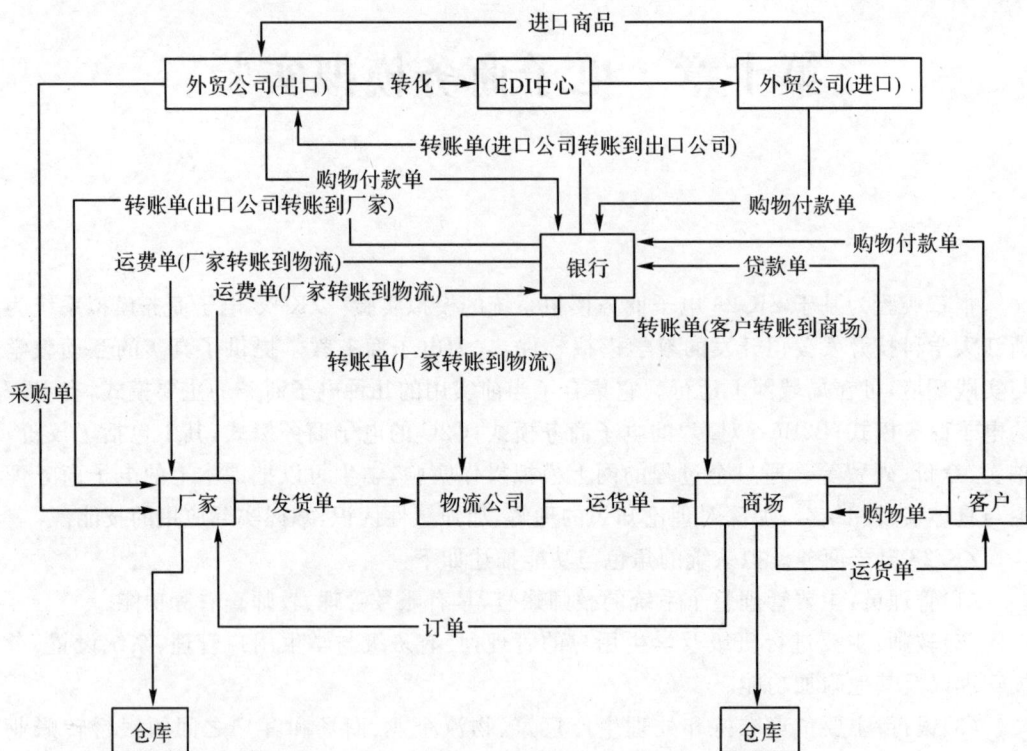

图 10-1

图 10-2

第一节　B2B 电子交易

一、学习目的

（1）理解电子商务的概念。

（2）理解 B2B 电子商务的基本流程。

（3）理解电子商务的信息流、资金流、物流、安全性。

（4）了解 B2B 电子商务中各角色的功能。

（5）掌握 B2B 电子商务的基本操作。

二、预备知识

B2B 指企业与企业间的电子商务。B2B 方式是电子商务应用最重要和最受企业重视的形式，企业可以使用互联网或其他网络寻找交易合作伙伴，完成从定购到结算的全部交易行为，包括向供应商订货、签约和使用银行转账、网上银行等方式进行付款，以及在商贸过程中发生的其他问题。本实验模拟从"商场"通过网上交易平台向"厂家"在线订购产品，并利用交易洽谈等手段建立订购合同，到"厂家"受理订单，通过"物流公司"送货最终完成交易的整个流程。

在 B2B 电子商务中，参与主体主要包括采购商、供应商、物流公司、银行等。在 B2B 电子商务模式中，交易流程如下：

（1）作为厂家登录的用户首先要"生产产品"，建立起属于自己的产品库。厂家的产品供应信息发布在作为 B2B 网上交易平台的商贸网站上，供所有采购者查看。

（2）商场用户登录采购产品的商贸网站查看产品供应信息，选择要购买的产品。

（3）商场选中需购买的产品，在线填写询价单，发送给厂家。

（4）厂家对询价单进行报价处理，选择要报价的产品并填写报价数量和单价。报价处理会产生报价单，并发送给采购商。

（5）商场收到来自厂家的报价单，在确认要向该厂家采购某产品后，拟定购销合同并发送给厂家。供需双方就合同进行洽谈，最终确认合同的具体内容。

（6）确认合同之后，厂家需要组织发货，货物配送是由第三方物流企业承担的，操作步骤为：进入物流配送平台，选择物流企业，选择要配送的合同号提交配送单。

（7）物流企业受理该新的配送单，自动产生入库运输单。处理入库运输单时指定车辆和驾驶员，发送车辆到目的地接货。

（8）此时厂家提交的配送单状态提示需要出库，在处理出库之后，产品装载到运输车辆并运送到物流仓库。

（9）物流仓库收到货物后，处理自动产生的入库单，选择仓库让货物入库。入库后的货物存放在物流仓库内。要完成配送,物流需要进入后台的配送管理/拣货装车,对仓库内的货物进行运输分配。

(10)根据上一步拣货装车的运输分配系统自动生成的出库运输单,物流处理相应的出库运输单,最后处理生成的货物出库单,将仓库内的货物装车运往目的地。

(11)物流货物发出后,采购商场会在采购管理/收货确认里收到采购的产品,确认入库,本次交易结束。

(12)交易的过程中,会产生厂家与采购商场之间的应收应付账,物流企业与厂家的应收应付账,关于这些账款系统会自动记录。用户需要查看相应的应收应付记录,了解自己企业的应收应付账目情况。对于应付账,可以通过银行转账进行支付,而对于应收账,也需要等待或催促对方付款。通过应收应付核销功能,可以核销应收与收款、应付与付款记录。

三、实务内容

(一)用户注册与填写资料

(1)进行用户注册,可先注册四个角色:厂家、商场、银行、物流。下面以厂家为例注册,其他类同。

(2)在首页单击"在线注册",进入用户注册界面,如图10-3所示。输入用户名、密码、确认密码、角色、班级、真实姓名,单击"确定"。

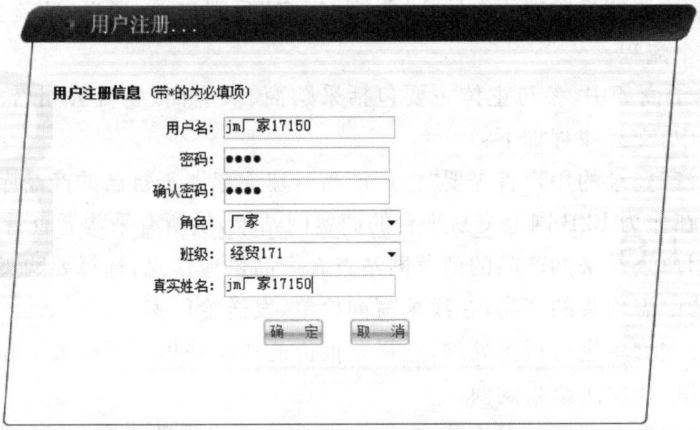

图 10-3

用户名:班级拼音缩写＋角色名＋班级3位代码＋学号2位代码。例如,经贸171班,角色为"厂家",学号为50的同学用户名为:jm厂家17150。

密码:自己定,一定要记住密码,并重复输入校验密码。

角色:与注册的角色一致,现为"厂家"。

班级:必须选择自己班级,否则会看不到其他相关信息。

真实姓名:真实姓名或与用户名一致。

(3)点击"确定"后出现"注册成功"提示信息,如图10-4所示,点击"确定"后返回首页登录界面。一般教师账号设置成自动认证模式，所以注册后即自动认证成功，否则需要等教师认证，即输入用户名、密码后单击"登录"按钮。

图 10-4

（4）登录后出现用户初始化界面，如图 10-5 所示。须补充输入角色信息，包括单位名称、负责人、电话号码、传真、电子邮箱地址、联系地址、邮政编码、经营范围、公司介绍。

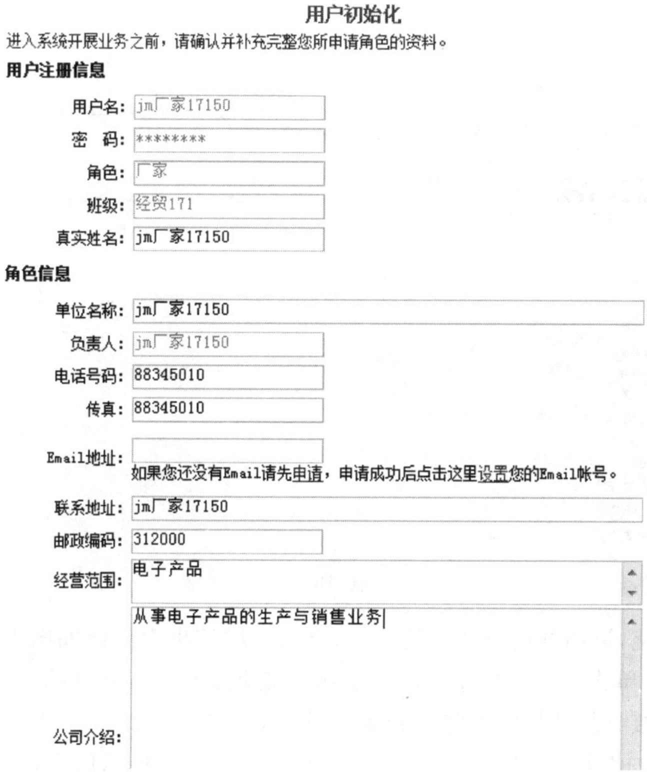

图 10-5

单位名称、负责人、联系地址：与用户名一致。

电话号码、传真、邮政编码、经营范围、公司介绍：根据具体情况自己填写。

电子邮件（Email）地址：单击"申请"，出现新用户注册界面如图 10-6 所示。输入用户名、真实姓名(同用户名),密码不变。单击"确定",出现"注册成功"信息,确定进入用户登录界面,如图 10-7 所示。输入用户名、密码后,单击"登录",即可进入邮箱,如图 10-8 所示。

图 10-6

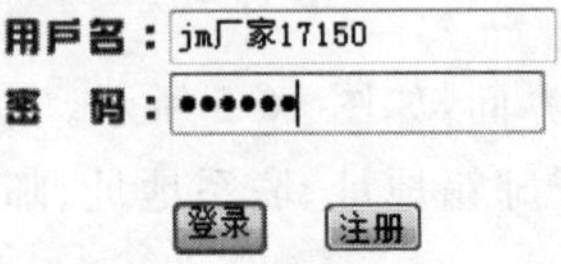

图 10-7

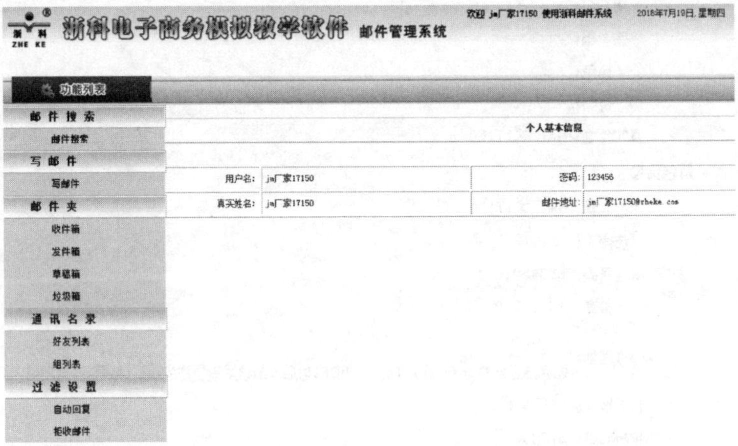

图 10-8

关闭邮箱系统,返回到用户初始化界面,点击"设置"出现界面如图 10-9 所示,输入显示名(同用户名),单击"下一步";输入电子邮件地址:用户名@zheke.com ,单击"下一步";检查或录入接收邮件与发送邮件服务器地址,单击下一步,录入账户名(同用户名)、电子邮箱密码,单击"下一步";单击"完成",出现"设置成功"提示信息,返回用户初始化界面,可见电子邮箱地址已填入,如图 10-10 所示。此过程与 Outlook Express 邮件账号设置类似。

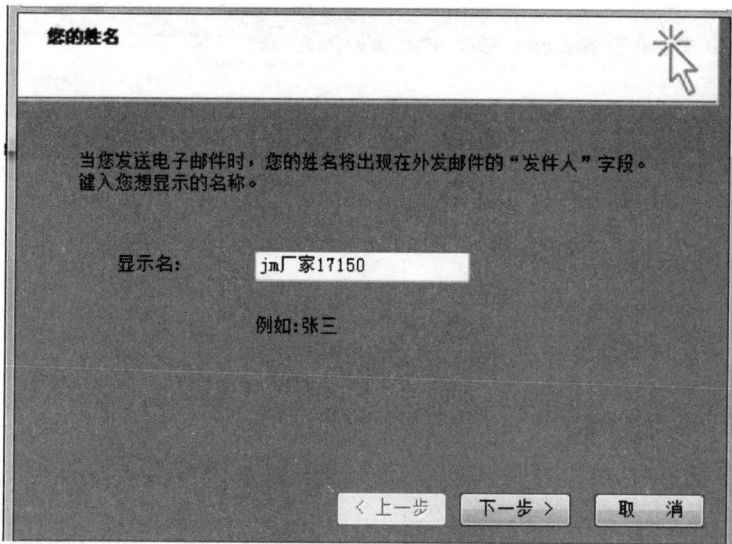

图 10-9

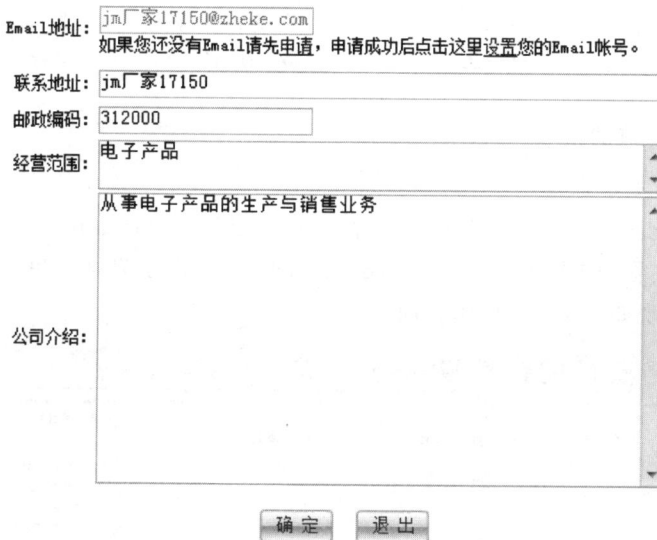

图 10-10

(5)单击"确定"按钮,提示"资料设置成功",确定进入厂家管理界面,如图 10-11
所示。

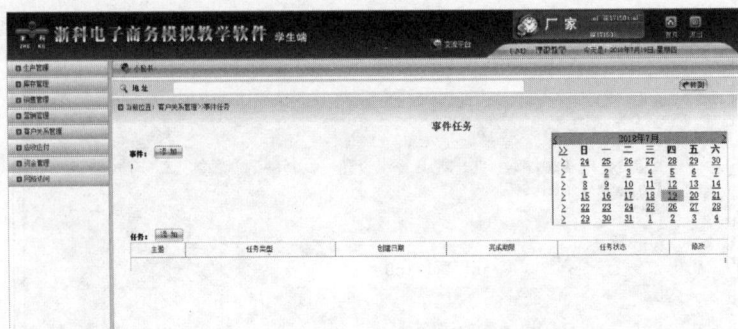

图 10-11

(6)注册其他角色和填写资料,操作步骤类同。

10.1.1 电子商务模拟实验——厂家注册

10.1.2 电子商务模拟实验——商场注册

10.1.3 电子商务模拟实验——物流注册

10.1.4 电子商务模拟实验——银行注册

(二)用户交易前的准备

1.厂家交易前的准备

(1)在首页单击"厂家",登录进入厂家管理界面,如图 10-11 所示。

(2)单击"资金管理中"的"柜台业务",出现如图 10-12 所示界面。单击"对公业务"中的"开立账户",出现如图 10-13 所示界面。

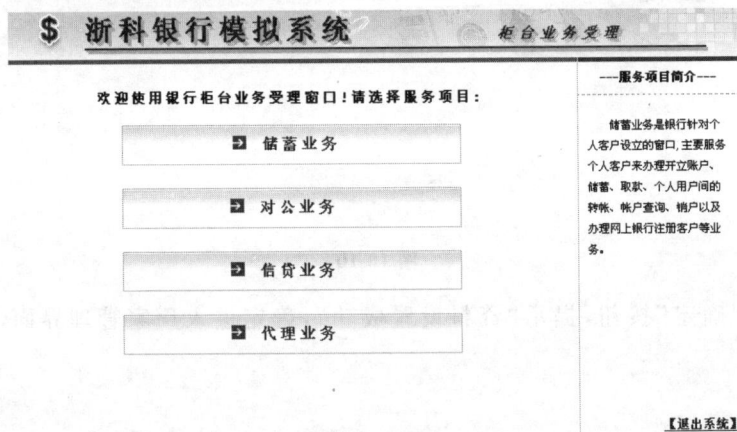

图 10-12

图 10-13

（3）在图 10-13 界面上输入密码，选择好自己的开户银行，录入开户金额，其他项目视具体情况填写，单击"提交"，提示"开户申请成功"，点击"确定"后返回厂家管理界面。

（4）退出厂家管理界面，进入开户银行管理界面，如图 10-14 所示，可发现小秘书栏中有一条提示信息在移动。单击"对公业务"中的"开户"，可见一条开户申请，如图 10-15 所示。

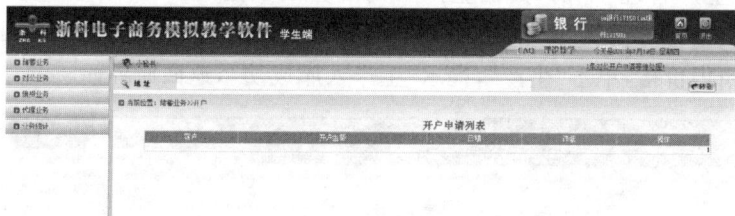

图 10-14

图 10-15

（5）单击"详细"，可查看开户申请表（见图 10-16），单击"处理"即成功审批开户申请，返回时记录为空。

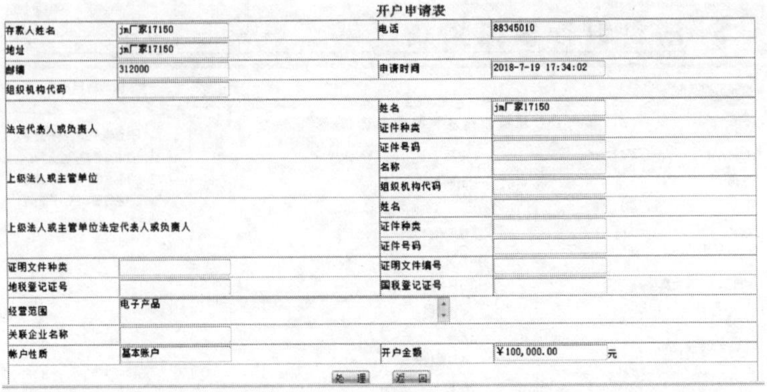

图 10-16

(6)退出银行，进入厂家管理界面，单击"资金管理"中的"账号设置"(见图 10-17)。如红字提示尚未设置转账号，单击"设置"，则提示"设置成功"，红字消失。

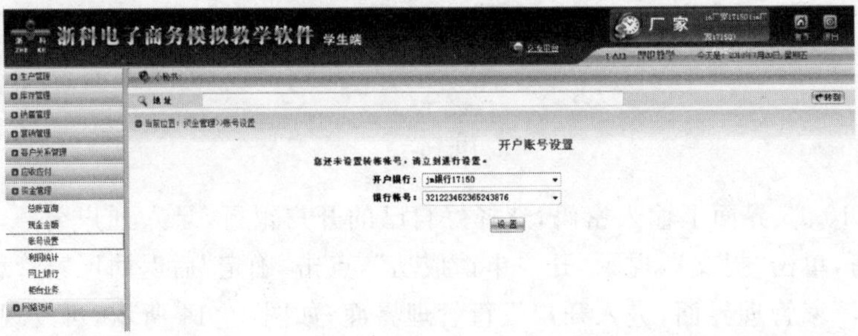

图 10-17

(7)单击"生产管理"下的"产品生产"，出现界面如图 10-18 所示。选择要生产的产品，录入生产数量，如翻盖彩屏手机 10 只、对讲机 10 个。单击"确定"，出现如图 10-19 所示界面，填入销售价格，单击"生产"，提示"生产入库成功"，返回原界面。

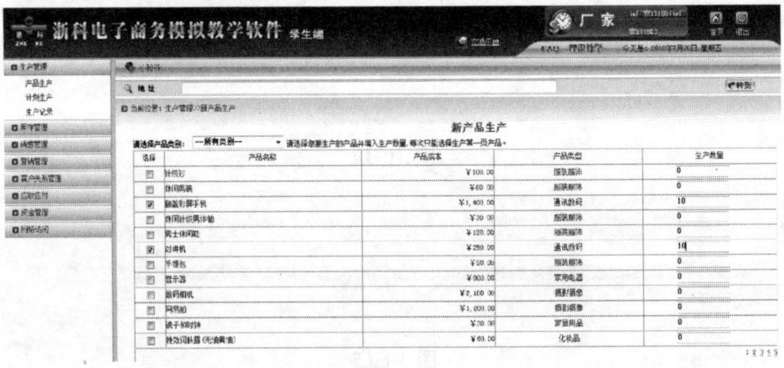

图 10-18

产品生产列表

产品名称	成本价格	销售价格	产品数量
翻盖彩屏手机	1400	￥ 2500	10
对讲机	250	￥ 400	10

本次生产共需支付：16500 元　现金帐户金额：900000 元

生产　取消

图 10-19

(8)单击"库存管理"中的"产品库存",可见已入库的产品库存,并可设置、更新安全库存量,如图 10-20 所示。

产品库存

产品名称	产品数量	生产成本	销售价格	安全库存	详细资料
翻盖彩屏手机	10	￥1,400.00	￥2,500.00	1	查看
对讲机	10	￥250.00	￥400.00	1	查看

更新

图 10-20

(9)单击"网络访问"中的商贸网站,出现如图 10-21 所示界面。单击"注册会员",出现如图 10-22 所示界面,基本资料已存在;申请 EDI 地址,单击"申请"后转到 EDI 中心(见图 10-23),基本资料已存在,单击"确定",则 EDI 业务申请审核通过,如图 10-24 所示。

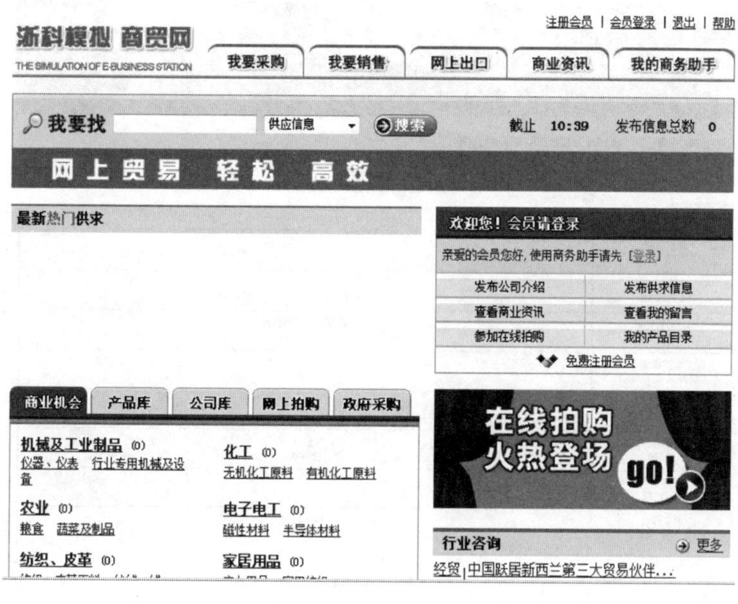

图 10-21

图 10-22

欢迎使用EDI申请业务，请认真填写EDI业务登记表并提交审批。

EDI 业务登记表
EDI SERVICE ORDER FORM

用户信息部分
USER INFORMATION PART

用户名称 USER NAME	jm厂家17150		
安装地址 LOCATION	jm厂家17150		
用户设备型号 COMPUTER MODEL	PC兼容机	操作系统及数据库 SYS AND DB	Windows&SQL Server
单证标准 MESSAGE STANDARD	EDIFACT		
接入方式 ACCESS MODE	◉经分组网 ◎经电话网 ◎专线接入 ◎其他 VIA CHIANAPAC VIA PSTN VIA LEASE LINE OTHERS		
调制解调器 MODEM	租用 用户自备 RENT ◉ OWN	型号 MODEL	
付费方式 PAYMENT	◎银行转帐 ◉现金 ◎汇兑 BANK TRANSFER CASH MAIL TRANSFER		
开户银行 ACCOUNT BANK		银行账号 ACCOUNT NO.	

图 10-23

图 10-24

(10)核对审核信息后,单击"马上认证",即到 CA 认证中心填写数字证书申请表。填表时须填写注册所在地等相关信息,身份证号为必填项目,如图 10-25 所示。单击"确定",数字证书申请通过审核,要求下载安装,点击"马上下载安装",出现如图 10-26 所示界面。单击"确定",出现如图 10-27 所示界面,要求下载证书。单击"下载证书",出现如图 10-28 所示界面,要求生成证书。单击"生成证书",提示证书安装成功,并给出证书号与证书有效期(见图 10-29)。单击"完成",返回会员注册界面,可见已有 EDI 地址。

图 10-25

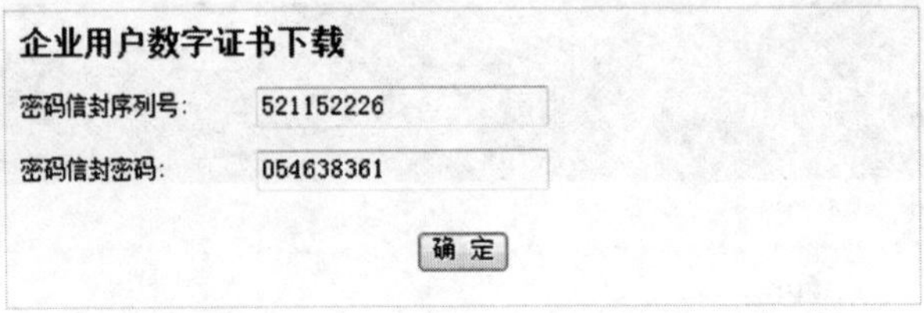

企业用户数字证书下载

密码信封序列号: 521152226

密码信封密码: 054638361

确 定

图 10-26

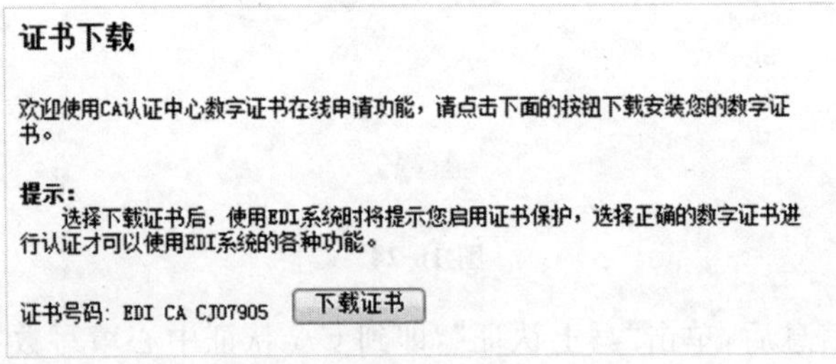

证书下载

欢迎使用CA认证中心数字证书在线申请功能，请点击下面的按钮下载安装您的数字证书。

提示:
  选择下载证书后，使用EDI系统时将提示您启用证书保护，选择正确的数字证书进行认证才可以使用EDI系统的各种功能。

证书号码: EDI CA CJ07905 下载证书

图 10-27

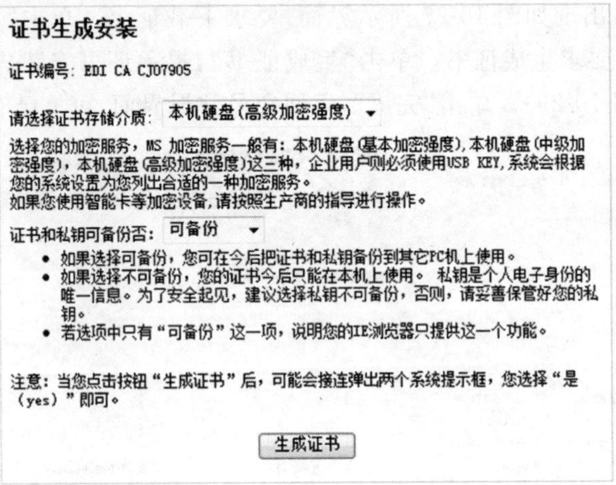

证书生成安装

证书编号: EDI CA CJ07905

请选择证书存储介质: 本机硬盘(高级加密强度) ▼

选择您的加密服务，MS 加密服务一般有: 本机硬盘(基本加密强度),本机硬盘(中级加密强度),本机硬盘(高级加密强度)这三种，企业用户则必须使用USB KEY,系统会根据您的系统设置为您列出合适的一种加密服务。
如果您使用智能卡等加密设备，请按照生产商的指导进行操作。

证书和私钥可备份否: 可备份 ▼

  • 如果选择可备份，您可在今后把证书和私钥备份到其它PC机上使用。
  • 如果选择不可备份，您的证书今后只能在本机上使用。 私钥是个人电子身份的唯一信息。为了安全起见，建议选择私钥不可备份，否则，请妥善保管好您的私钥。
  • 若选项中只有"可备份"这一项，说明您的IE浏览器只提供这一个功能。

注意: 当您点击按钮"生成证书"后，可能会接连弹出两个系统提示框，您选择"是(yes)"即可。

生成证书

图 10-28

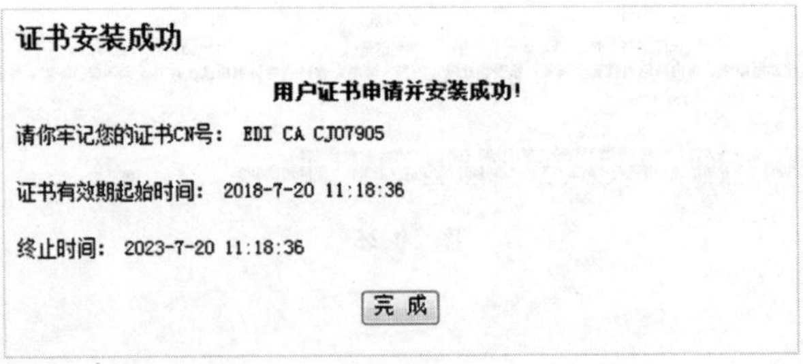

证书安装成功

用户证书申请并安装成功!

请你牢记您的证书CN号: EDI CA CJ07905

证书有效期起始时间: 2018-7-20 11:18:36

终止时间: 2023-7-20 11:18:36

完 成

图 10-29

(11)在会员注册界面，单击"确定"，注册成功后进入"我的商务助手"登录界面。单击

"登录"后进入如图 10-30 所示界面。

图 10-30

2. 商场交易前的准备

（1）商场申请开立银行账户。此过程与厂家类似，不再赘述。（"资金管理"→"柜台业务"→"对公业务"→"开立账户"）

（2）银行进行审批。

（3）银行账户审批通过后，商场进行开户账号设置（"资金管理"→"账号设置"）。

10.1.5 电子商务模拟实验—厂家交易前准备

（4）商场开通网上银行服务。单击"资金管理"→"柜台业务"→"对公业务"→"网上银行"，出现如图 10-31 所示界面。选择账户，填入密码，单击"提交"，提示"申请成功"，等待审批。返回并退出商场，进入银行，可见小秘书栏中有一条企业注册客户申请等待处理。单击"对公业务"中的"网上银行注册"，可见一条申请等待处理，如图 10-32 所示。单击"处理"，提示"处理成功"，返回记录为空。

图 10-31

网上银行注册客户申请列表

用户名	银行账号	申请时间	操作
jm商场17150	32122345236524387720|8-7-20 11:43:09		处理
			1

图 10-32

(5)注册网上银行网上支付特约客户。单击"资金管理"→"柜台业务"→"代理业务"→"特约商户",出现如图 10-33 所示界面。单击"提交"提示"申请成功"后,等待处理,成功后返回,退出界面。

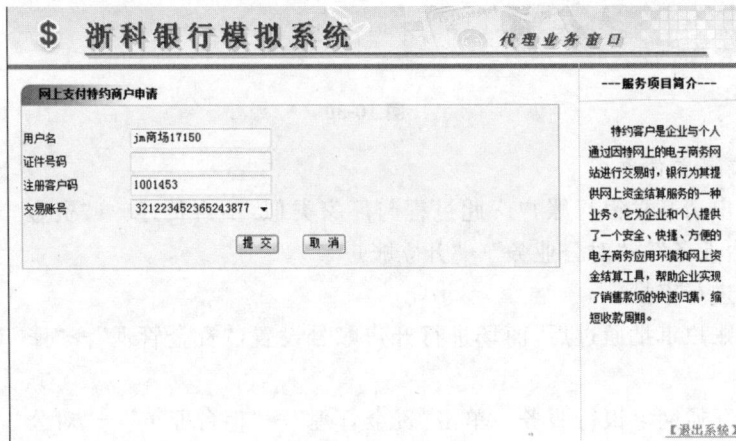

图 10-33

(6)登录银行,处理特约客户申请,成功后退出。

(7)开通 EDI 服务,申请 CA 认证。单击"商贸网站"→"用户注册",以下过程与厂家相同,不再赘述。

3.物流交易前的准备

(1)物流申请开立银行账户。步骤同前("资金管理"→"柜台业务"→"对公业务"→"开立账户")。

10.1.6 电子商务
模拟实验—商
场交易前准备

(2)银行审批。

(3)物流账户审批通过后进行开户账号设置("资金管理"→"账号设置")。

(4)设置运输货物的资费标准。单击"运输管理"中的"运费设置"(见图 10-34),进入运费设置界面后,单击"入库运输单添加"(见图 10-35),选择计费依据"重量",录入描述"每千克 10 元",单位数量"1",单价"10",单击"确定"。同理,进行火车运费设置和飞机运费设置,出现如图 10-36 所示界面后,可以调整或继续添加内容。

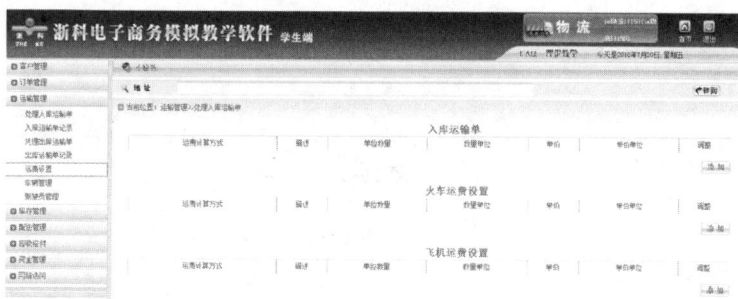

图 10-34

图 10-35

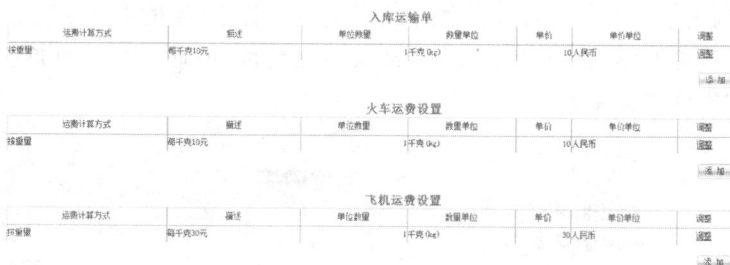

图 10-36

（5）购买车辆。单击"运输管理"中的"车辆管理"（见图 10-37），单击"购买"，出现如图 10-38 所示界面，选择"东风浙 A75845 车"购买并确认，提示"购买成功"后返回。再点"车辆管理"，即可见东风浙 A75845 车已存在，如图 10-39 所示，此时可以卖出或报废，也可继续购买。

图 10-37

车辆购入

编号	购买价格	车型	吨位	出车周期	最少使用次数	日折旧率(%)	残值率(%)	购买
东风系A75245	40000	7.2m厢式车	10	200	10000	4	75	购买
福田013410	30000	7.2m栏板车(高速)	15	300	10000	3	80	购买
翻斗车477568	60000	6.5m	20	500	2000	2	60	购买

图 10-38

车辆管理

车辆编号	车型	购买价格	吨位(吨)	出车次数	状态	卖出	损废
东风系A75245	7.2m厢式车	40000	10	0	空	卖出	损废

图 10-39

(6)添加驾驶员。单击"驾驶员管理添加",如图 10-40 所示,填入姓名、出生年月、性别、联系电话,保存即可。返回驾驶员管理栏可见该驾驶员信息,可以修改、删除、添加。

驾驶员管理添加

姓名:jm驾驶员17150
出生年月:1980-01-01   格式为1980-01-01
性别:男
联系电话:13625256666

保存   取消

图 10-40

(7)库位购买。单击"库存管理"中的"库位查看",提示"库位未建立",要求返回购买。返回进入库位购买界面,如图10-41所示,录入库位名称、地址、大小、单价、类型等,点击"确定",提示"库位购买成功"。

库位购买

库位名称:A库位
库位地址:A地
库位大小:1000   立方米
购买单价:10   元/立方米
库位类型:A型
日折旧率:0.1%
残值率:60%

确定   取消

图 10-41

(三)B2B 交易

例:商场(jm 商场 17150)向厂家(jm 厂家 17150)订购翻盖彩屏手机 5个,通过物流企业(jm 物流 17150)送货,银行转账。

(1)厂家发布供应、产品、公司等相关信息。登录厂家(jm 厂家 17150),单击"网络访问"→"商贸网站"→"我的商务助手",并登录。单击"商业机会"→

10.1.7 电子商务模拟实验—物流交易前准备

"发布商业机会",出现如图 10-42 所示界面。选择或录入发布类型、主题、有效日期、行业类别、产品参数、详细说明和图片等。点击"马上发布",提示"信息发布成功",确定后可见一条商业机会。单击"产品目录"→"添加产品",出现如图 10-43 所示界面。选择产品名称"翻盖彩屏手机",自动复制相关产品资料,但须手工选择产品类别。确认后提交,可见已发布产品。然后,重复上述步骤,添加对讲机产品。单击"公司介绍"→"公司资料",填写相关信息,点击"马上发布"。发布成功后,退出商务助手返回厂家管理,退出厂家界面。

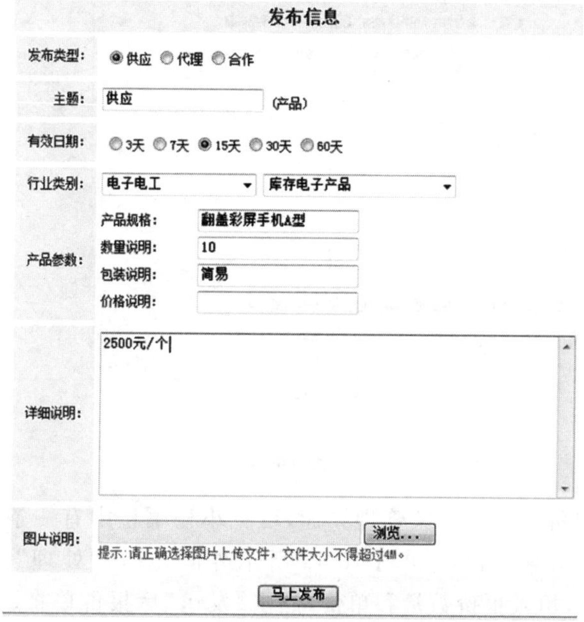

发布信息

发布类型: ◉供应 ○代理 ○合作

主题: 供应 (产品)

有效日期: ○3天 ○7天 ◉15天 ○30天 ○60天

行业类别: 电子电工　　　库存电子产品

产品参数:
产品规格: 翻盖彩屏手机A型
数量说明: 10
包装说明: 简易
价格说明:

详细说明: 2500元/个

图片说明: 浏览...
提示:请正确选择图片上传文件,文件大小不得超过4M。

马上发布

图 10-42

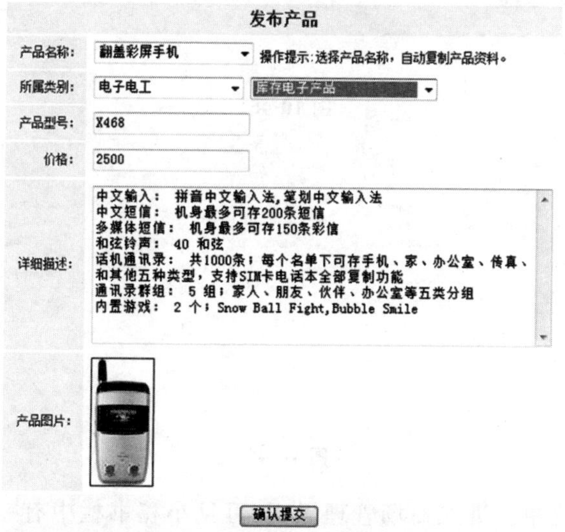

发布产品

产品名称: 翻盖彩屏手机　操作提示:选择产品名称,自动复制产品资料。

所属类别: 电子电工　　库存电子产品

产品型号: X468

价格: 2500

详细描述:
中文输入: 拼音中文输入法,笔划中文输入法
中文短信: 机身最多可存200条短信
多媒体短信: 机身最多可存150条彩信
和弦铃声: 40 和弦
话机通讯录: 共1000条;每个名单下可存手机、家、办公室、传真、和其他五种类型;支持SIM卡电话本全部复制功能
通讯录群组: 5 组;家人、朋友、伙伴、办公室等五类分组
内置游戏: 2 个; Snow Ball Fight,Bubble Smile

产品图片:

确认提交

图 10-43

（2）商场在线询价。进入商场管理界面，单击"网络访问"中的"商贸网站"，在网站上找到自己需要的厂家产品（这里要注意选择自己厂家的产品），如翻盖彩屏手机，点击"询价"，出现如图 10-44 所示界面。填写"主要内容""希望回复日期""我需进一步了解的信息"后，点击"发送"，提示"信息发送成功"，关闭窗口后返回。

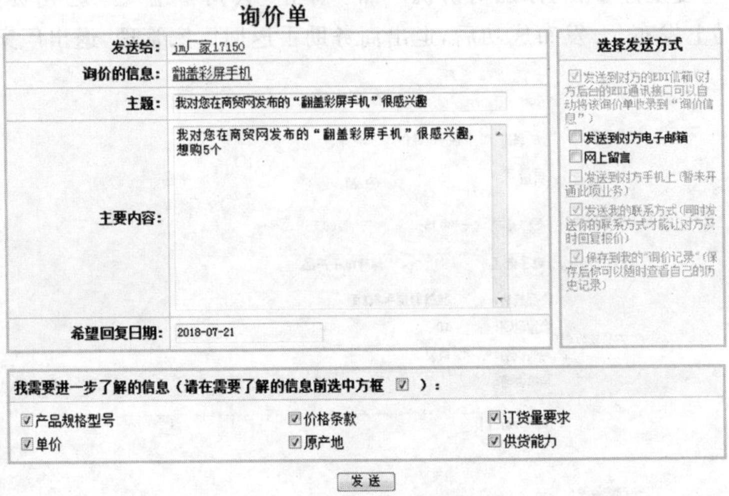

图 10-44

（3）厂家在线报价。进入厂家管理界面，可见小秘书栏中有一条询价信息。点击"销售管理"中的"询价信息"，出现如图 10-45 所示界面，点击"处理"。出现报价单（见图 10-46）后，选择产品，填入报价数量和单价，点击"发送"后报价单将通过 EDI 系统传送给商场。

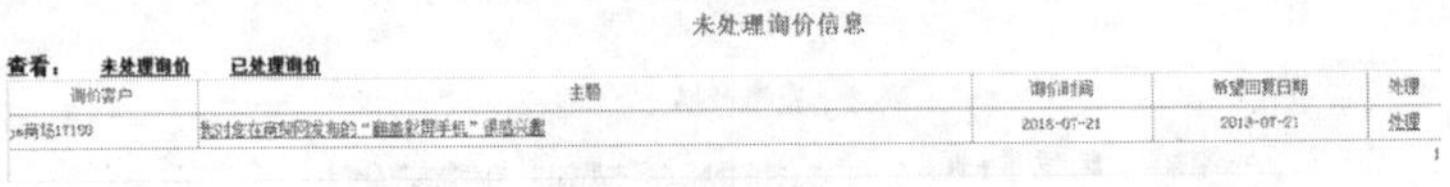

图 10-45

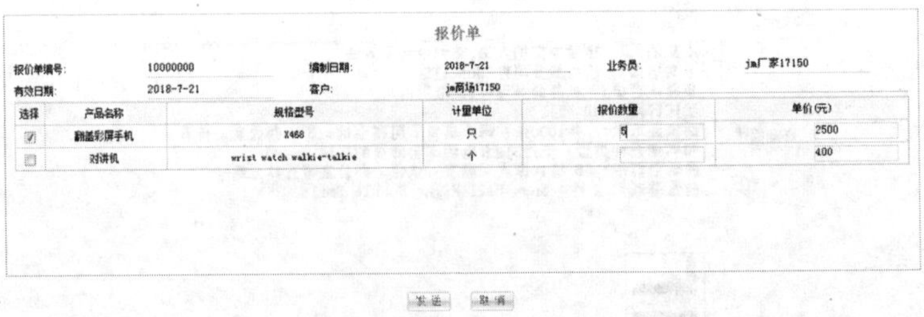

图 10-46

（4）商场处理报价单。进入商场管理界面，可见小秘书栏中有一条报价信息。点击"采购管理"中的"供应商报价"，出现如图 10-47 所示界面。点击"详细"，出现采购报价单后，可以进行收录、删除等操作。或者也可以直接订合同，点击"订合同"，出现购销合同

（见图 10-48），可修改数量、单价，录入交货日期、付款期限等。点击"发送"，可见购销合同通过 EDI 系统传送给厂家，如图 10-49 所示。

图 10-47

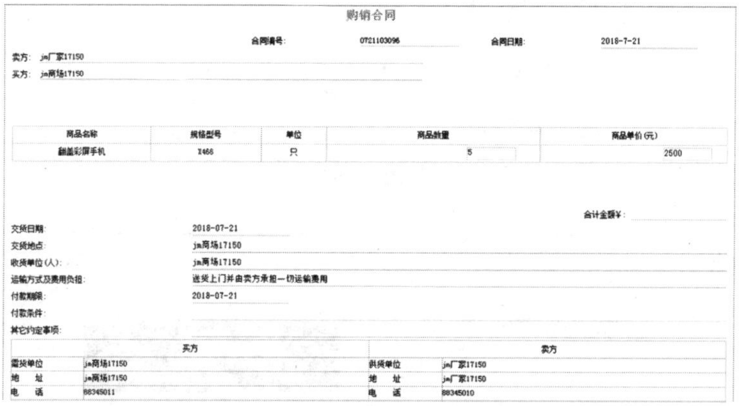

图 10-48

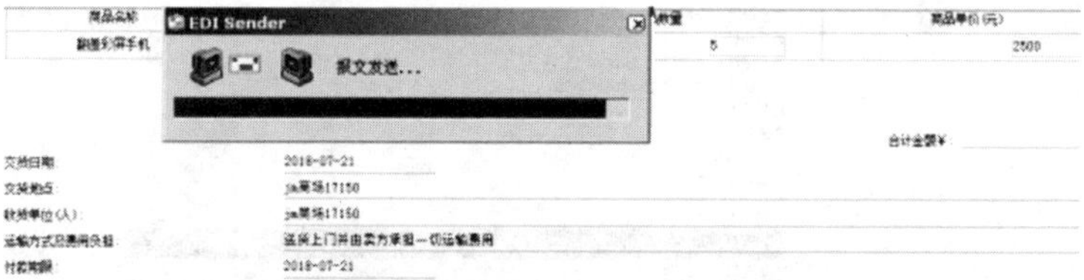

图 10-49

（5）厂家处理合同并配送。进入厂家管理界面，可见小秘书栏中有一条合同意向等待处理。点击"销售管理"中的"合同管理"，可见一条未确认合同，可对数量和单价等进行修订。也可直接同意合同，这里点击"同意"，合同会传送给商场，同时可见小秘书栏中有一份合同等待配送。点击"合同管理"中的"已确认合同"，再点击"合同单号"，可见合同。点击"配送"，合同即到达物流配送平台，如图 10-50 所示。之后选择物流企业（见图 10-51），提交配送单（见图 10-52），提示"配送单提交"成功后返回。

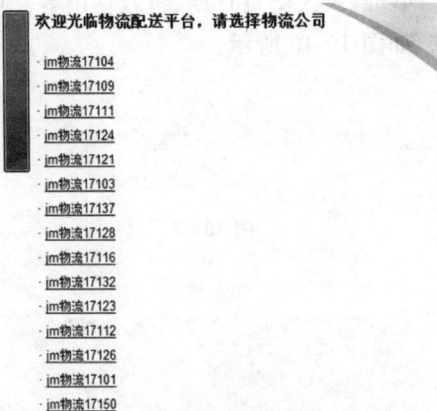

欢迎光临物流配送平台，请选择物流公司

· jm物流17104
· jm物流17109
· jm物流17111
· jm物流17124
· jm物流17121
· jm物流17103
· jm物流17137
· jm物流17128
· jm物流17116
· jm物流17132
· jm物流17123
· jm物流17112
· jm物流17126
· jm物流17101
· jm物流17150

图 10-50

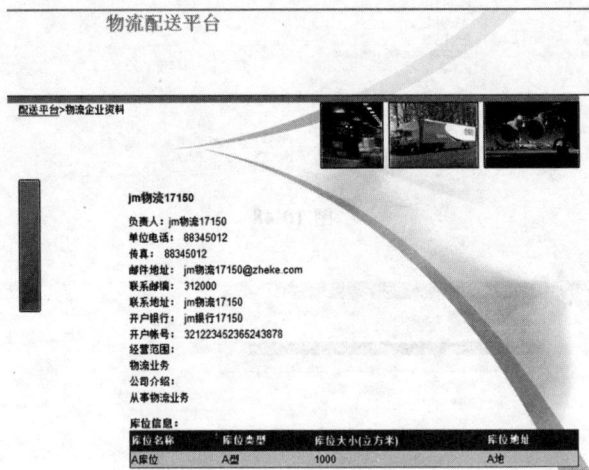

物流配送平台

配送平台>物流企业资料

jm物流17150

负责人：jm物流17150
单位电话：88345012
传真：88345012
邮件地址：jm物流17150@zheke.com
联系邮编：312000
联系地址：jm物流17150
开户银行：jm银行17150
开户账号：3212234523652243878
经营范围：
物流业务
公司介绍：
从事物流业务

库位信息：

库位名称	库位类型	库位大小(立方米)	库位地址
A库位	A型	1000	A地

图 10-51

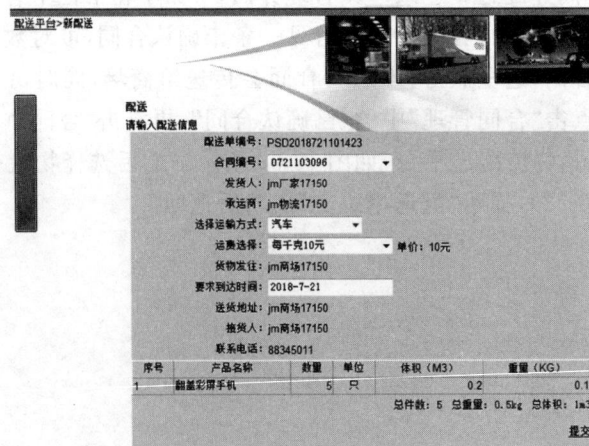

配送平台>新配送

配送
请输入配送信息

配送单编号：PSD2018721101423
合同编号：0721103096
发货人：jm厂家17150
承运商：jm物流17150
选择运输方式：汽车
运费选择：每千克10元　单价：10元
货物发往：jm商场17150
要求到达时间：2018-7-21
送货地址：jm商场17150
收货人：jm商场17150
联系电话：88345011

序号	产品名称	数量	单位	体积（M3）	重量（KG）
1	翻盖彩屏手机	5	只	0.2	0.1

总件数：5　总重量：0.5kg　总体积：1m3

提交

图 10-52

(6)物流企业受理配送单。进入物流企业界面,可见小秘书栏有一条新配送单。点击"订单管理"中的"未受理配送单",如图 10-53 所示,可见一条未受理配送单。点击"受理",提示"受理成功"后返回。小秘书栏显示有一条入库运输单等待处理,点击"运输管理"中的"处理入库运输单",处理待处理入库运输单,出现入库运输单界面,如图 10-54 所示。选择"审核"后点击"出车",提示"入库运输单处理成功",点击"确定"后返回。

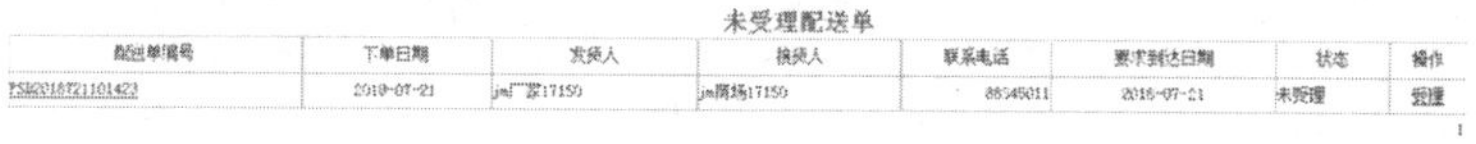

配送单编号	下单日期	发货人	换货人	联系电话	要求到达日期	状态	操作
PSB201872110423	2018-07-21	jm厂家17150	jm商场17150	86345011	2018-07-21	未受理	受理

图 10-53

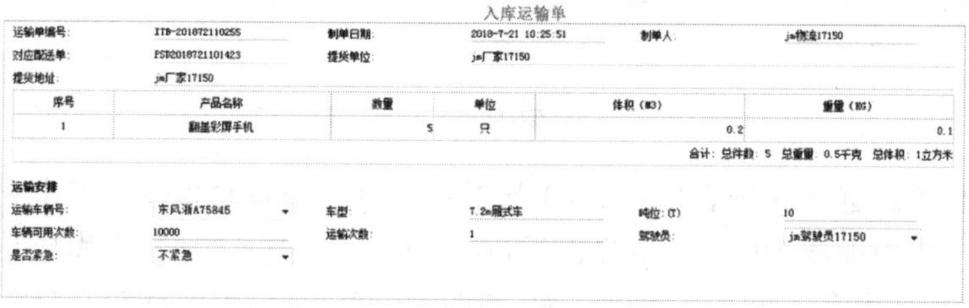

图 10-54

(7)厂家处理配送单。进入厂家管理界面,可见小秘书栏中有一条新配送单。点击"销售管理"中的"配送单",可见有一条配送单待出库。点击"配送单号",出现配送单(见图 10-55)后,审核并点击"出库",提示"出库操作成功"。

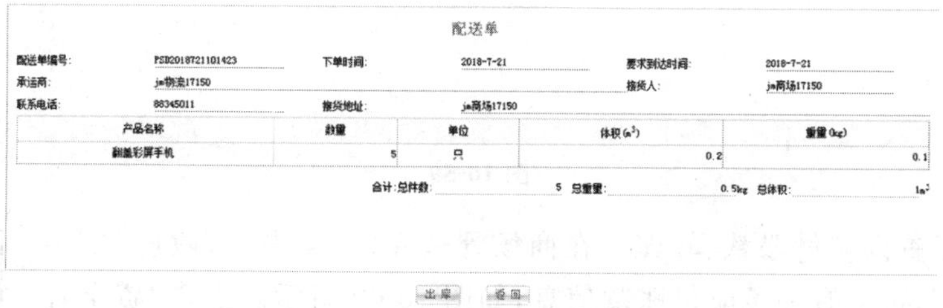

图 10-55

(8)物流公司处理入库单。进入物流管理界面,可见有一条入库单信息。点击"库存管理"中的"未处理入库单",可见有一条入库单。点击"处理",出现入库单界面(见图 10-56),点击"入库",提示"入库成功"。小秘书栏出现有一条货物等待装车的信息,点击"配送管理"中的"拣货装车",出现如图 10-57 所示界面。选择货物、运输车辆、驾驶员等项目,单击"确定",提示"拣货装车完成",点击"确定"后返回。小秘书提示有一条出库运输单等待处理,点击"运输管理"中的"处理出库运输单",可见一条出库运输单;点击"处理",提示"出库运输单处理完成"。小秘书提示有一条出库单待处理,点击"库存管理"中的"未处理出库单",可见一条出库单;点击"处理",提示"出库单处理成功"。

入库单

制单日期:	2018-7-21 10:36:02		制单人:	jm物流17150		配送单编号:	PS2018072110142 3	
发货单位(人):	jm厂家17150		运输车辆号:	东风渝A75845		装缺员:	jm装缺员17150	
序号	产品名称	数量	单位	体积(m3)	重量(kg)		储位分配	
1	翻盖彩屏手机	5	只	0.2			A座位	
					合计:总件数:5 总重量:0.5公斤 总体积:1立方米			

入库   取消

图 10-56

拣货装车

选择	采购名称	所在仓库	入库日期	要求送达日期	送货地点
☑	翻盖彩屏手机	A座位	2018年7月21日	2018年7月21日	jm商场17150
			合计:总件数:5 总重量:0.5公斤 总体积:1立方米		

运输车辆:	东风渝A75845 ▼	车型:	7.2m厢式车	吨位(t):	10
剩余次数:	9998	运输次数:	1		
是否紧急:	不紧急	制单人:	jm物流17150	装缺员:	jm装缺员17150 ▼

确定

图 10-57

(9)商场收货。进入商场管理界面,小秘书提示有一条货物信息。点击"采购管理"中的"到货确认",出现如图 10-58 所示界面后,点击"入库",提示"货物入库成功"。点击"库存管理"中的"产品库存",可见产品已入库,如图 10-59 所示,还可更新安全库存量。

到货列表

选择	业时商号	商品名称	单位	到货数量	单价
☑	0721103596	翻盖彩屏手机	只	5	2500

图 10-58

产品库存

商品名称	生产厂家	商品数量	成本价格	销售价格	安全库存	详细资料
翻盖彩屏手机	jm厂家17150	5	¥2,500.00	¥2,500.00	1	查看
						1

退出

图 10-59

(10)商场查询应付账款、转账。在商场管理界面,点击"应收应付"中的"应付账款",可见有一条应付账款信息,如图 10-60 所示。点击"资金管理"中的"柜台业务"→"对公业务"→"转账",选择转出账户和转入账户,填写金额,如图 10-61 所示,点击"提交",提示"申请成功"。

10.1.8 电子商务模拟实验——B2B 交易(一)

应付账款

客户名称:	请选择客户	日期从	到			
	账号		收款方	日期	应付金额(元)	余额(元)
	FP2018072104196		jm厂家17150	2018-07-21	12500	12500
				应付金额总计:12500 余额总计:12500		

图 10-60

转帐

转出帐户:	3212234523652438877 ▼
汇款单位:	jm商场17150
收款单位:	jm厂家17150 ▼
转入帐号:	3212234523652438876 ▼
金额(人民币):	12500 元
用途:	货款

提交 取消

图 10-61

(11)银行审核转账。进入银行管理界面,小秘书提示有一条对公转账信息等待处理。点击"对公业务"中的"转账",可见一条转账交易信息,如图 10-62 所示。单击"审核",提示"处理成功"。

转帐交易列表

单位名称	用户帐号	接收帐号	金额	交易日期	操作
jm商场17150	3212234523652438877	3212234523652438876	¥12,500.00	2018-07-21	审核

1

图 10-62

(12)商场与厂家记账。进入商场管理界面,点击"资金管理"中的"柜台业务"→"对公业务"→"账务查询",选择账号进行查询(见图 10-63),可见有未记账业务。点击"未记账",把所有未记账业务记账后,提示"记账成功",返回。厂家管理界面的操作方法相同。

帐户明细查询

请选择注册帐号: 3212234523652438877 ▼ 查询 返回

交易账号	交易金额	交易时间	交易类型	种类	操作
3212234523652438877	¥100,000.00	2018-07-20开户	转入		未记账
3212234523652438877	¥12,500.00	2018-07-21转账	转出		未记账

1

图 10-63

(13)商场与厂家应收应付核销。进入商场管理界面,点击"应收应付"中的"付款核销",出现如图 10-64 所示界面,选择供应商进行过滤。出现如图 10-65 所示界面后,可见有一应付单与一付款单可以核销,点击"确认",提示"核销成功"。进入厂家管理界面,可以进行收款核销,方法相同。

付款核销

通用	供应商编号:	jm厂家17150 ▼	币种:	人民币
应付单	制单日期:		到	
付款单	制单日期:		到	

过滤

图 10-64

125

付款核销

付款单

单据编号	制单日期	供应商	金额	余额	本次结算
FF2019721105339	2018-07-21	js厂家17150	¥12,500.00	12500	12500

应付单

单据号	单据日期	供应商	金额	余额	本次结算
FF2019721104158	2018-07-21	js厂家17150	12500	12500	12500

本次核销

付款金额: 12500　　应付金额: 12500

确 认

图 10-65

(14)厂家通过银行转账，支付应付款给物流企业，然后进行应收应付核销。方法步骤与商场向厂家付款一样，因此不再赘述。

(15)至此，一笔 B2B 交易完成。厂家、商场、物流可进行各种统计查询工作，如对厂家进行利润统计，如图 10-66 所示。

利润表

编制单位: js厂家17150　　2018-7-21

项 目	累计数
一、主营业务收入	¥12,500.00
减: 主营业务成本	¥7,000.00
二、主营业务利润（亏损以"-"号填列）	¥5,500.00
减: 营业费用	¥10.00
管理费用	¥0.00
财务费用	¥0.00
三、营业利润（亏损以"-"号填列）	¥5,490.00
加: 营业外收入	¥0.00
补贴收入	¥0.00
减: 营业外支出	¥0.00
四、利润总额（亏损以"-"号填列）	¥5,490.00
五、净利润（净亏损以"-"号填列）	¥5,490.00

图 10-66

四、实务习题

(1)完成各角色的注册。

(2)完成各角色的交易前准备工作。

(3)完成交易：自己商场向自己厂家进货，通过自己的物流公司送货，网上支付，不还价。交易中产品种类、数量等具体数据由自己决定。

(4)完成交易：自己商场向自己厂家进货，通过自己的物流公司送货，银行转账，还价。

(5)完成交易：四人一组进行交易，四人分别担任厂家、商场、物流、银行中的一个角色，完成一次 B2B 交易。

10.1.9 电子商务模拟实验——B2B 交易(二)

第二节　B2C 电子交易

一、学习目的

(1)理解 B2C 电子商务的基本流程。

(2)理解 B2C 电子商务的信息流、资金流、物流、安全性。

(3)了解 B2C 电子商务中各角色的功能。

(4)掌握 B2C 电子商务的基本操作。

二、预备知识

B2C 指企业和个人消费者间的电子商务,实质上是电子化的零售业(即网上零售)。互联网上已建立了各种形式的电子商务,提供了从鲜花、书籍到计算机、汽车等各种消费品和服务。由于互联网提供了双向的交互通信,也节省了企业和消费者的时间、空间,提高了交易效率,节省了各类不必要的开支。

在 B2C 电子商务模式中,参与主体主要包括消费者、网上商场、银行、物流公司等。

在 B2C 电子商务模式中,交易流程如下:

(1)商场进入网上商城,选择"商家入口",注册成为网上商城的商家。

(2)商场注册后登录商家后台,选择"商品管理",然后添加新的商品到网上商城。

(3)消费者进入网上商城后注册为网上商城的新用户,然后通过分类浏览、商品搜索、热门类别查看等方式查找到自己想要购买的商品。

(4)消费者选择了"购买"之后,商品会自动添加到消费者的购物车中。如果不需要继续购买,点击"查看购物车"进入购物车详细页面。确认购物车的商品列表后,可以点击"去收银台"按钮。

(5)为了让商家尽快处理订单,消费者需要马上支付,可通过进入网上银行在线支付页面进行支付。

(6)收到消费者支付成功的订单,商场需要在"销售管理/订单管理"里面处理该订单,即配送。配送的过程和 B2B 相同。在物流处理完出库单后,消费者会收到相应的商品,到货确认后,该商品的购买就成功了。

三、实务内容

(一)各角色注册

本实验需要注册消费者、商场、物流、银行四个角色。由于在第一节的实验中已注册了商场、物流、银行,因此在此只需注册消费者即可,注册方法同前。

10.2.1 电子商务
模拟实验—消费
者注册

10.2.2 电子商务
模拟实验—消费者
交易前准备

(二)交易前的准备

在交易前各角色要进行银行账号的申请与审核、CA 认证、商场进货。由于第一节的实验中已完成了商场、物流、银行的银行账号的申请与审核、CA 认证,商场也已进货,因此这里只需进行消费者的银行账号申请("柜台业务"→"储蓄业务"→"开立账户")与审核,并开通网上银行("柜台业务"→"储蓄业务"→"网上银行")与审核,方法同前。

(三)B2C 网上交易

例:消费者(jm 消费者 17150)向商场(jm 商场 17150)订购翻盖彩屏手机 1 个,通过物流企业(jm 物流 17150)送货,网上在线支付。

(1)商场发布产品。登录商场管理界面,点击"网络访问"中的"收藏夹",再点"网上商城"。出现如图 10-67 所示界面,点击"商家入口"(见图 10-68),点击"注册"(见图 10-69)。填写或审核资料后,点击"确定",提示"注册成功"之后,按要求登录并设置商铺。登录到商家后台,进行以下项目的设置:

商品管理(把商场的商品发布到网上商城,供所有的消费者采购),如图 10-70、10-71、10-72、10-73 所示。

图 10-67

图 10-68

图 10-69

图 10-70

>> 商家后台管理 >> 产品管理

添加商品

第一步:填写商品名称

商品名称：　翻盖彩屏手机

请填写好您要发布的商品名称，同一种商品不允许重复发布。

确定　取消

图 10-71

>> 商家后台管理 >> 产品管理

添加商品

第二步:填写商品详细信息

商品名称：　翻盖彩屏手机

所属类别：　数码　　通讯器材

规格型号：　X468

计量单位：　只

商品重量：　0.1

商品体积：　0.2

商品描述：　中文输入：　拼音中文输入法,笔划中文输入法
　　　　　　中文短信：　机身最多可存200条短信
　　　　　　多媒体短信：机身最多可存150条彩信
　　　　　　和弦铃声：　40 和弦
　　　　　　话组通讯录：共1000组；给个人留下回拨手机、家、办公室、传真、如就如下

市场价格：　2500　元

销售价格：　2500　元

优惠测四：

发布　取消

产品图片：

图 10-72

>> 商家后台管理 >> 产品管理

商品名称	类别	计量单位	产品重量(kg)	产品体积(m3)	市场价格(元)	销售价格(元)	状态	操作
翻盖彩屏手机	通讯器材	只	0.1	0.2	2500	2500	已发布	删消

添加

图 10-73

捆绑销售（通过捆绑销售的策略销售发布的商品），如图 10-74、10-75 所示。

>> 商家后台管理 >> 数码N站面

主商品	赠品	销售价格	删止

添加

主商品　翻盖彩屏手机

赠品　　对讲机　　客户购物时,如果选择购买了以上主商品,则自动购"赠品"商品。赠品数量与购买的量相当。

销售价格　2500

保存　取消

图 10-74

>> 商家后台管理 >> 数码N站面

主商品	赠品	销售价格	删止
翻盖彩屏手机	对讲机	￥2,500.00	删止

添加

图 10-75

数量折扣(通过"数量越大、折扣越大"的策略销售更多的商品),如图 10-76、10-77 所示。

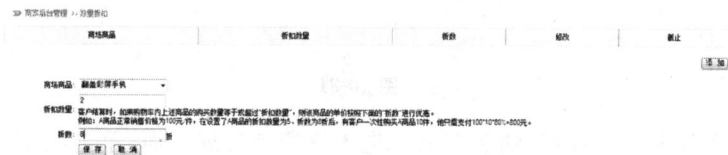

图 10-76

图 10-77

积分优惠(吸引消费者购买商品,通过提供积分和优惠的策略),如图 10-78 所示。

图 10-78

商铺管理(开设自己的商铺,拥有独立的商品展示页面),如图 10-79 所示。

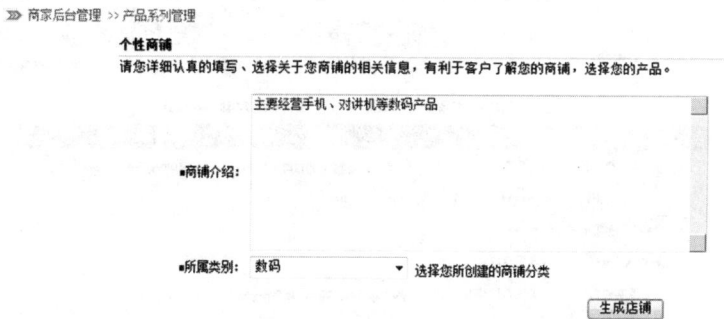

图 10-79

商品系列(给自己商铺的商品分类),如图 10-80、10-81 所示。

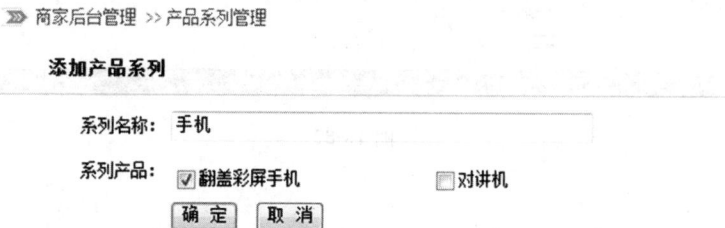

图 10-80

商家后台管理 ›› 产品系列管理

○手机

添加

图 10-81

(2)消费者注册网上商城、购买商品。进入消费者管理界面,单击收藏夹中的网上商城。进入网上商城,单击"新用户注册",出现如图 10-82 所示界面,审核或录入资料后单击"确定",提示"注册成功,请登录",返回登录界面。点击"登录"后,出现如图 10-83 所示界面,可看到"购物车""我的账户"菜单。选择 jm 商场 17150 的商品(此为翻盖彩屏手机)点击"购买",可见购物车中有了一种商品,再点击"购买",修改数量。点击"查看购物车",将出现如图 10-84 所示界面,也可点击"清空购物车"和"去收银台"。点击"去收银台",要求进行订单确认(送货方式为"送货上门"、支付方式为"在线支付"),如图 10-85 所示;点击"订单确认",提示"订单生成成功",如图 10-86 所示;要求进行支付,选择支付方式"网上银行"后,点击"支付";要求选择客户类型,此处选"注册客户",如图 10-87 所示;点击"确定"后告知支付总金额,要求输入密码,如图 10-88 所示,输入密码后提交;要求输入支付账号与密码,如图 10-89 所示;输入后点击"确定";要求核对相关信息,如图 10-90 所示,核对后点击"支付";提示"付款请求已被银行接受",如图 10-91 所示,最后点击"关闭界面"。

10.2.3 电子商务模拟实验——B2C 网上交易(一)

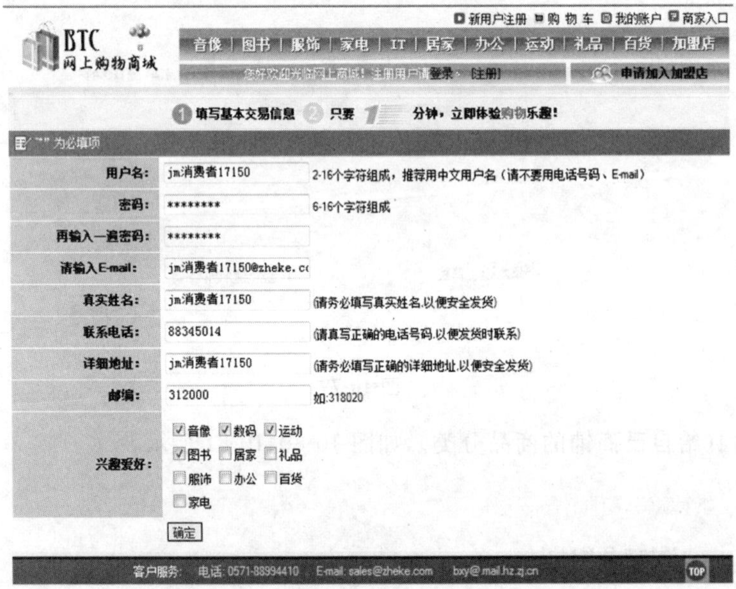

图 10-82

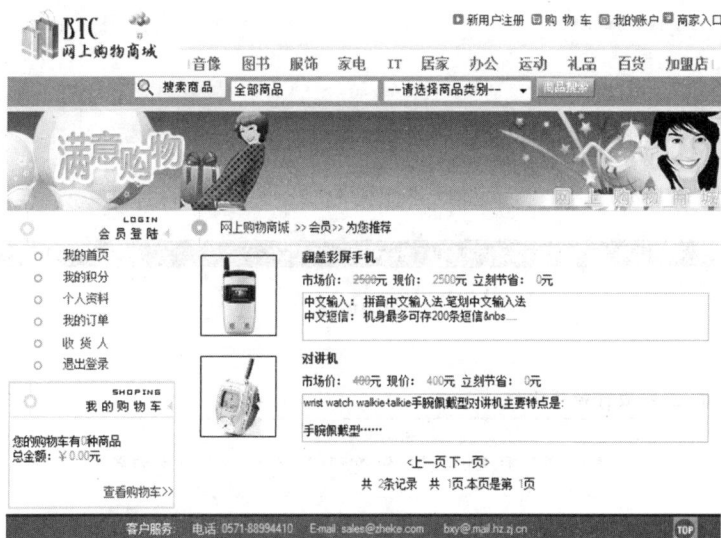

图 10-83

图 10-84

图 10-85

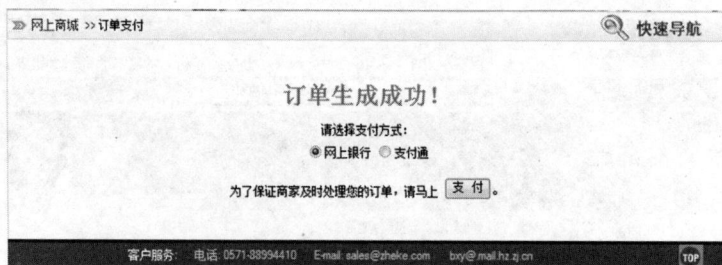

图 10-86

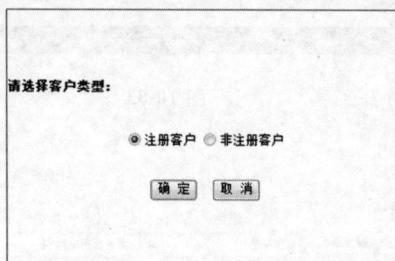

图 10-87

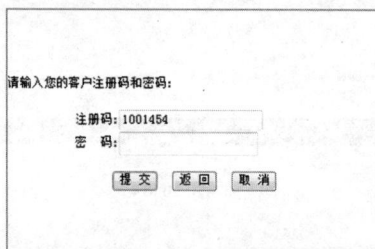

图 10-88

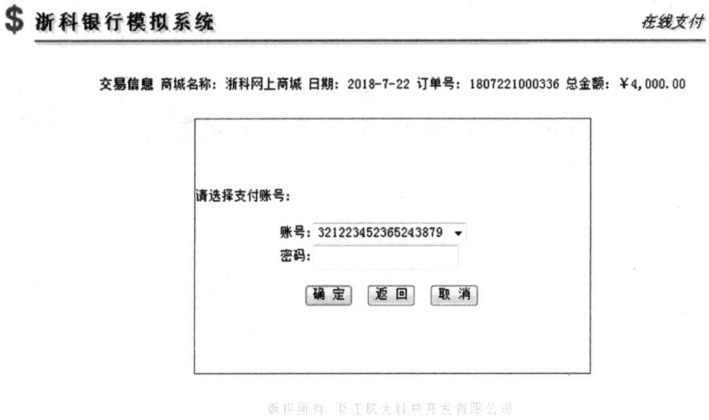

$ 浙科银行模拟系统　　　　　　　　　　　　　　　　　　在线支付

交易信息 商城名称：浙科网上商城 日期：2018-7-22 订单号：1807221000336 总金额：￥4,000.00

请选择支付账号：

账号：321223452365243879 ▼
密码：

确 定　返 回　取 消

版权所有 浙江航大科技开发有限公司

图 10-89

$ 浙科银行模拟系统　　　　　　　　　　　　　　　　　　在线支付

交易信息 商城名称：浙科网上商城 日期：2018-7-22 订单号：1807221000336 总金额：￥4,000.00

请核对以下交易信息，确认无误后点击支付按钮进行交易。

交易帐号：321223452365243879
帐号余额：￥100,000.00
交易生成码：ZK11807221000339
交易金额：￥4,000.00

支 付　返 回　取 消

版权所有 浙江航大科技开发有限公司

图 10-90

$ 浙科银行模拟系统　　　　　　　　　　　　　　　　　　在线支付

· 付款请求已被银行接受！

交易信息
交易日期：　2018-7-22
订单号：　　1807221000336
交易生成码：ZK11807221000339
交易帐号：　321223452365243879
交易金额：　￥4,000.00

关 闭

版权所有 浙江航大科技开发有限公司

图 10-91

（3）商场处理订单。进入商场管理界面，小秘书提示有一条订单。单击"销售管理"中的"订单管理"，可见一条新订单。单击"查看"，出现如图10-92所示界面后，点击"配送"，到物流配送平台；选择自己的物流企业，录入并提交配送信息，如图10-93所示；提示"配送单提交成功"后，点击"确定"，返回物流配送平台，关闭平台。

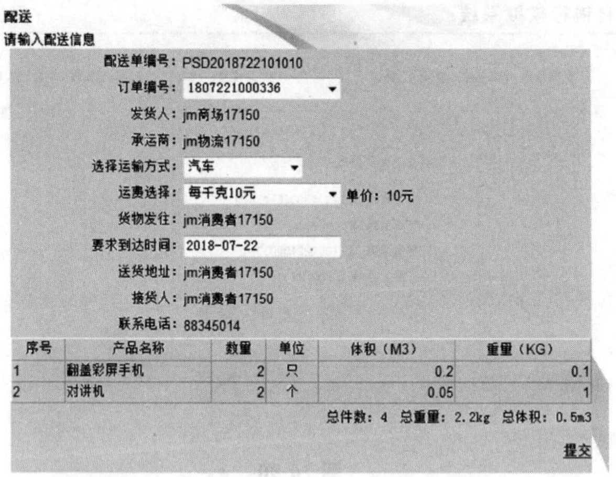

10.2.4 电子商务模拟实验——B2C交易（二）

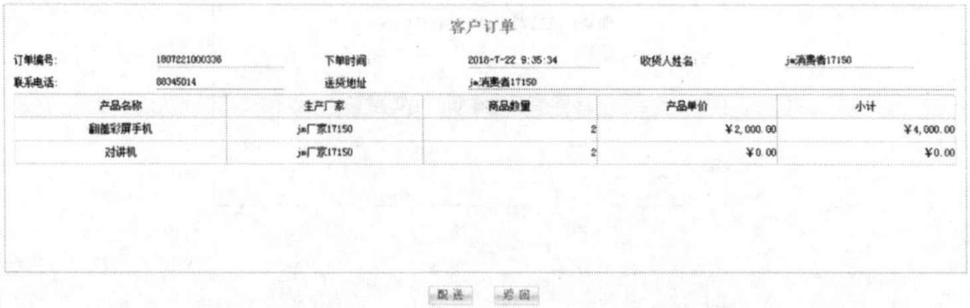

图 10-92

图 10-93

（4）物流公司受理配送单、处理入库运输单，如图10-94所示。

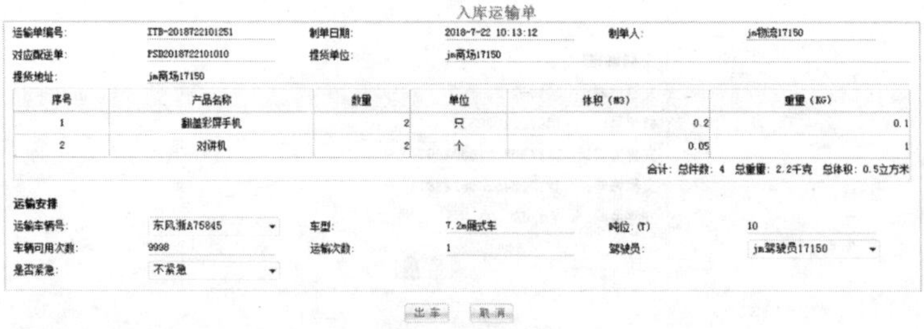

图 10-94

(5)商场处理配送单并发货,如图 10-95 所示。

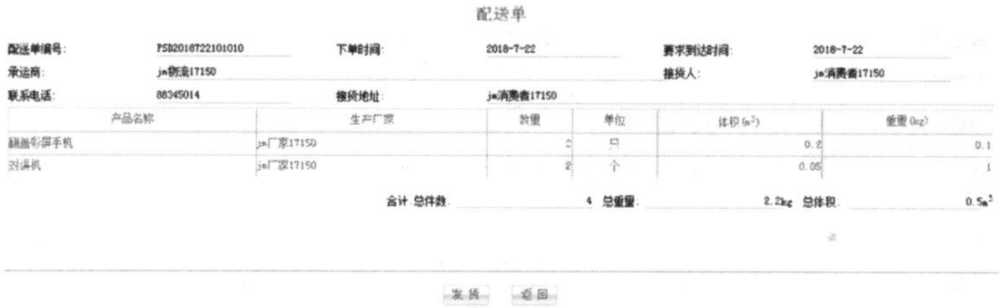

图 10-95

(6)物流公司处理入库单,货物入库然后拣货装车,如图 10-96、图 10-97 所示,以及处理出库运输单和出库单。

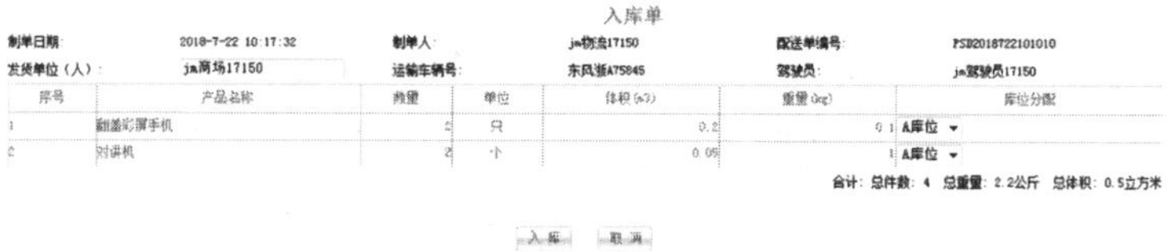

图 10-96

图 10-97

(7)消费者收货确认,如图 10-98 所示。

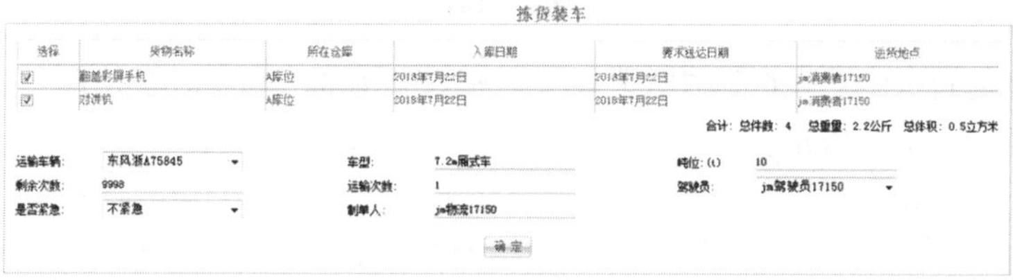

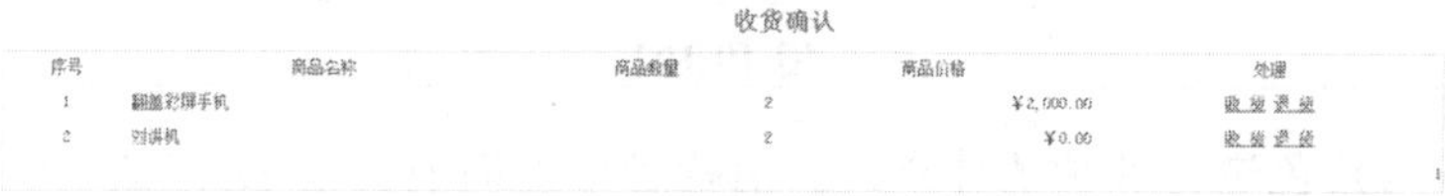

图 10-98

(8)商场查看应付账款,如图 10-99 所示。通过"柜台业务"→"对公业务"→"转账"支付物流运输费(见图 10-100)之后,银行进行转账审核。

图 10-99

10.2.5 电子商务模拟实验——B2C 交易(三)

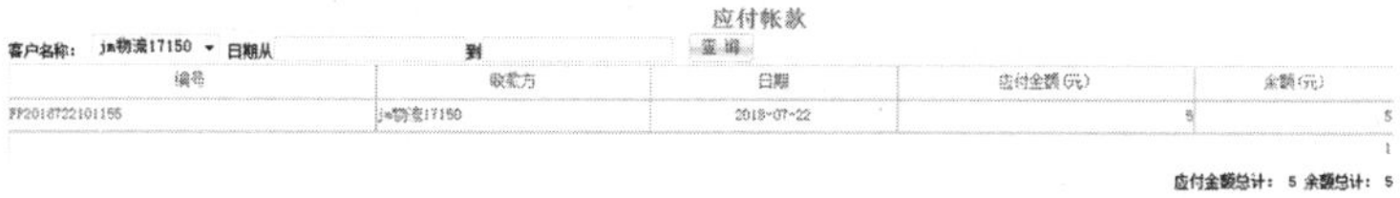

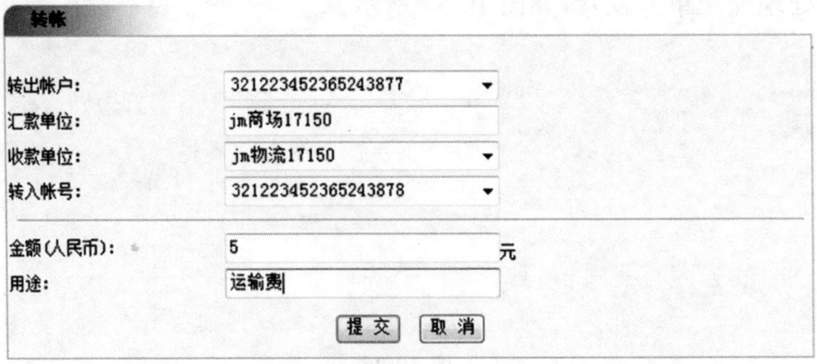

图 10-100

(9)商场通过"柜台业务"→"对公业务"→"账户查询"进行记账处理。之后商场进行付款核销,如图 10-101 所示。

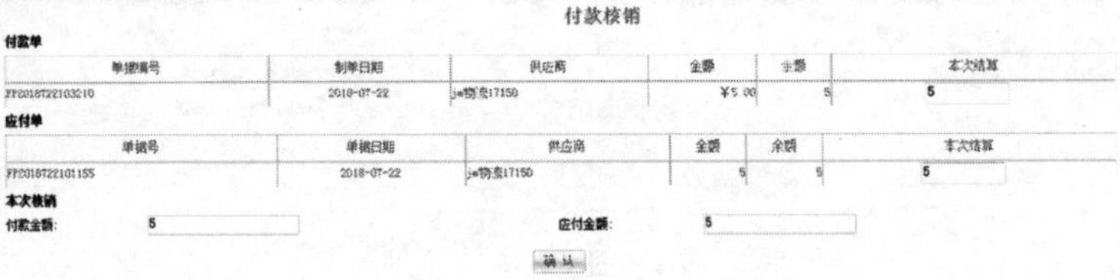

图 10-101

(10)物流通过"柜台业务"→"对公业务"→"账户查询"进行记账处理。之后物流进行收款核销,如图 10-102 所示。

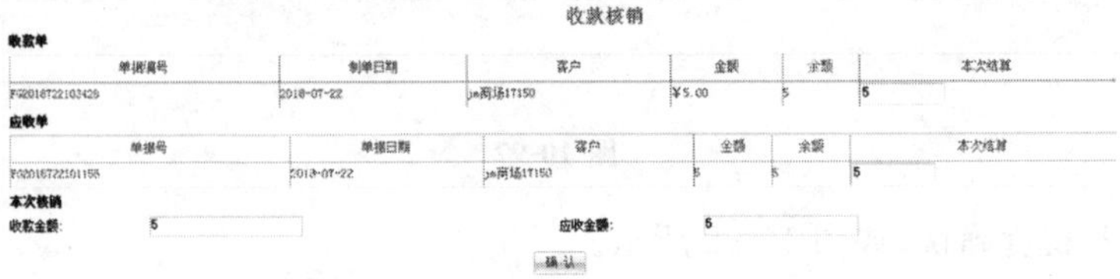

图 10-102

(11)各参与角色进行各种统计查询。消费者可查询消费记录,如图 10-103 所示。

图 10-103

商场可查询销售额、产品库存等,如图 10-104、图 10-105 所示。

统计查询

| 日期从 | 2018-7-22 | 到 | 2018-7-22 |
| 分组 | 按月份 ▼ | | |

查询

分组	销售额
2018/07	4000

总计：￥4,000.00

图 10-104

产品库存

商品名称	生产厂商	商品数量	成本价格	销售价格	安全库存	详细资料
翻盖彩屏手机	je厂商1T150	2	￥2,500.00	￥2,500.00	1	查看
对讲机	je厂商1T150	2	￥400.00	￥400.00	1	查看

返回

图 10-105

物流可查询出库运输单记录、出库运输单等,如图 10-106、图 10-107 所示。

出库运输单记录

运输单号	开单日期	运输车号	驾驶员	是否落实	操作
OTP-CG18T22101954	2018-07-22	东风牌A75845	je驾驶员1T150	不落实	查看
OTP-CG18T21154352	2018-07-21	东风牌A75845	je驾驶员1T150	不落实	查看
OTP-CG18T21103929	2018-07-21	东风牌A75845	je驾驶员1T150	不落实	查看

图 10-106

出库运输单

运输单编号：	OTP-2018T22101954		制单人：	je物流1T150		制单日期：	2018-7-22 10:19:54
序号	产品名称	数量	单位	体积(M3)		重量(KG)	类型	申请人
1	翻盖彩屏手机	2	只	0.2		0.1	单	je消费者1T150
2	对讲机	2	个	0.05		0.1	单	je消费者1T150

合计：总件数：4　总重量：2.2公斤　总体积：0.5立方米

| 运输车辆号： | 东风牌A75845 | 车型： | 7.2m厢式车 | 吨位(T)： | 10 |
| 驾驶员： | je驾驶员1T150 |

返回

图 10-107

四、实务习题

(1)完成消费者角色的注册。

(2)以消费者的角色申请银行账号并接受审核,通过 CA 认证。

(3)完成消费者网上购物:在自己的商场购物,采用自己的物流公司送货,在线支付,商品种类和数量自定。

(4)四人一组,完成消费者网上购物的活动。

10.2.6 电子商务模拟实验——B2C 交易(四)

第三节　C2C 网上交易

一、学习目的

(1)了解 C2C 是如何在网络环境中运作的。

(2)了解 C2C 中各角色的功能。

(3)理解 C2C 电子商务的基本流程。

二、预备知识

C2C 指消费者与消费者之间的电子商务。通过互联网,消费者之间也可以互相买卖商品,目前最常见的形式是网上拍卖。在系统中,所有的用户都可以参加 C2C 交易,出售或者购买商品。由于 C2C 的过程中涉及的商品是个人消费者所拥有的任何物品,而且在成交后物品都是消费者私下交易的,所以系统并没有规定拍卖的商品必须是系统产品。涉及的角色可以是厂家、商场、消费者、物流、出口商中的任意角色,在此都作为消费者的角色。本实验模拟了用户使用拍卖网站进行交易的整个流程。具体流程描述如下:

(1)访问拍卖网站。如果用户需要出售物品,进入"我要卖",然后选择要出售物品的方式。对于一口价出售的物品,买家在购买的时候不需要出价,而是可以直接用一口价购得;对于拍卖出售的商品,买家之间需要竞拍,在拍卖时间结束后,卖家将和出价最高的买家自动成交。

(2)需要购买商品的用户,可以分类浏览物品信息或者通过搜索查找商品。以一口价出售的商品只能以一口价购买,而拍卖出售的商品需要用户进行竞拍,竞拍结束后,出价最高的买家将购得该商品。

(3)卖家还可以开设自己的店铺,集中展示自己出售的物品。

(4)进入"我的买卖",可以查看到用户在拍卖网买到和正在竞价的商品,同时可以管理自己发布出售的商品,查看留言评价,等等。

三、实务内容

本实验至少需有三位用户参与。由于厂家、商场、消费者均可参与 C2C 交易,在此假设用户"jm 厂家 17150"为卖者,用户"jm 商场 17150"和用户"jm 消费者 17150"为买者。卖者有一台联想二手电脑(P2/100/64M)待出售,最低价为 2000 元。

(一)卖者上网发布出卖商品信息

(1)卖者用户(jm 厂家 17150)登录进入拍卖网,界面如图10-108所示。

图 10-108

（2）点击"我要卖"，选择发布方式为"拍卖"，出现界面如图 10-109 所示。输入相关商品信息，点击"发布"，提示"发布成功"。

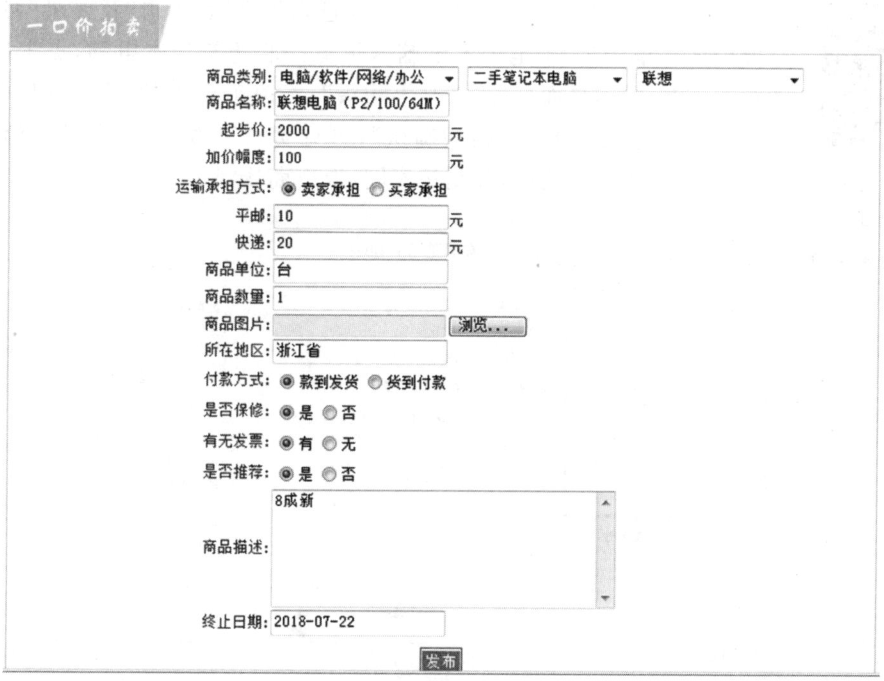

图 10-109

(3)点击"我的买卖",再点击"推荐商品",可见刚发布的拍卖商品,如图 10-110 所示。

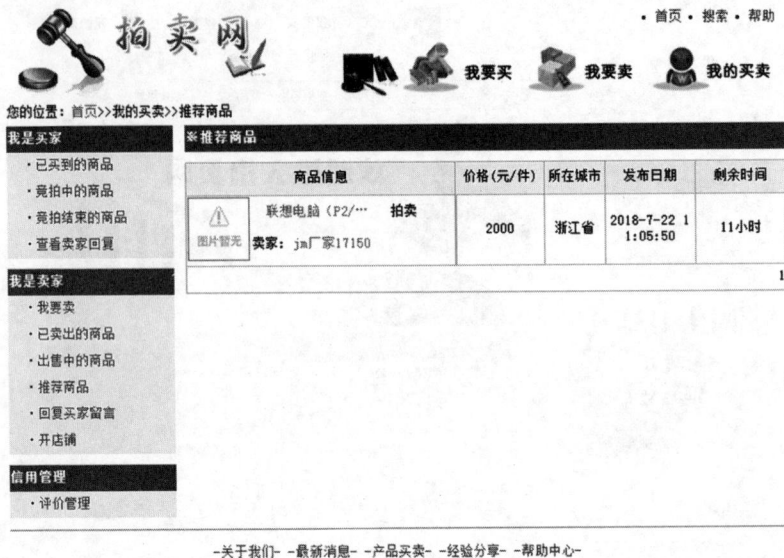

图 10-110

(二)买者上网竞买商品

(1)买者用户(jm 商场 17150)登录进入拍卖网,单击"我要买",到达商品分类区。单击"二手笔记本电脑",可见一联想笔记本电脑,点击后出现如图 10-111 所示界面。点击"马上购买",修改单价为"原价＋加价幅度",如图 10-112 所示。再点"购买确认",可见卖价已改变,并有了出价记录,如图 10-113 所示。之后,关闭拍卖网,退出商场。

10.3.1 电子商务模拟实验——C2C 卖家发布商品

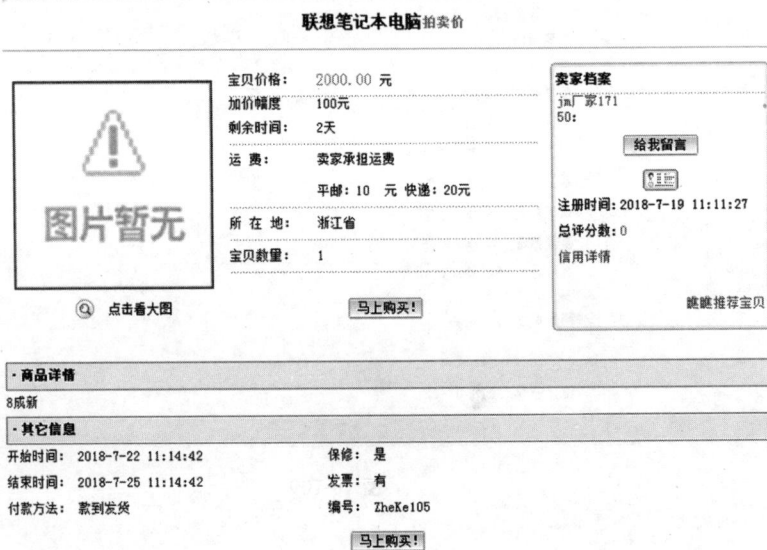

图 10-111

买宝贝

宝贝名称： **联想笔记本电脑**
当前价格： **2000.00元**
运　　费： **卖家承担运费 平邮：10元 快递：20元元**
付款方式： **款到发货**
所 在 地： **浙江省**

购买数量 `1` （可购 1件）＊
购买单价 `2100.00` 元（当前价格 2000.00元,加价幅度 100元）＊
请准确填写您的收货地址
收货地址：
`jm商场17150` ＊
邮　　编：
`312000` ＊
收货人姓名：
`jm商场17150`
电　　话：
`88345011`

`购买确认`　　`再考虑一下`

图 10-112

· 出价记录					
买家	出价(元)	需要数量	获得数量	时间	状态
jm商场17150	￥2,100.00	1	1	2018-7-22 11:23:52	领先

图 10-113

(2)买者用户(jm 消费者 17150)登录进入拍卖网,用同样步骤进行竞买,得出价记录如图 10-114 所示。在拍卖时间结束后,卖者将和出价最高的买者自动成交。

· 出价记录					
买家	出价(元)	需要数量	获得数量	时间	状态
jm消费者17150	￥2,200.00	1	1	2018-7-22 11:25:45	领先
jm商场17150	￥2,100.00	1	0	2018-7-22 11:23:52	淘汰

图 10-114

四、实务习题

三人为一组,一人作为卖者,另两人作为买者进行竞买,然后进行角色轮换。

10.3.2 电子商务模拟实
验—C2C 买家竞买商品

第十章练习题

第十一章　网络工具使用基础

　　电子商务是在技术、经济高度发达的现代社会里，掌握信息技术和商务规则的人，系统化运用电子工具高效率、低成本地从事以商品交换为中心的各种活动的过程。这指出了电子商务内涵的四个方面：前提条件、人的知识和技能、系统化的电子工具以及以商品交换为中心的各种活动。随着计算机技术、通信技术、网络技术、数据库、云技术、数据挖掘技术等技术的发展，网络工具也不断向前发展，现代电子商务已经离不开网络工具的使用。本章主要介绍实现电子商务系统信息交流的几种重要网络工具的使用技术，如浏览器、文件传输工具、网络下载软件、即时通信工具、RSS 技术与 wiki 技术等。

第一节　文件传输 FTP

一、学习目的

（1）了解文件传输 FTP 概念。
（2）熟练掌握文件传输 FTP 的方法。
（3）理解文件传输 FTP 的原理。

二、预备知识

（一）FTP 的概念

　　FTP 是 TCP/IP 协议组中的协议之一，是英文 file transfer protocol 的缩写。该协议是 Internet 文件传送的基础，它由一系列规格说明文档组成，目标是提高文件的共享性，提供非直接使用远程计算机的服务，使存储介质对用户透明、可靠和高效地传送数据。简单地说，FTP 就是完成两台计算机之间的拷贝。从远程计算机拷贝文件至自己的计算机上，称为"下载"（download）文件；若将文件从自己计算机中拷贝至远程计算机上，则称为"上传"（upload）文件。在 TCP/IP 协议中，FTP 标准命令 TCP 端口号为 21，Port 方式数据端口为 20。

FTP 地址格式如下：

ftp：//用户名：密码@FTP 服务器 IP 或域名：FTP 命令端口/路径/文件名

如：ftp://ftp.microsoft.com/

　　　ftp://username:password@ftp.microsoft.com/

FTP 支持两种模式，一种模式叫作 Standard(也就是 PORT 模式，主动模式)，一种是 Passive(也就是 PASV 模式，被动模式)。Standard 模式下 FTP 的客户端发送 PORT 命令到 FTP 服务器；Passive 模式下，FTP 的客户端发送 PASV 命令到 FTP 服务器。

(二)CuteFTP 软件介绍

本实验采用 GlobalScape Texas LP,Inc. 公司开发的 CuteFTP 8 Professional 软件。

CuteFTP 是一个基于 Windows 的文件传输 FTP 的客户端程序。通过它，用户无须知道协议本身的具体细节，就可充分利用 FTP 的强大功能。CuteFTP 通过用户易于使用的 Windows 界面，避免使用麻烦的命令行工具，大大简化了 FTP 的操作流程。即便是入门级的个人电脑用户，也可以轻松利用 CuteFTP，在全球范围内的远程 FTP 服务器间上传、下载及编辑文件。

三、实务内容

(一)FTP 服务器的登录

互联网中有很大一部分 FTP 服务器被称为"匿名"(anonymous)FTP 服务器。这类服务器的目的是向公众提供文件拷贝服务，不要求用户事先在该服务器进行登记注册，也不用取得 FTP 服务器的授权。

匿名文件传输能够使用户与远程主机建立连接并以匿名身份从远程主机上拷贝文件，而不必是该远程主机的注册用户。用户使用特殊的用户名"anonymous"登录 FTP 服务器，就可访问远程主机上公开的文件。许多系统要求用户将电子邮箱地址作为口令，以便更好地对访问进行跟踪。匿名 FTP 一直是互联网上获取信息资源的最主要方式。互联网成千上万的匿名 FTP 主机中存储着无法计数的文件，这些文件包含了各种各样的信息、数据和软件。人们只要知道特定信息资源的主机地址，就可以用匿名 FTP 登录获取所需的信息资料。虽然目前使用 WWW 环境已取代匿名 FTP 成为最主要的信息查询方式，但是匿名 FTP 仍是互联网上传输分发软件的一种基本方法。

(1)在地址栏中，键入要连接的 FTP 站点的 Internet 地址(URL)。例如：ftp://ftp.scene.org/，如图 11-1 所示。

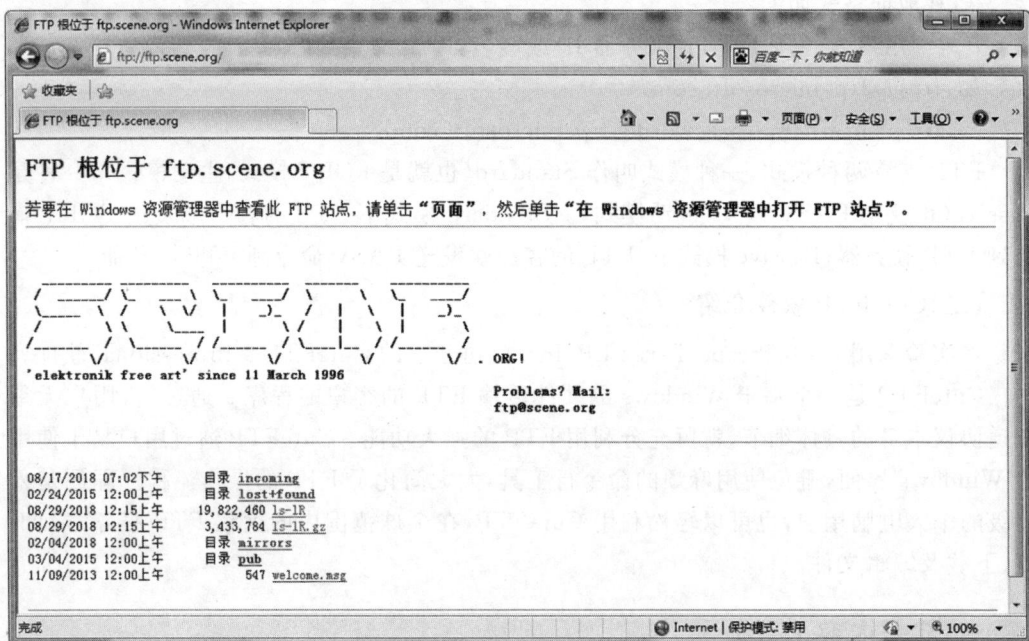

图 11-1

（2）要下载文件或打开文件夹请用鼠标左键单击该页中的某个文件或文件夹，如图
11-2 所示，然后单击"保存"或"打开"即可。

图 11-2

(二)使用 CuteFTP 软件进行文件传输

1.添加站点

（1）单击"开始"菜单→所有程序→GlobalSCAPE→CuteFTP Professional→CuteFTP
8 Professional，启动 CuteFTP 软件，界面如图 11-3 所示。

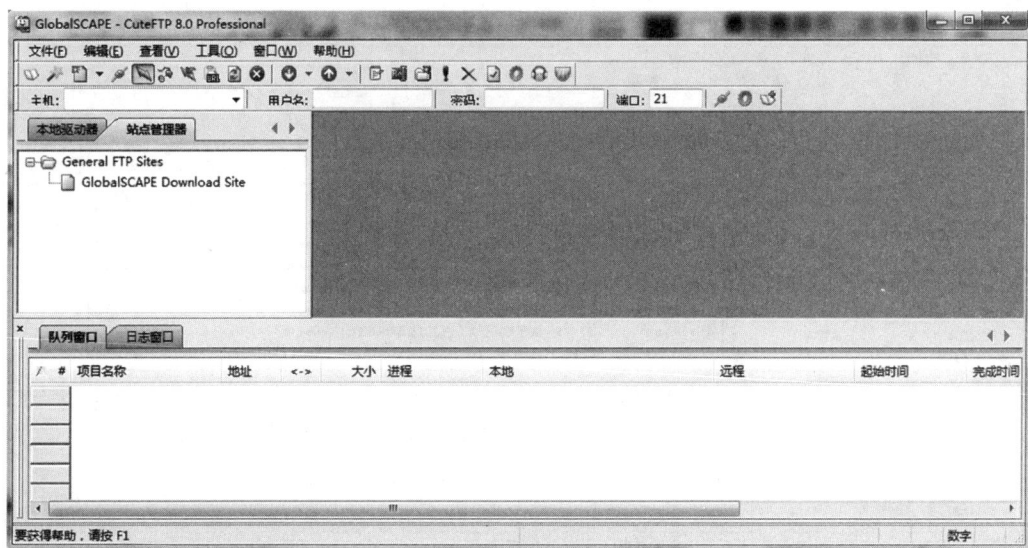

图 11-3

（2）单击"文件"菜单下的"新建"或者工具栏上的"新建"图标，弹出如图 11-4 所示窗口，在"常规"选项卡的"标签"字段中输入站点名称；在"主机地址"字段中输入 FTP 服务器地址或者对应网站的域名；在"用户名"字段中输入用户的名称，用户名称由用户的服务供应商提供，且区分大小写；在"密码"字段中输入密码，密码由用户的服务供应商提供，也区分大小写；选择登录方式为"标准"，然后点击"确定"，新建一个 FTP 站点。

图 11-4

（3）用鼠标双击左边"站点管理器"下的站点名称，即可连接 FTP 站点，如图 11-5所示。

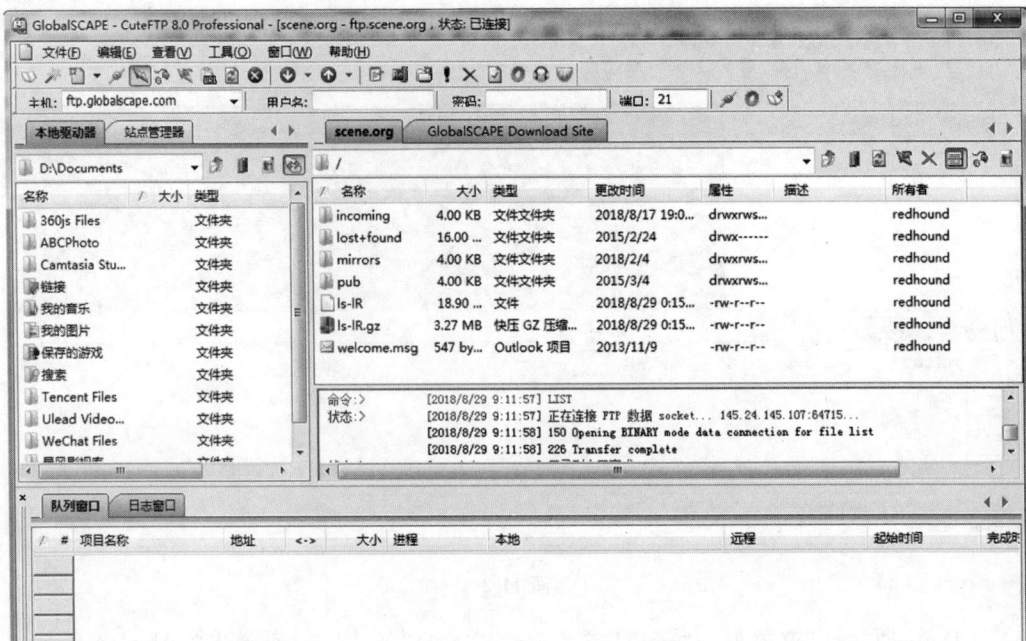

图 11-5

(4)此时可以看到页面左窗口为本地计算机目录列表,页面右窗口为服务器目录列表。

2.传输文件

(1)上传文件。登录FTP后,在左窗口中单击要上传的文件,按住鼠标左键,拖动文件到右窗口;或者在左窗口中用鼠标右击文件,从快捷菜单中选择"上传",如图 11-6 所示;或者在左窗口中双击文件;或者在左窗口中单击文件,然后点击工具栏上的"上传"按钮。上传完后,显示如图 11-7 所示界面。

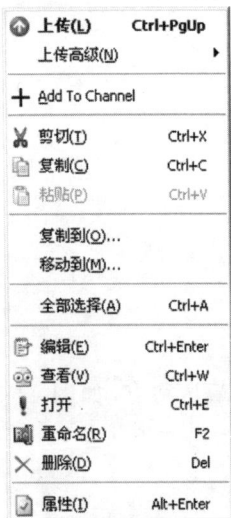

图 11-6

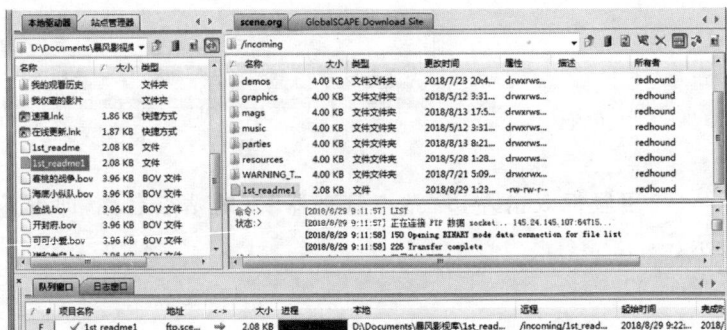

图 11-7

148

（2）下载文件。在右窗口中单击要下载的文件,按住鼠标左键,拖动文件到左窗口;或者在右窗口中用鼠标右键单击文件,从快捷菜单中选择"下载",如图 11-8 所示;或者在右窗口中双击文件;或者在右窗口中单击文件,然后点击工具栏上的"下载"按钮。下载完后,显示如图 11-9 所示界面。

图 11-8

图 11-9

四、实务习题

（1）利用 IE 浏览器,使用匿名登录的方式登录到 ftp://ftp.globalscape.com/下载资料。

（2）通过 CuteFTP 软件连接到指定站点下载教师指定的文件。

（3）通过 CuteFTP 软件将所做的作业上传到教师指定的站点。

11.1 文件传输FTP

第二节　即时通信工具的使用

一、实验目的

（1）掌握利用即时通信工具添加联系人的方法。

（2）掌握利用即时通信工具发送即时消息的方法。

（3）掌握利用即时通信工具共享和传送文件的方法。

二、预备知识

（一）即时通信工具的概念

所谓即时通信工具就是基于互联网网络通信协议产生的点对点或点对面通信的一种软件。它可以提供即时文字、图像、语音、视频等多种格式的媒体数据,使人们方便地进行沟通。即时通信工具对每个使用互联网人来说都是必备的工具。

(二)常见的即时通信工具

目前国内较流行的即时通信软件有以下几种。

(1)QQ:国内较早开始流行的即时通信工具。它为用户提供寻呼、聊天、新闻查看等功能,还有手机上的移动 QQ 服务。QQ 的优点是使用率较高,几乎人人都用,比较大众化,适合上网休闲聊天,但是易传播病毒,而且 QQ 号码还非常容易被人偷盗。

(2)微信(WeChat):腾讯公司于 2011 年 1 月 21 日推出的一个为智能终端提供即时通信服务的免费应用程序,由张小龙所带领的腾讯广州研发中心产品团队打造。微信支持跨通信运营商、跨操作系统平台通过网络快速发送免费(须消耗少量网络流量)语音短信、视频、图片和文字。同时,用户也可以使用共享流媒体内容的资料和基于位置的“摇一摇”“漂流瓶”“朋友圈”“公众平台”“语音记事本”等社交服务插件。

(3)阿里旺旺:将原先的淘宝旺旺与阿里巴巴贸易通整合在一起的一个新品牌。它是淘宝和阿里巴巴为商人量身定做的免费网上商务沟通软件/聊天工具,可以帮助用户轻松找客户,发布、管理商业信息,及时把握商机,随时洽谈做生意,简洁方便。阿里旺旺的优点是谈生意成功率更高,办公费用更低,客户数量更多,且用户可免费享受商务服务。

(4)MSN:由软件巨头微软开发,英文全称是 Windows Live Messenger。MSN 有其自身完善的 MSN 购物、购车、交友、旅游等频道,使得这款办公软件多了和娱乐相结合的味道,也因此有了高人气的理由。MSN 的优点是比较稳定,适合办公用。MSN 较少传播病毒,是很多公司办公必备的通信软件。

(5)雅虎通:其自身功能和 MSN 类似。雅虎通秉承了雅虎网一贯简洁明了的风格,给人以非常舒适的感觉。雅虎通支持网页上的单对单、单对多的语音视频交流。不仅如此,雅虎通还提供与 MSN 的跨平台交流,这一点是其他即时通信软件所没有的功能。

(6)Skype:一个将 MSN 主要优点于一身且有自身特点的即时通信软件。它不仅可以支持在线文字聊天,而且支持在线的一对一、一对多语音对话。更让其他软件望尘莫及的是 Skype 支持电脑对固定电话、电脑对移动电话的短信和语音交流。

下面以阿里旺旺为例来介绍即时通信工具。

三、实验内容

(一)使用阿里旺旺添加联系人

(1)单击“开始”菜单→所有程序→阿里旺旺,启动阿里旺旺软件,如图 11-10 所示。

图 11-10

　　(2)输入自己的用户名,可以是淘宝或阿里中国站的用户名。在密码栏内输入对应的密码,然后点击"登录"。等登录成功后,进入如图 11-11 所示界面。

图 11-11

(3)点击该页面底部的"🖧"("添加联系人")按钮,弹出"查找/添加联系人"对话框,如图11-12所示。录入要查找的会员名,点击"查找",出现如图11-13所示对话框。点击"加为好友",出现如图11-14所示对话框。将添加的好友设为淘宝好友,点击"完成"即可。

图 11-12

图 11-13

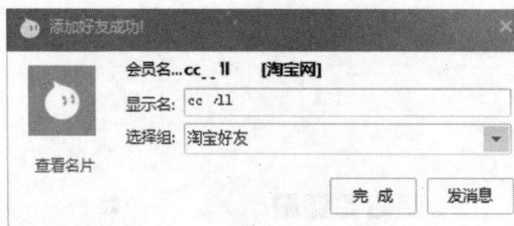

图 11-14

(4)点击"👤"("联系人")按钮,出现如图11-15所示界面。该界面显示,在淘宝好友中已存在好友"cc,,ll"。等到对方确认添加好友请求成为真正好友后,双击好友"cc,,ll",出现如图 11-16 所示界面,就可以向好友发送信息了。

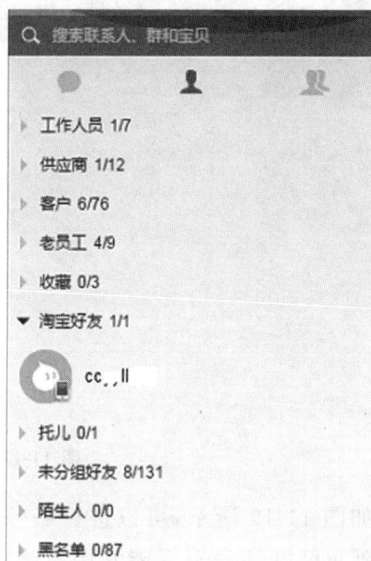

图 11-15

图 11-16

(二)使用阿里旺旺主菜单

(1)启动阿里旺旺软件并登录。

(2)点击"三"("主菜单")按钮,弹出如图 11-17 所示界面。选择"工具"菜单项,可以向指定会员发送消息,也可用"消息管理器"(见图 11-18),找到指定会员进行发送。

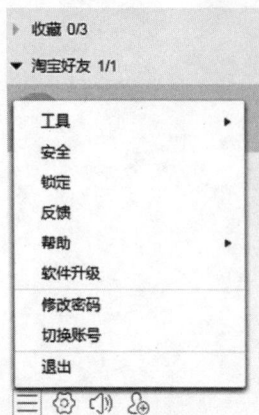
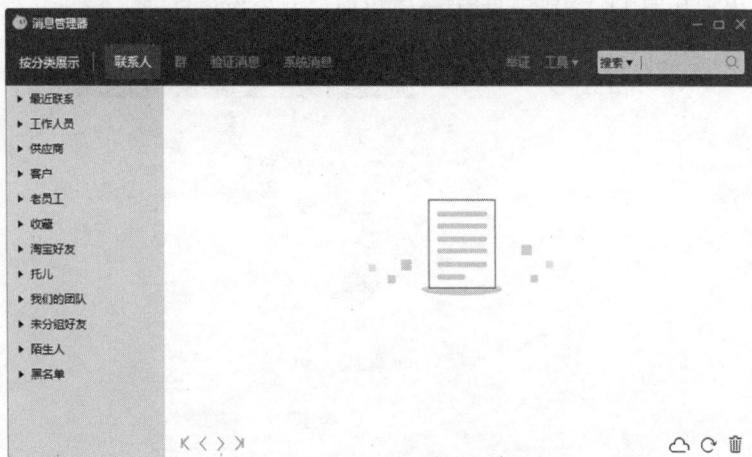

图 11-17   图 11-18

(3)点击"安全"菜单项,如图 11-19 所示,可以进行账号安全设置,包括手机绑定、密码保护和登录保护等设置。阿里旺旺还设有智能安保系统,点击"防骚扰"可以设置不接受陌生人消息,如图 11-20 所示。

图 11-19

图 11-20

（4）点击"安全设置"下的"验证设置"，如图 11-21 所示，可以进行好友验证设置。可以设成不验证加为好友的模式，或需验证、正确回答问题才能加为好友的模式，也可设为拒绝被加为好友的模式，还可设置各种提醒。

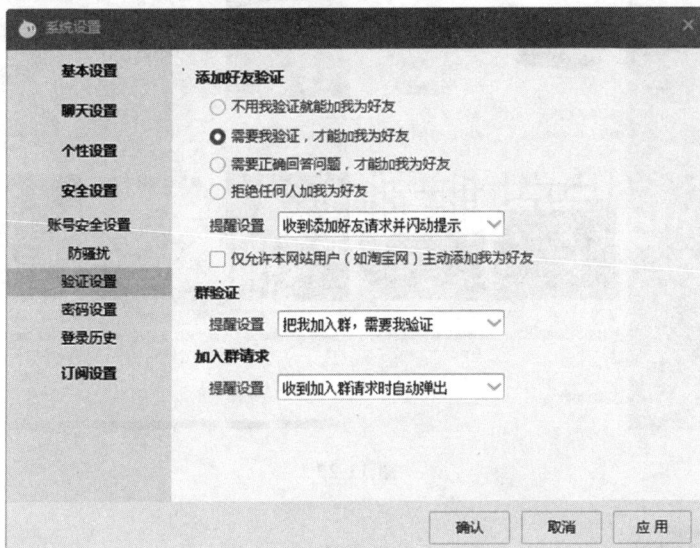

图 11-21

（5）阿里旺旺主菜单中，还有锁定（锁定密码设置）、反馈（提意见）、软件升级、修改密码等功能。

（6）使用阿里旺旺最大的优点是直接与电子商务平台淘宝、支付宝等相连，可以随时链接到淘宝、支付宝等平台进行操作。点击"国"（"我的焦点"），如图 11-22 所示，就链接到了热卖商品；点击"淘"（"我的淘宝"），如图 11-23 所示，就链接到了"我的淘宝"；点击"🅰"（"我的支付宝"），如图 11-24 所示，就链接到了"我的支付宝"，可进入支付宝账户。

11.2.1 阿里旺旺的使用

图 11-22

图 11-23

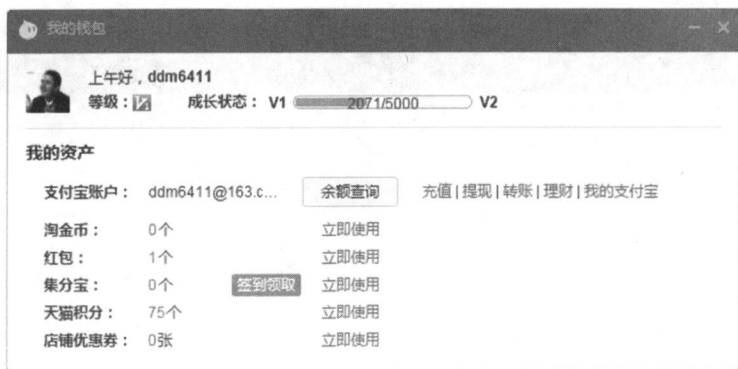

图 11-24

(三)使用阿里旺旺卖家版——千牛

(1)启动阿里旺旺卖家版软件千牛软件并登录,如图 11-25 所示。登录后出现界面如图 11-26 所示。这已经不仅仅是一个即时通信工具了,而是一个商家做贸易的工具。

图 11-25

图 11-26

(2)点击"⊙"("接待中心"),如图 11-27 所示,显示出联系人中的客户。点"🕐"显示最近联系的客户,点"♀"显示联系人,点"♀"显示群,点"⚮"显示"我的团队"。

11.2.2 阿里旺旺卖家版的使用

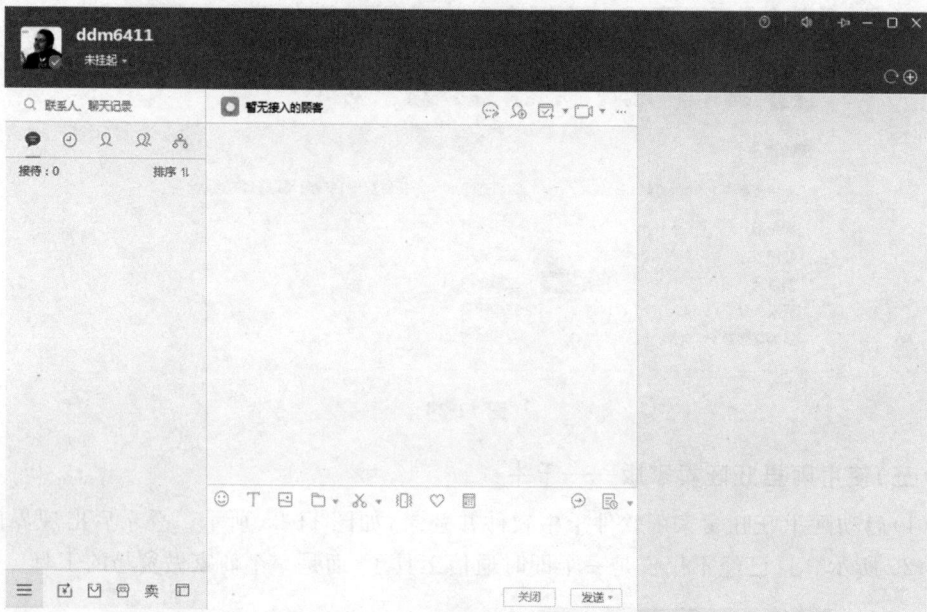

图 11-27

（3）点击"▣"（"消息中心"），如图 11-28 所示，显示出的消息包括处罚及预警、售后服务、千牛消息、小二通知、商品消息、仓储物流、退款消息、经营分析、任务消息、交易消息等。

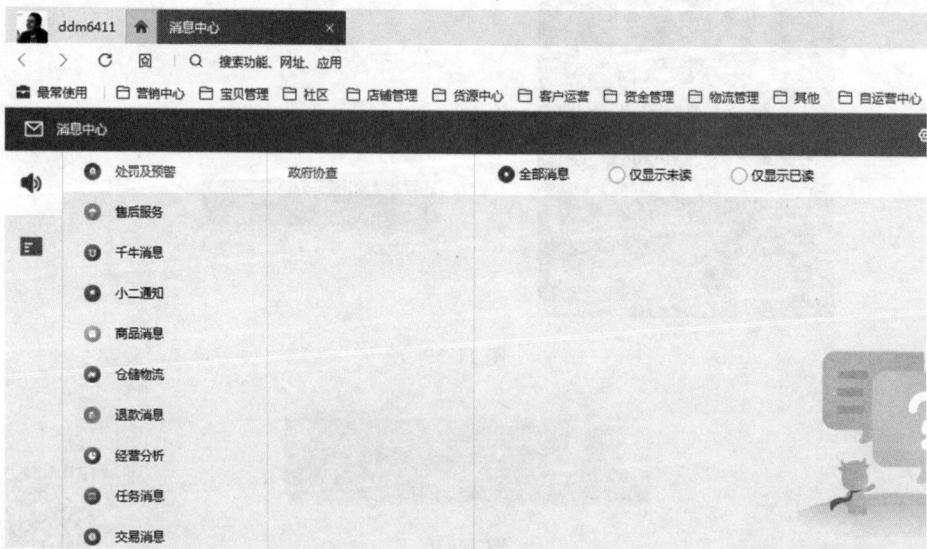

图 11-28

（4）点击"▣"（"工作台"），如图 11-29 所示，显示出的项目包括店铺管理、交易管理、物流管理、宝贝管理和客户服务等。

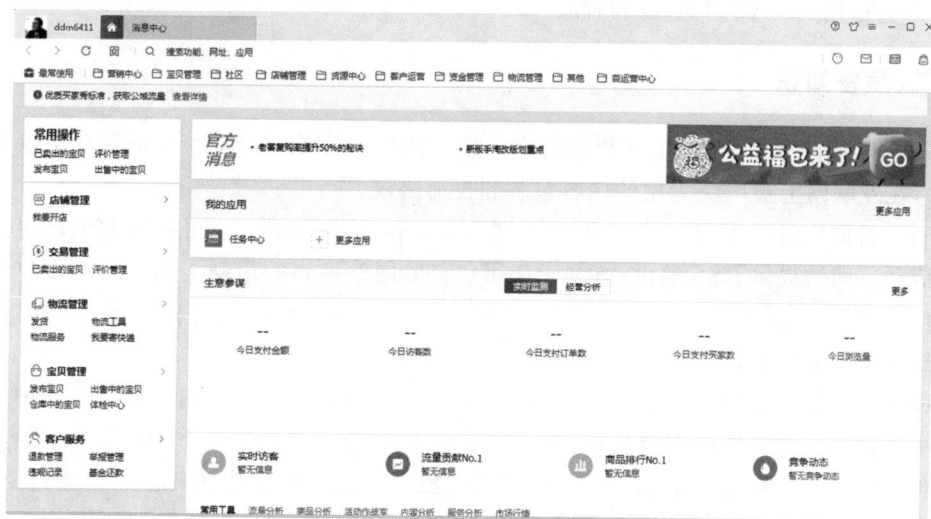

图 11-29

(5)点击"🔍"("搜索"),如图 11-30 所示,可搜索功能、网址、应用等。

图 11-30

四、实务习题

(1)把同学添加到你的联系人列表中。

(2)通过阿里旺旺给同学发消息。

(3)了解并试用阿里旺旺卖家版。

第三节 RSS(简易信息聚合)的应用

一、学习目的

(1)了解 RSS 的概念。

(2)掌握 RSS 阅读器的使用方法。

(3)会运用 RSS 阅读器订阅新闻。

二、预备知识

RSS，即简易信息聚合（也叫聚合内容），是一种基于 XML 标准（标准通用标记语言的子集），在互联网上被广泛采用的内容包装和投递协议。

RSS 目前广泛用于网上的新闻频道、博客和 wiki 平台。用户使用 RSS 订阅能更快地获取信息。网站提供 RSS 输出，有利于让用户获取网站内容的最新更新。网络用户可以在客户端借助于支持 RSS 的聚合工具软件，在不打开网站内容页面的情况下阅读支持 RSS 输出的网站内容。

RSS 模块的主要目标是延伸基本的 XML 概要来获得更健全的内容汇集。此种传承允许更多的变化却又能够符合标准，在不用更改 RSS 核心的前提之下运行。为了达成此项延伸目标，严密规范的字汇（在 RSS 中为"模块"，在 XML 中为"概要"）通过 XML namesspace 命名各种概念之中的概念。

RSS 用途如下。

1.订阅博客

可以订阅用户工作中所需的技术文章，也可以订阅与用户有共同爱好的作者的博客。总之，用户对什么感兴趣就可以订什么。

2.订阅新闻

无论是奇闻怪事、明星消息还是体坛风云，只要是用户想知道的，都可以订阅。用户再也不用一个网站一个网站、一个网页一个网页地去逛了。只要用户将需要的内容订阅在一个 RSS 阅读器中，这些内容就会自动出现在用户的阅读器里。用户也不必为了一个急切想知道的消息而不断刷新网页，因为一旦有了更新，RSS 阅读器就会自动通知用户。

3.RSS 营销

RSS 营销属于网络营销中的一种模式。它除具有网络营销的特点外，还具有由于采用 RSS 技术而产生的新特点。RSS 营销与邮件列表营销虽有许多相似之处，但也自己的营销优点，如：多样性、个性化信息的聚合；信息发布的时效强、成本低廉；无"垃圾"信息和信息量过大的问题；没有病毒邮件的影响；本地内容管理便利。

三、实务内容

(一)RSS 阅读器安装

此处以新浪点点通阅读器为例。新浪点点通阅读器是一款非常实用方便的 RSS 阅读器。通过它我们可以获取、阅读和管理 XML 格式的信息。它有如下特点：小巧精致，安装文件只有 539K；功能完善，闻源齐全；从用户角度出发，界面友好，人性化，且操作简单方便，易于掌握。

(1)通过百度可搜索到"新浪点点通阅读器—新浪网 RSS 频道聚合"，如图 11-31 所示。点击右边的"立即下载"，出现"新浪科技"界面，如图 11-32 所示，再点击"新浪本地下载"即可下载新浪点点通阅读器（readersetup.exe）。

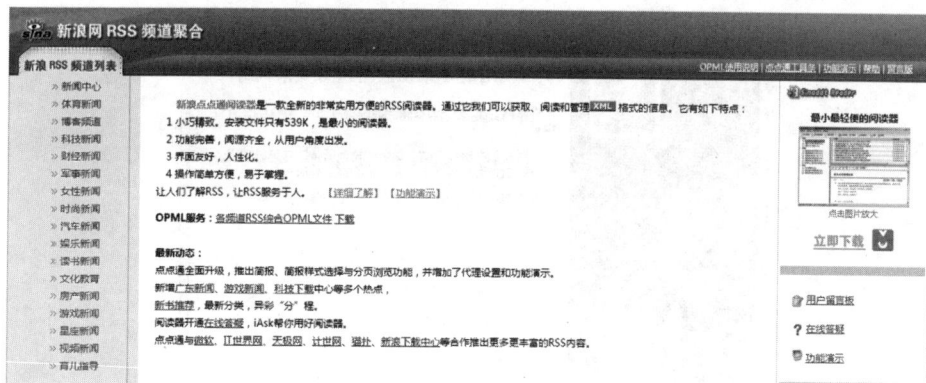

图 11-31

图 11-32

(2)打开下载的新浪点点通阅读器,出现如图 11-33 所示界面后,点击"下一步",接受许可协议后,再点击"下一步";选择目标文件夹,再点击"下一步";选择"开始"菜单文件夹,以及选择附加任务,如在桌面创建阅读器图标等。接下来,安装向导就会自动安装并启动阅读器,如图 11-34 所示。

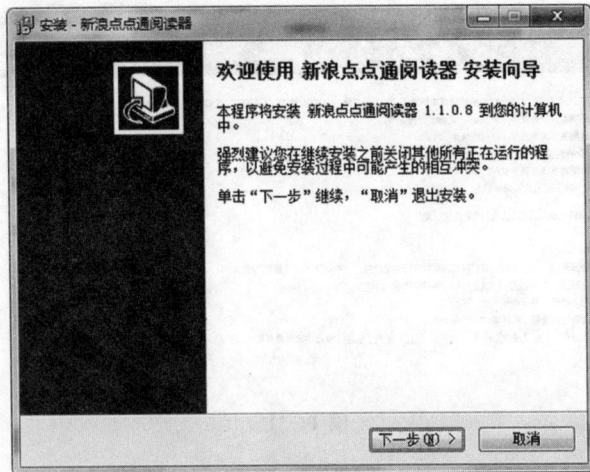

图 11-33

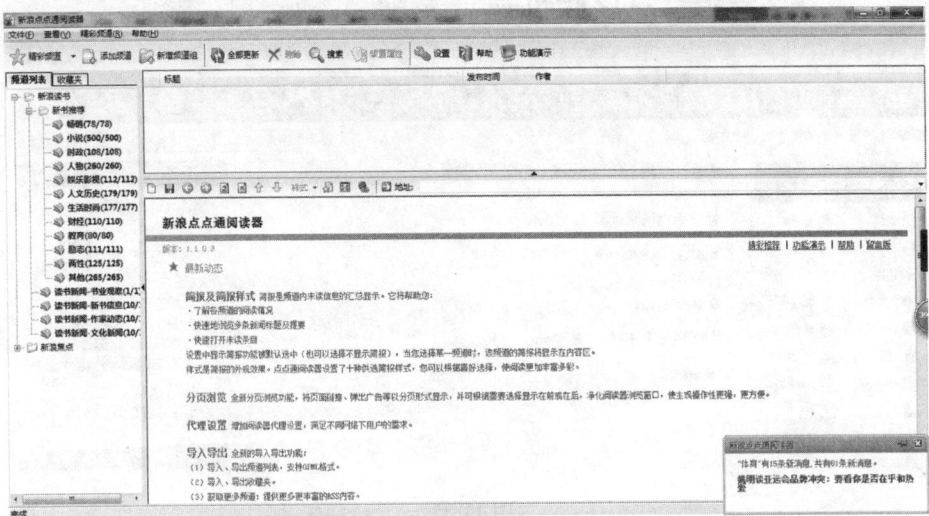

图 11-34

(二)选择有价值的 RSS 信息源订阅

(1)通过百度可以搜索到一些 RSS 信息源,如网易 RSS 新闻中心(见图 11-35),再通过点击"XML"按钮,可以得到新闻地址(见图 11-36)。

图 11-35

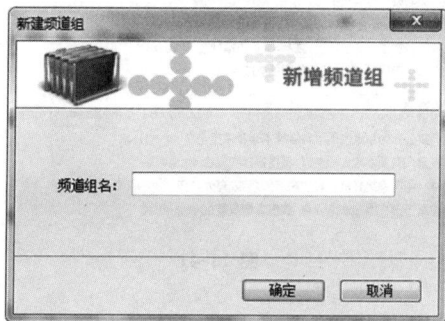

图 11-36

（2）启动阅读器，新增频道组（见图 11-37），如网易新闻。

图 11-37

（3）再增加频道，如图 11-38 所示。填入频道地址 http://news.163.com/special/00011K6L/rss_newstop.xml，点击"下一步"，自动填入频道名称"网易头条新闻"（见图 11-39）。

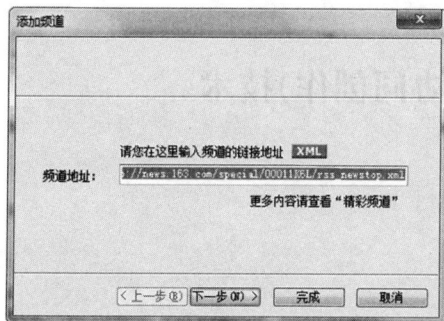

图 11-38

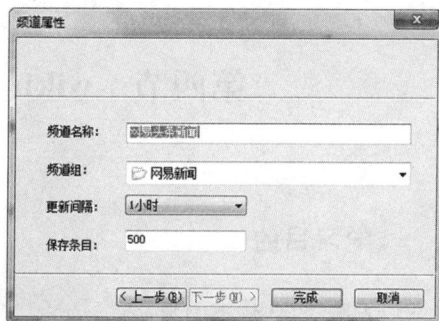

图 11-39

163

(4)点击"完成",即订阅了"网易头条新闻",如图 11-40 所示。

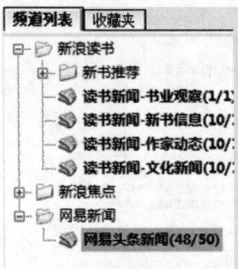

图 11-40

(三)订阅到其他阅读器

RSS 新闻也可订阅到其他阅读器,特别是一些在线阅读器,如有道、谷歌等,如图 11-41所示。

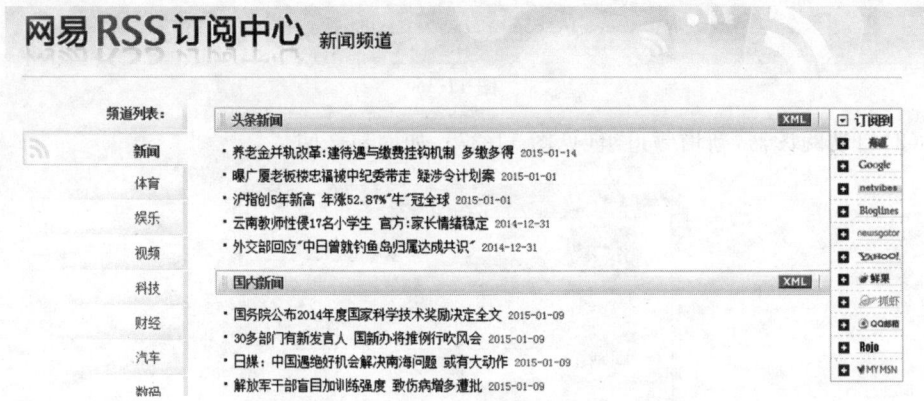

图 11-41

(四)实务习题

(1)下载安装一个 RSS 阅读器。

(2)搜索一个 RSS 新闻地址。

(3)增加一个频道组和频道。

11.3 RSS 的应用

第四节 wiki(多人协同创作)技术

一、学习目的

(1)了解 wiki 技术的概念。

(2)理解 wiki 技术的原理和应用。

(3)掌握 wiki 技术的使用方法。

二、预备知识

wiki 是一种在网络上开放且可供多人协同创作的超文本系统。这种超文本系统支持面向社群的协作式写作,可以由多人(甚至任何访问者)维护,每个人都可以发表自己的意见,或者对共同的主题进行扩展或者探讨。wiki 与博客、论坛等常见系统相比,具有以下特点。

(1)使用方便。维护快速:可快速创建、更改网站各个页面内容。格式简单:基础内容通过文本编辑方式就可以完成,使用少量简单的控制符还可以加强文章显示效果。链接方便:通过简单的"[[条目名称]]",可以直接产生内部链接。外部链接的引用也很方便。

(2)自主。自组织的:同页面的内容一样,整个超文本的相互关联关系也可以不断修改、优化。可汇聚的:系统内多个内容重复的页面可以被汇聚于其中的某个,相应的链接结构也随之改变。

(3)可增长。可创建:页面的链接目标尚未存在时,通过点选链接,用户可以创建这些页面,使系统得以增长。可修订:记录页面的修订历史,页面的各个版本都可以被取得。

(4)开放。开放的:社群内的成员可以随意创建、修改或删除页面。可观察:系统内页面的变动可以被来访者清楚观察到。

由于 wiki 使用方便、自主、可增长以及开放的特点,wiki 本身也成为一个网络研究的对象。对 wiki 的研究也许能够让人们对网络的认识更加深入。另外,因为 wiki 是一个群体协作的平台,所以它还有平等、共享的特点。

三、实务内容

下面以百度百科为例,进行对实务内容的学习。百度百科是百度公司推出的一个内容开放、自由的网络百科全书平台。其测试版于 2006 年 4 月 20 日上线,正式版在 2008 年 4 月 21 日发布。截至 2018 年 2 月,百度百科已经收录了超过 1520 万个词条,参与词条编辑的网友超过 644 万人,几乎涵盖了所有已知的知识领域。

1.创建词条引导

(1)声明。创建词条前应承诺不违反规则,如图 11-42 所示。

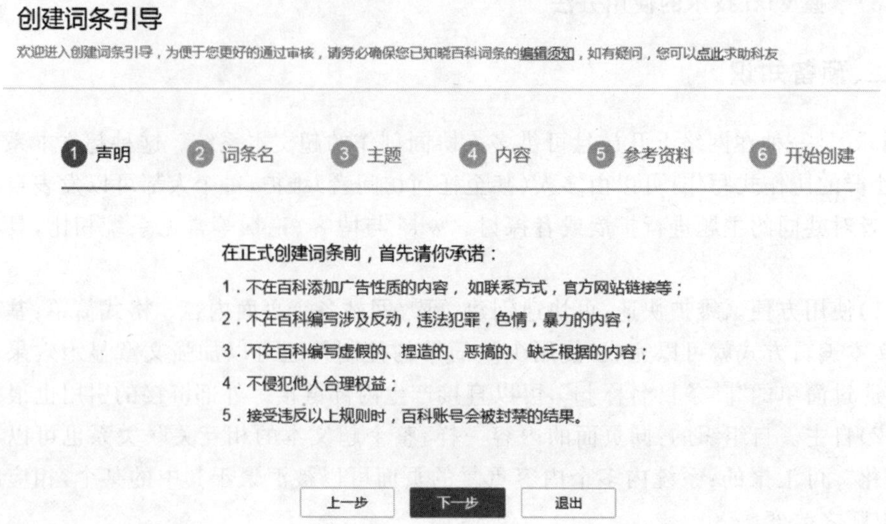

创建词条引导

欢迎进入创建词条引导，为便于您更好的通过审核，请务必确保您已知晓百科词条的编辑须知，如有疑问，您可以点此求助科友

① 声明　② 词条名　③ 主题　④ 内容　⑤ 参考资料　⑥ 开始创建

在正式创建词条前，首先请你承诺：

1．不在百科添加广告性质的内容，如联系方式，官方网站链接等；

2．不在百科编写涉及反动，违法犯罪，色情，暴力的内容；

3．不在百科编写虚假的、捏造的、恶搞的、缺乏根据的内容；

4．不侵犯他人合理权益；

5．接受违反以上规则时，百科账号会被封禁的结果。

上一步　下一步　退出

图 11-42

（2）词条名。了解词条和规范的词条名，如图 11-43 所示。

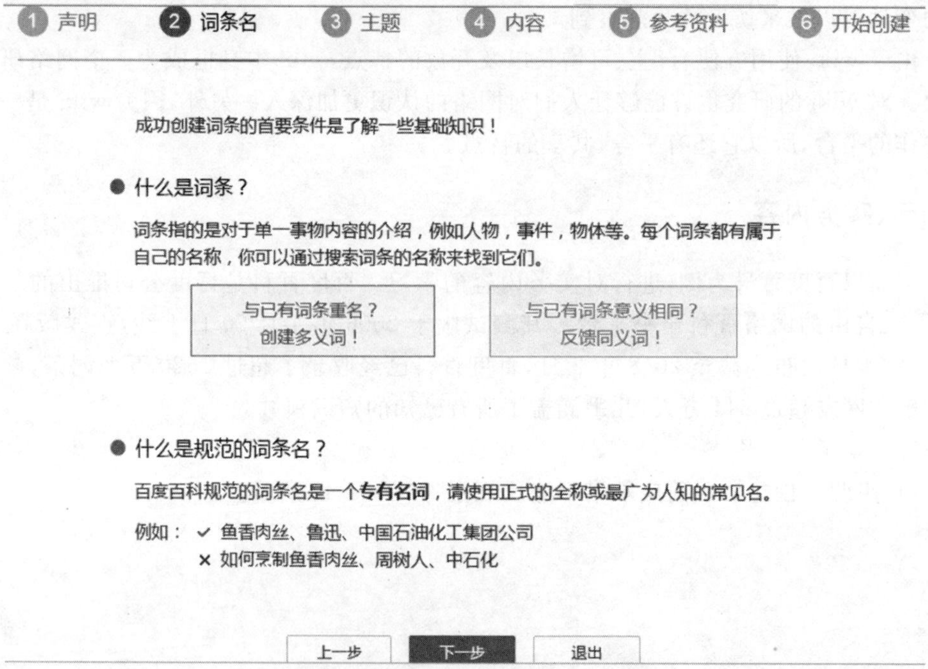

① 声明　② 词条名　③ 主题　④ 内容　⑤ 参考资料　⑥ 开始创建

成功创建词条的首要条件是了解一些基础知识！

● 什么是词条？

词条指的是对于单一事物内容的介绍，例如人物，事件，物体等。每个词条都有属于自己的名称，你可以通过搜索词条的名称来找到它们。

与已有词条重名？
创建多义词！

与已有词条意义相同？
反馈同义词！

● 什么是规范的词条名？

百度百科规范的词条名是一个专有名词，请使用正式的全称或最广为人知的常见名。

例如：　✓ 鱼香肉丝、鲁迅、中国石油化工集团公司
　　　　✗ 如何烹制鱼香肉丝、周树人、中石化

上一步　下一步　退出

图 11-43

（3）主题。将要创建的词条进行分类，如图 11-44 所示。

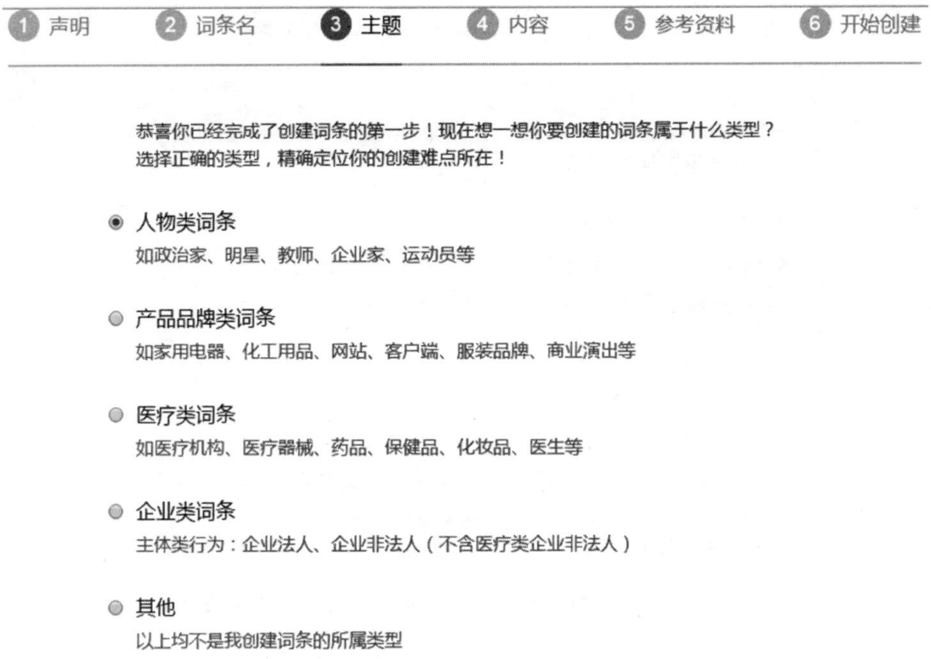

① 声明　② 词条名　**③ 主题**　④ 内容　⑤ 参考资料　⑥ 开始创建

恭喜你已经完成了创建词条的第一步！现在想一想你要创建的词条属于什么类型？
选择正确的类型，精确定位你的创建难点所在！

◉ **人物类词条**
　　如政治家、明星、教师、企业家、运动员等

○ **产品品牌类词条**
　　如家用电器、化工用品、网站、客户端、服装品牌、商业演出等

○ **医疗类词条**
　　如医疗机构、医疗器械、药品、保健品、化妆品、医生等

○ **企业类词条**
　　主体类行为：企业法人、企业非法人（不含医疗类企业非法人）

○ **其他**
　　以上均不是我创建词条的所属类型

图 11-44

（4）内容。确保词条内容包含基本信息点，如图 11-45 所示。

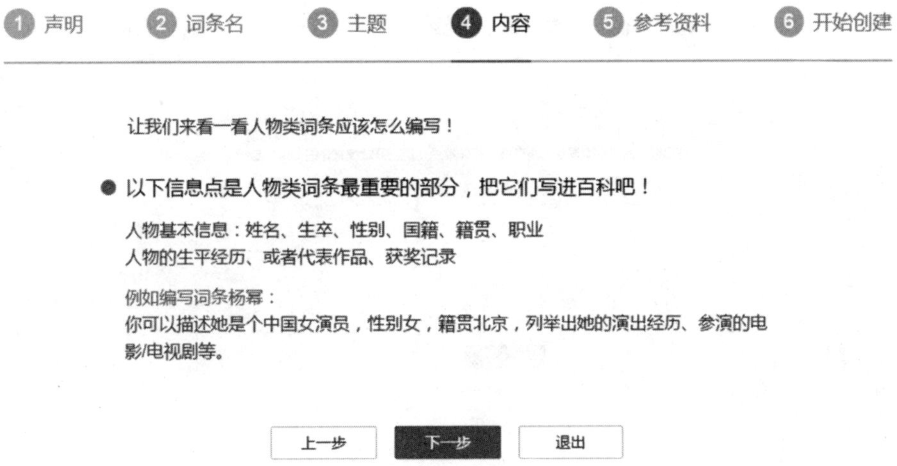

① 声明　② 词条名　③ 主题　**④ 内容**　⑤ 参考资料　⑥ 开始创建

让我们来看一看人物类词条应该怎么编写！

● 以下信息点是人物类词条最重要的部分，把它们写进百科吧！

人物基本信息：姓名、生卒、性别、国籍、籍贯、职业
人物的生平经历、或者代表作品、获奖记录

例如编写词条杨幂：
你可以描述她是个中国女演员，性别女，籍贯北京，列举出她的演出经历、参演的电
影/电视剧等。

上一步　　**下一步**　　退出

图 11-45

（5）参考资料。了解对参考资料的要求，如图 11-46 所示。

① 声明　② 词条名　③ 主题　④ 内容　⑤ **参考资料**　⑥ 开始创建

一个合格的百科词条不仅需要丰富的内容，还需要权威的参考资料来证明其内容的真实性，这是成功创建的最关键部分！

● 哪些内容需要参考资料？

政治人物：你编写的每句话都需要在参考资料中找到可以佐证的句子

其他类型人物：人物基本信息（生日、籍贯、血型、身高等）；所获荣誉；生平经历、事迹；作品

● 哪些参考资料是权威的？

政治人物：仅限新华网、人民网以及这两个网站的官方微博的参考资料

其他类型人物：其任职单位（学术机构、科研单位、公立教育机构）的官方介绍页面

- "新华网"、"人民网"、"中新网"等新闻机构网站刊登文章
- "人民日报"、"光明日报"、"北京日报"、"陕西日报"、"南方周末"等中央及各地报纸刊物刊登文章
- "中国政府网"、"中华人民共和国国防部官方网站"等中央和地方各级政府部门网站刊登文章
- "中国科学院网站"、"北京大学网站"等公立学术机构、教育机构网站

图 11-46

（7）开始创建。现在可以开始创建词条了，如图 11-47 所示。

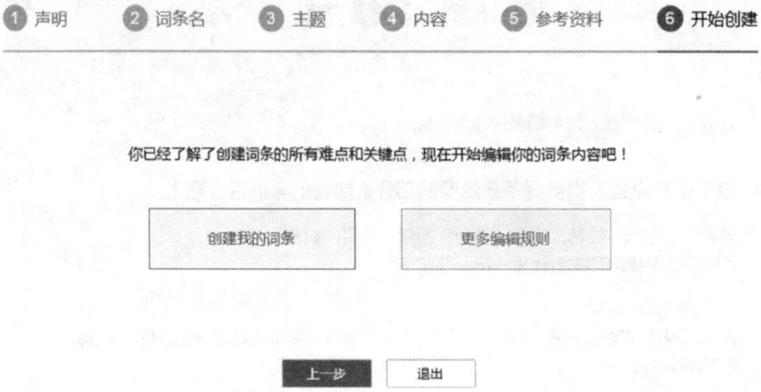

① 声明　② 词条名　③ 主题　④ 内容　⑤ 参考资料　⑥ **开始创建**

你已经了解了创建词条的所有难点和关键点，现在开始编辑你的词条内容吧！

　创建我的词条　　　　　更多编辑规则

　上一步　　退出

图 11-47

2．创建词条

（1）输入词条名。系统会自动检索该词条是否已存在；已存在的可进行修改，不存在的可以创建。如创建"绍兴文理学院商学院实验中心"词条时，发现"绍兴文理学院"与"绍兴文理学院商学院"都已创建，而"绍兴文理学院商学院实验中心"尚未创建，可创建该词条。如图 11-48 所示。

词条名： 绍兴文理学院商学院实验中心   如何创建词条？

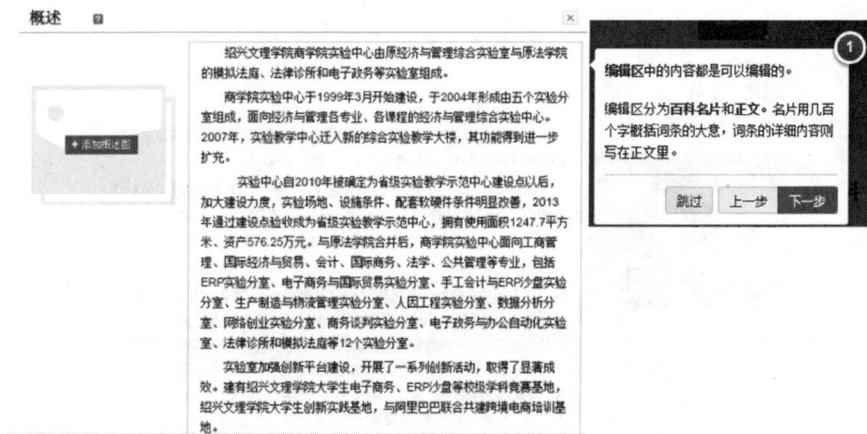

百度百科规范的词条名应该是一个专有名词，使用正式的全称或最常用的
名称。

✓ 鱼香肉丝、鲁迅、中国石油化工集团公司

✗ 如何烹制鱼香肉丝、周树人、中石化

如果一个词条拥有两个或更多的称呼（如"北京大学"和"北大"），百度百
科只收录一个标准名称的词条（北京大学），请不要创建一个内容相同的
新词条（北大），而是报告同义词。

创建词条

图 11-48

（2）编辑名片。输入编辑概述部分内容，如图 11-49 所示。

绍兴文理学院商学院实验中心

概述 ?

绍兴文理学院商学院实验中心由原经济与管理综合实验室与原法学院
的模拟法庭、法律诊所和电子政务等实验室组成。

商学院实验中心于1999年3月开始建设，于2004年形成由五个实验分
室组成，面向经济与管理各专业、各课程的经济与管理综合实验中心。
2007年，实验教学中心迁入新的综合实验教学大楼，其功能得到进一步
扩充。

实验中心自2010年被确定为省级实验教学示范中心建设点以后，
加大建设力度，实验场地、设施条件、配套软硬件条件明显改善，2013
年通过建设点验收成为省级实验教学示范中心，拥有使用面积1247.7平方
米、资产576.25万元。与原法学院合并后，商学院实验中心面向工商管
理、国际经济与贸易、会计、国际商务、法学、公共管理等专业，包括
ERP实验分室、电子商务与国际贸易实验分室、手工会计与ERP沙盘实验
分室、生产制造与物流管理实验分室、人因工程实验分室、数据分析分
室、网络创业实验分室、商务谈判实验分室、电子政务与办公自动化实验
室、法律诊所与模拟法庭等12个实验分室。

实验室加强创新平台建设，开展了一系列创新活动，取得了显著成
效。建有绍兴文理学院大学生电子商务、ERP沙盘等校级学科竞赛基地，
绍兴文理学院大学生创新实践基地，与阿里巴巴联合共建跨境电商培训基
地。

① 编辑区中的内容都是可以编辑的。

编辑区分为**百科名片和正文**。名片用几百
个字概括词条的大意，词条的详细内容则
写在正文里。

跳过 | 上一步 | 下一步

图 11-49

（3）增加图片。点击"概述"左边部分的"增加概述图"按钮（见图 11-50），选择图片上
传（见图 11-51）。上传完毕后也可添加或修改图片。

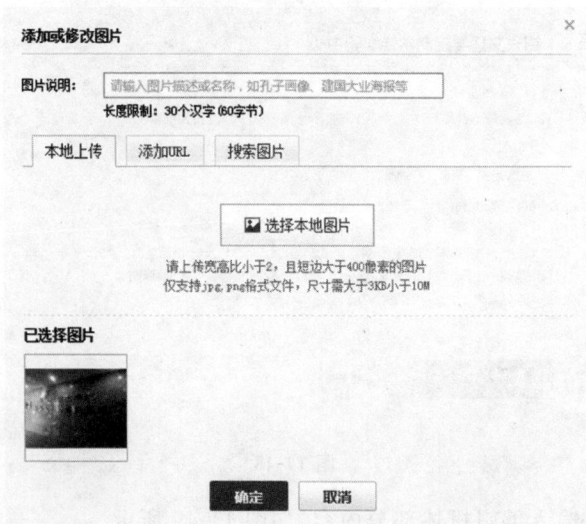

图 11-50

绍兴文理学院商学院实验中心

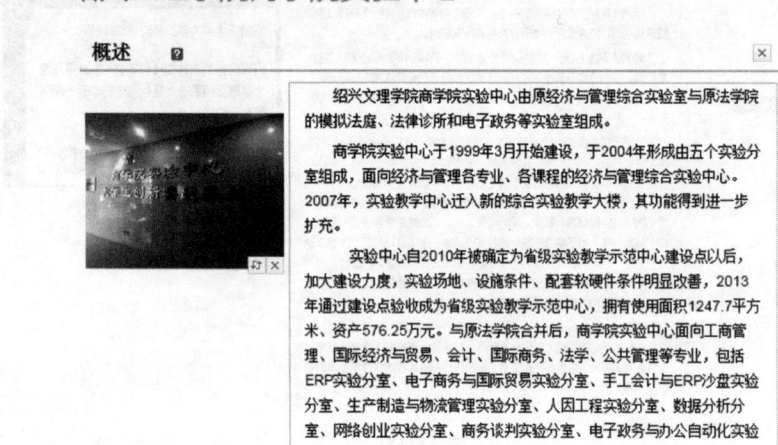

图 11-51

　　(3)编辑正文。在正文区域可录入编辑正文,编辑时可点击上方工具按钮进行保存、撤销、字体加粗、字体倾斜等操作,同时也可将标题设置为一、二级目录,词条内链,加参考资料、表格、图片、目录,等等。具体如图 11-52、图 11-53 所示。

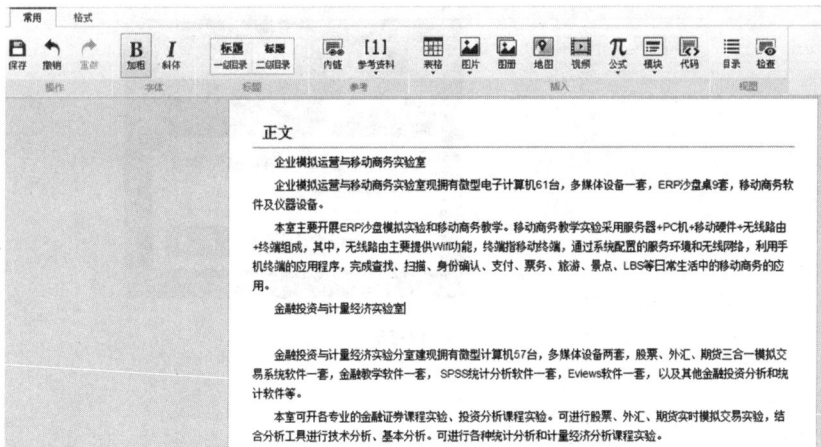

图 11-52

图 11-53

（4）建立目录。如要把几个实验分室的标题设为一级目录，只要选中相应标题，然后点击工具栏中的"一级目录"即可，如图 11-54 所示。点击工具栏中的"目录"按钮，正文左边目录栏中即可展示目录，并可以调整目录顺序，如图 11-55、图 11-56 所示。

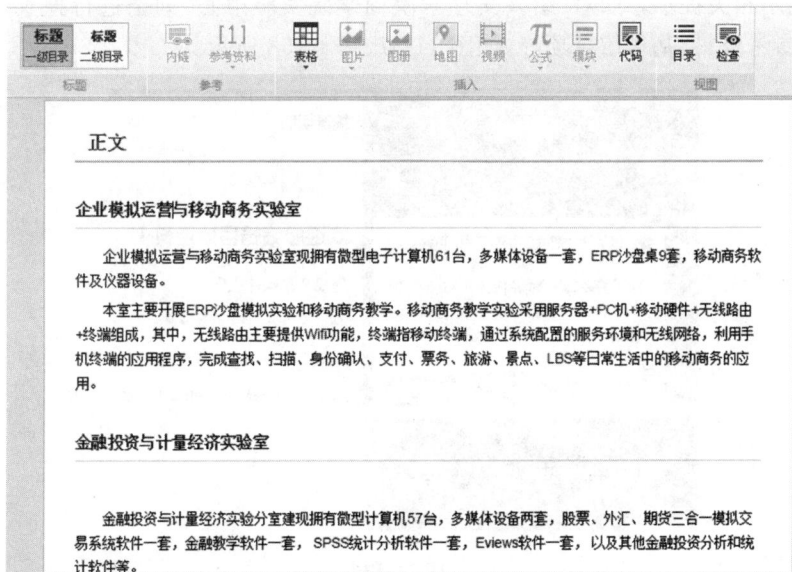

正文

企业模拟运营与移动商务实验室

企业模拟运营与移动商务实验室现拥有微型电子计算机61台，多媒体设备一套，ERP沙盘桌9套，移动商务软件及仪器设备。

本室主要开展ERP沙盘模拟实验和移动商务教学。移动商务教学实验采用服务器+PC机+移动硬件+无线路由+终端组成，其中，无线路由主要提供Wifi功能，终端指移动终端，通过系统配置的服务环境和无线网络，利用手机终端的应用程序，完成查找、扫描、身份确认、支付、票务、旅游、景点、LBS等日常生活中的移动商务的应用。

金融投资与计量经济实验室

金融投资与计量经济实验分室建现拥有微型计算机57台，多媒体设备两套，股票、外汇、期货三合一模拟交易系统软件一套，金融教学软件一套，SPSS统计分析软件一套，Eviews软件一套，以及其他金融投资分析和统计软件等。

图 11-54

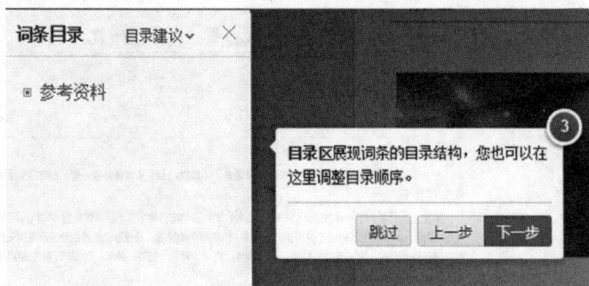

图 11-55

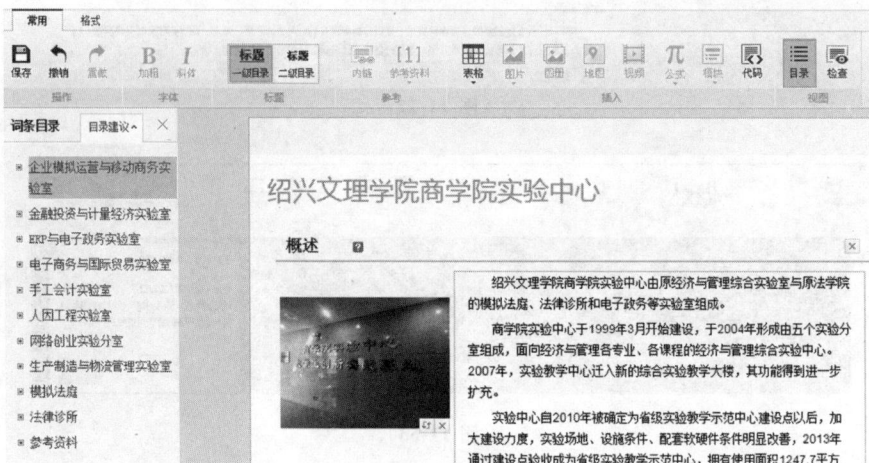

图 11-56

(5)内容检查。点击工具栏中的"检查"按钮,可对词条内容进行检查,并且右边编辑帮助栏会显示相关提示。如对"绍兴文理学院商学院实验中心"词条进行检查,会发现其缺少内链、参考资料、基本信息项等,如图 11-57、图 11-58 所示。

图 11-57

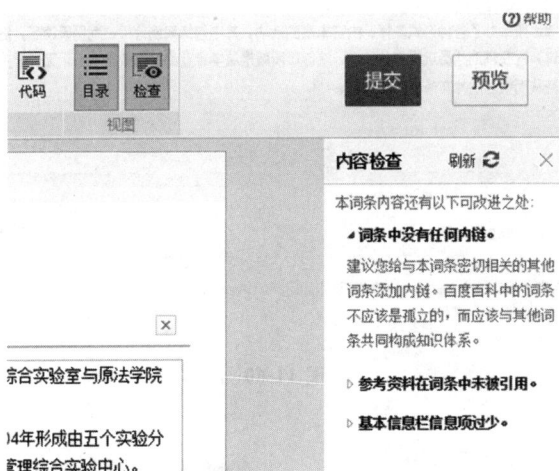

图 11-58

(6)增加参考资料。录入参考文章相关信息,然后在正文合适位置插入引用内容,再进行检查,这样原"参考资料在词条中未被引用"提示就没有了,如图 11-59、图 11-60、图 11-61 所示。

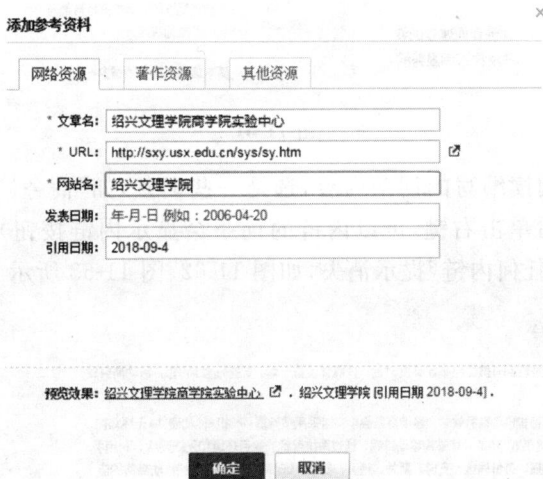

图 11-59

多年来，法律诊所举办了各种形式多样、内容丰富的活动，其中包括案例分析、判例研读等，侧重于重点疑难问题的分析研讨，旨在辅助成员巩固专业知识。法律诊所既是法学专业的实践教学平台，又是学生通过为社会提供免费法律服务从而锻炼法律实务能力的平台。

参考资料： ❓ 如何使用参考资料   📷 添加新参考资料

绍兴文理学院商学院实验中心. 绍兴文理学院[引用日期2018-09-4].   ✏️编辑 ✖删除
http://sxy.usx.edu.cn/sys/sy.htm   ➕插入到正文

图 11-60

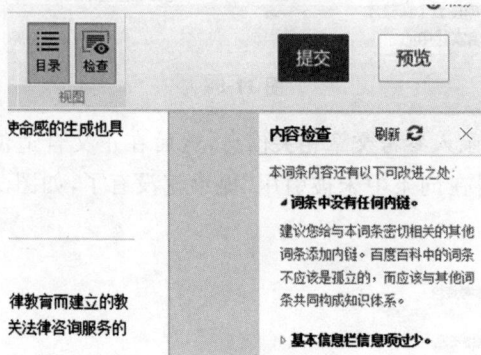

图 11-61

(7)增加内链。阅读编写的词条内容，选择一些词条，如"商务""ERP 沙盘""wifi"等进行内链(选中词条后单击右键，可以内链的词条会显示内链按钮)。内链后，再进行检查，则原"词条中没有任何内链"提示消失，如图 11-62、图 11-63 所示。

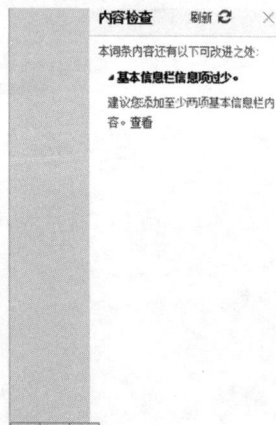

图 11-62

图 11-63

(8)预览。完成词条的编辑后，可先点击"预览"按钮预览，如图 11-64 所示。

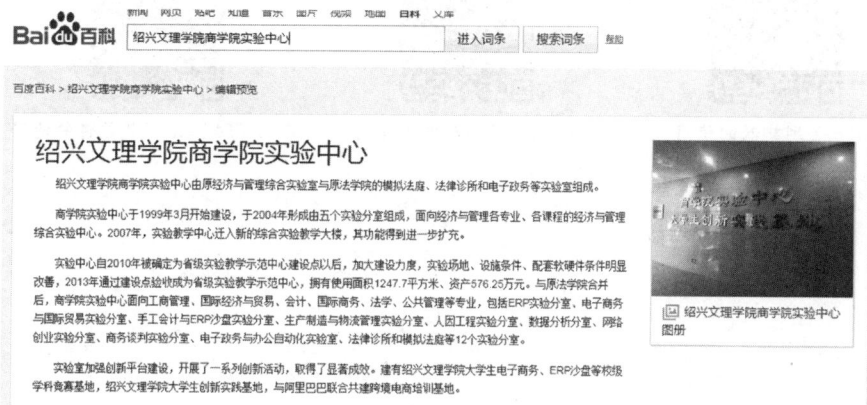

图 11-64

(9)提交。预览通过后点击"提交"，如图 11-65 所示。若审核通过，就可在百度百科上查到该词条了。

图 11-65

三、实务习题

(1)在百度百科上创建一个新词条。

11.5.1 百度百科创建词条

（2）在百度百科上修改一个老词条。

第十一章练习题

四、补充内容（详见二维码）

11.5.2 浏览器的使用　　　　11.5.3 压缩软件的使用　　　　11.5.4 网络下载软件的使用

第十二章　安全性技术

电子商务发展的关键问题之一是安全性问题,如果安全性问题得不到解决,电子商务就不可能普及。而安全性问题是一个系统性问题,它包括信息安全、身份认证和信用管理三个方面,是需要从技术上、管理上和法律上来进行综合管理的。本章主要介绍浏览器的安全设置、CA 认证、防火墙技术、杀毒软件和安全卫士的使用等五个方面的安全性技术。

第一节　浏览器的安全设置

一、学习目的

(1)了解浏览器的基本安全设置。

(2)掌握浏览器安全级别设置及信任和限制站点的添加。

(3)掌握浏览器的分级审查等。

二、预备知识

目前,各种品牌的浏览器很多,如 IE、谷歌、360、QQ 等。针对不同浏览器都可进行一些安全设置,虽有所不同,但基本安全设置是一样的。下面以 IE 浏览器为例,简单介绍浏览器的安全设置。

IE 浏览器的安全区设置可以让用户对被访问的网站设置信任程度。IE 包含了四个安全区域,即 Internet、本地 Intranet、可信站点、受限站点,系统默认的安全级别分别为中-高、中-低、中和高。IE 浏览器提供了多种功能保护用户的隐私并使计算机和个人可识别信息更安全。隐私功能可以保护个人可识别信息,帮助用户了解查看的网站如何使用个人可识别信息,以及指定隐私设置来决定是否允许网站将 Cookie 保存在计算机上。

IE 浏览器中的隐私功能包括:

(1)指定计算机如何处理 Cookie 的隐私设置。Cookie 是由网站创建的将信息存储在计算机上的文件,例如访问站点时的首选项。Cookie 也存储个人可识别信息,例如姓名或电子邮件地址。

（2）试图访问不符合隐私设置条件的站点时会发出隐私警报。

（3）安全功能帮助用户阻止别人访问用户未授权访问的信息，例如在网上购买商品时输入的信用卡信息。安全功能也可以保护计算机不受危险软件的攻击。

此外，IE 浏览器支持 Internet 内容分级，通过设置分级审查功能，可帮助用户控制计算机可访问的 Internet 信息内容的类型。

三、实务内容

（一）IE 浏览的安全选项基本设置

（1）双击桌面上的 IE 浏览器图标，打开 IE 浏览器，选择菜单工具栏下的"Internet 选项"。单击"安全"标签，或者双击 IE 浏览器状态栏右边的地球图标，打开安全标签，如图 12-1 所示。

（2）从图 12-1 中可以看到安全选项设置有四种区域。

Internet 区域：默认情况下，该区域包含了不在计算机和 Intranet 上以及未分配到其他任何区域的所有站点。单击"默认级别"按钮，可以看到 Internet 区域的默认安全级为"中-高"，如图 12-2 所示。当然，我们也可以单击"自定义级别"按钮，弹出如图 12-3 所示窗口，自己设置本区域安全级别。

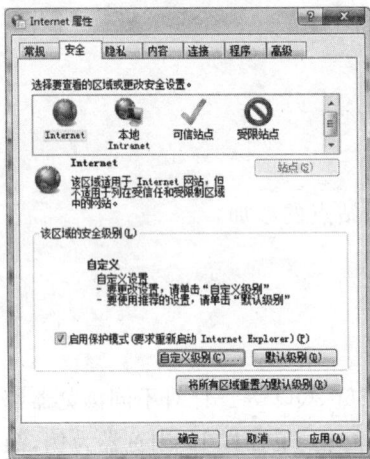
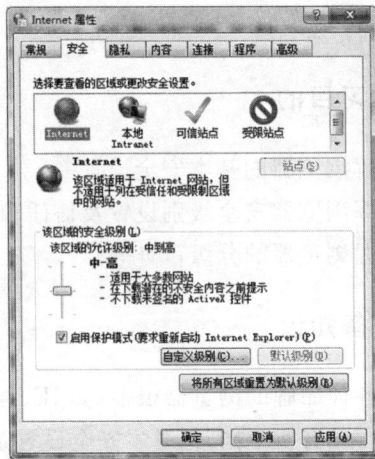

图 12-1　　　　　　　　　　　图 12-2

本地 Intranet 区域：该区域通常包含按照系统管理员定义的不需要代理服务器的所有地址，包括在"连接"选项卡中指定的站点、网络路径和本地 Intranet 站点。本地 Intranet 区域的默认安全级是"中-低"。选择"本地 Intranet 区域"图标，单击下方的"站点"按钮，弹出如图 12-4 所示的对话框，可以看到本区域包括哪些网站。

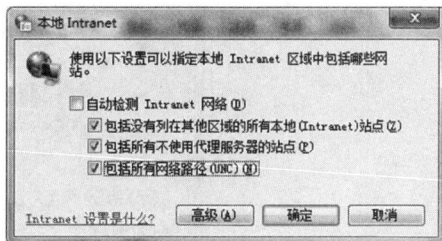

图 12-3　　　　　　　　　　　　　　　　图 12-4

可信站点区域：该区域包含用户信任的站点，用户可以直接从这里下载或运行文件，而不用担心会危害计算机或数据。可信站点区域的默认安全级是"中"。选择"可信站点区域"图标，单击下方的"站点"按钮，弹出如图 12-5 所示对话框，可以添加和删除可信站点。

受限站点区域：该区域包含用户不信任的站点，不能肯定是否可以从该站点下载或运行文件而不损害计算机或数据。受限站点区域的默认安全级是"高"。选择"受限站点区域"图标，单击下方的"站点"按钮，弹出如图 12-6 对话框，可以添加和删除受限站点。

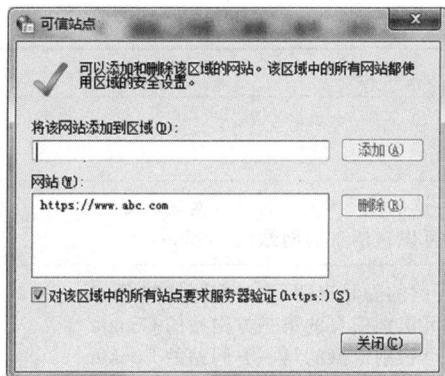

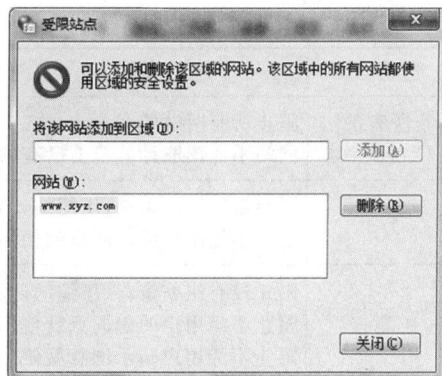

图 12-5　　　　　　　　　　　　　　　　图 12-6

此外，已经存放在本地计算机上的任何文件都被认为是最安全的，所以它们被设置为最低的安全级，无法将本地计算机上的文件夹或驱动器分配到任何安全区域。不过用户可以更改某个区域的安全级别，例如可能需要将本地 Intranet 区域的安全设置改为"低"，或者可以自定义某个区域的设置，也可以通过从证书颁发机构导入隐私设置为某个区域自定义设置。

12.1.1 浏览器安全选项基本设置

(二)更改隐私设置

(1)在 IE 浏览器的"工具"菜单下,单击"Internet 选项",选择"隐私"选项卡,如图 12-7 所示。

12.1.2 浏览器
更改隐私设置

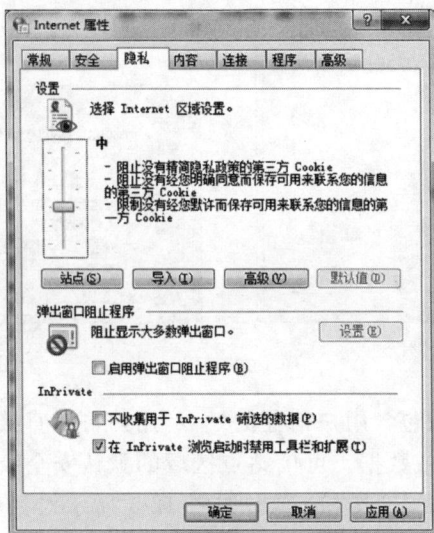

图 12-7

将滑块上移到更高的隐私级别,或者下移到更低的隐私级别,可以看到不同的信息,如表 12-1 所示。

表 12-1　隐私级别

选项	指定
阻止所有的 Cookie	阻止所有网站的 Cookie 网站不能读取计算机上已有的 Cookie
高	阻止没有压缩策略(压缩的计算机可读的隐私申明)的所有网站的 Cookie 阻止不经用户明确同意就使用个人可识别信息的网站的 Cookie
中-高	阻止没有压缩策略(压缩的计算机可读的隐私申明)第三方网站的 Cookie 阻止不经用户明确同意就使用个人可识别信息的第三方网站的 Cookie 阻止不经用户暗示同意就使用个人可识别信息的第一方网站的 Cookie
中	阻止没有压缩策略(压缩的计算机可读的隐私申明)第三方网站的 Cookie 阻止不经用户暗示同意就使用个人可识别信息的第三方网站的 Cookie 关闭 IE 浏览器时,从计算机上删除不经用户暗示同意就使用个人可识别信息的第一方网站的 Cookie
低	阻止没有压缩策略(压缩的计算机可读的隐私申明)第三方网站的 Cookie 关闭 IE 浏览器时,从计算机上删除不经用户暗示同意就使用个人可识别信息的第三方网站的 Cookie
接受所有 Cookie	所有 Cookie 都保存在计算机上 计算机上已有的 Cookie 可以由创建 Cookie 的网站读取

(三)启用分级审查并设置限制

(1)打开 IE 浏览器中的"工具"菜单,然后单击"Internet 选项"。单击"内容"选项卡,在"分级审查"下,单击"启用",可以看到如图 12-8 所示对话框。在图 12-8 所示对话框中选择各项类别,并拖动下面的滑块,可以看到不同类别下不同级别分别代表什么内容。同时,如果要查看某分级服务的 Internet 页,还可以单击"详细信息"按钮(必须在连接到互联网的前提下)。

12.1.3 浏览器
分级审查设置

(2)单击"许可站点"标签,如图 12-9 所示。

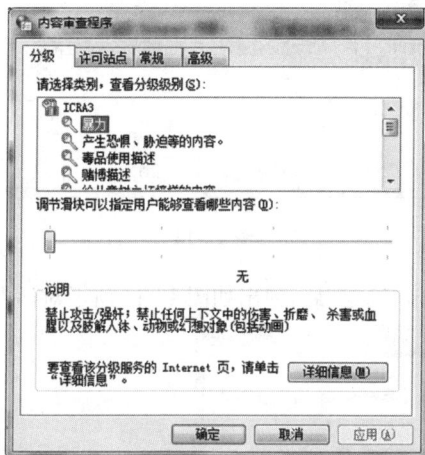

图 12-8

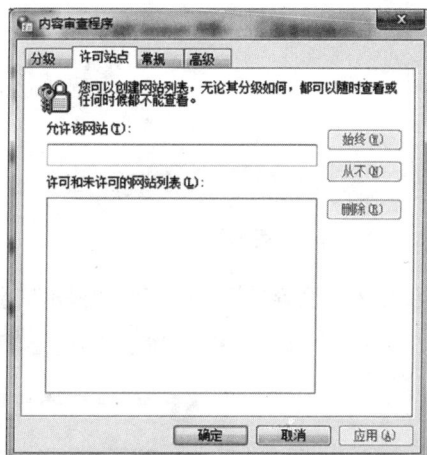

图 12-9

(3)可以从这里添加不论如何分级都许可和未许可的网站列表,如图 12-10 所示。许可的站点以"●"表示,未许可的站点以"●"表示。

(4)单击"常规"标签,如图 12-11 所示。这里可以设置监护人密码,还可以查看分级系统等。

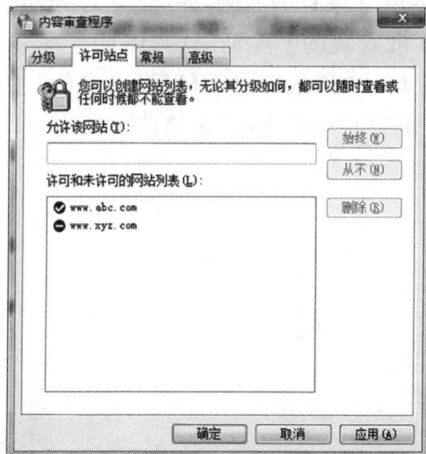

图 12-10

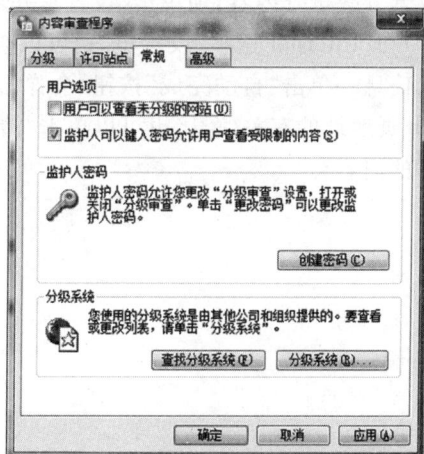

图 12-11

（5）单击"高级"标签，如图 12-12 所示。这里可以选择分级部门和导入预先制定好的规则。

（6）设定好各项内容以后，单击"确定"按钮，弹出"创建监护人密码"窗口。这里可以设置更改内容审查程序的密码和提示，如图 12-13 所示。

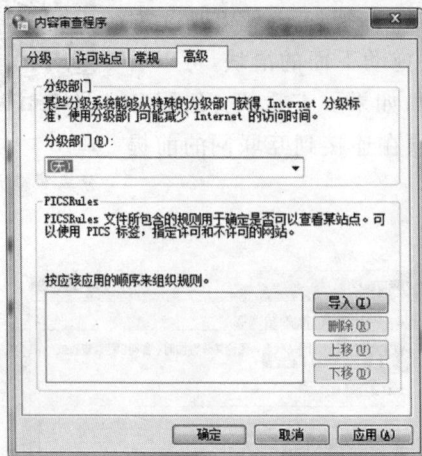

图 12-12

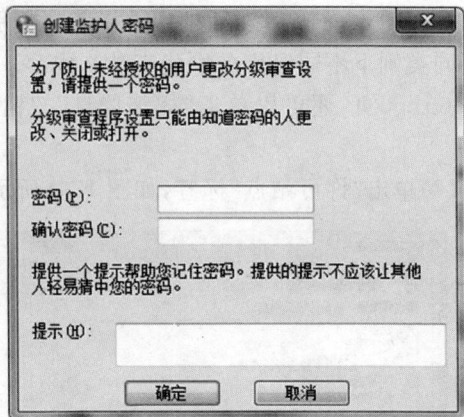

图 12-13

（7）填入自己容易记住的密码和提示信息，单击"确定"后，弹出如图 12-14 所示对话框。

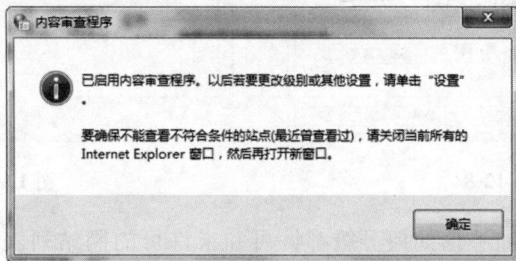

图 12-14

（8）单击"确定"，返回到"Internet 选项"设置窗口。这时分级审查已经启用，如果要再次设置分级审查内容，须单击"设置"，并求输入刚才设置的密码，如图 12-15 所示。

（9）在"Internet 选项"设置里，也可以查看本机安装的 CA 证书（具体见本章第二节）和个人信息。单击"自动完成"按钮，会弹出如图 12-16 所示窗口，可以设置表单上的密码和 Web 页地址的有关信息，也可以单击"清除表单"和"清除密码"来清除由历史记录自动填充好的内容。

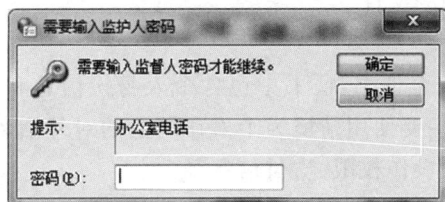

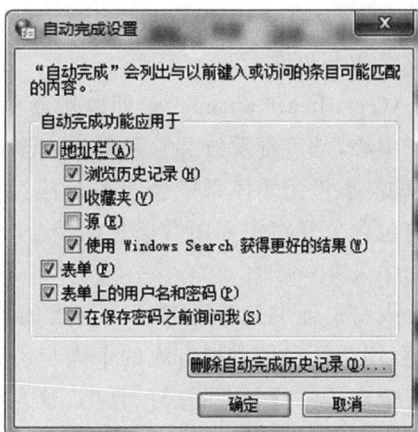

图 12-15　　　　　　　　　　　　　　图 12-16

四、实务习题

(1)调整四个不同区域的安全级别,并设置网站(如:http://www.sina.com.cn)为可信站点,设置 http://www.ABC.com 为受限站点。

(2)自定义个别网站的隐私设置,在"网站地址"中,键入要指定自定义设置的网站的完整地址。指定 IE 浏览器始终允许某网站(如 http://www.163.com)将 Cookie 保存在计算机上,不允许某网站(如 http://www.ABC.com)将 Cookie 保存在计算机上。

(3)自定义所有网站的隐私设置,单击"隐私"选项卡,单击"高级",再单击"代替自动Cookie 处理",然后指定 IE 浏览器始终允许在计算机上保存第一方网站的 Cookie 和阻止在计算机上保存第三方网站的 Cookie。

(4)启用分级审查,指定各类别级别均为 1 后,把网站 http://www.cnnic.net 设定为许可站点,把 http://www.ABC.com 设定为未许可站点,并设置监护人密码。

第二节　CA 认证(数字证书认证)

一、学习目的

(1)了解数字证书的申请方法和用途。
(2)掌握网上申请个人数字证书的方法。
(3)掌握数字证书的导入和导出。

二、预备知识

买卖双方在网上交易时,必须确定对方是可信的。因此,必须设立有专门机构从事认证服务,通过认证机构来认证买卖双方的身份,既可以保证网上交易的安全性,又可以保证高效性和专业性。

CA(certificate authority)即电子商务认证授权机构,也称为数字证书认证或电子商务认证中心,是负责发放和管理数字安全证书的权威机构,并作为电子商务交易中受信任的第三方,承担公钥体系中公钥的合法性检验的责任。数字安全证书是一个经 CA 数字签发的包含公开密钥拥用者信息以及公开密钥的文件。

1.个人身份证书

个人身份证书是符合 X.509 标准的数字安全证书,证书中包含个人身份信息和个人的公钥,用于标识证书持有人的个人身份。其主要使用情境为个人在网上的对外活动,如个人安全电子邮件、合同签订、订单、录入审核、操作权限、支付信息等。

2.企业身份证书

企业身份证书是符合 X.509 标准的数字安全证书,证书中包含企业信息和企业的公钥,用于标识证书持有企业的身份。其主要使用情境为企业在电子商务方面的对外活动,如企业安全电子邮件、合同签订、网上证券交易等。

3.服务器身份证书

服务器身份证书是符合 X.509 标准的数字安全证书。证书中包含服务器信息和服务器的公钥,用于标识证书持有服务器的身份。其主要使用情境为网站交易服务器的运行,目的是在客户和服务器产生与交易支付等交换信息,确保双方身份的真实性、安全性、可信任度等。

4.企业代码签名证书

企业代码签名证书是 CA 签发给软件提供商的数字证书,包含软件提供商的身份信息、公钥及 CWCA 的签名。软件提供商使用企业代码签名证书对软件进行签名后放到互联网上。当用户在互联网上下载该软件时,将会得到提示,从而可以确信:①软件的来源;②软件自签名后到下载前,没有遭到修改或破坏。

5.个人代码签名证书

个人代码签名证书是 CA 签发给软件提供人的数字证书,包含软件提供个人的身份信息、公钥及 CWCA 的签名。软件提供人使用个人代码签名证书对软件进行签名后放到互联网上。当用户在互联网上下载该软件时,将会得到提示,从而可以确信:①软件的来源;②软件自签名后到下载前,没有遭到修改或破坏。

三、实务内容

(一)下载及安装证书

进入 www.ca365.com 站点,下载一个免费的根证书,安装证书,并查看证书。具体步骤如下。

(1)点击桌面上的 IE 浏览器在浏览器的地址栏里输入 http://www.ca365.com/并敲回车键,进入中国数字认证网,如图 12-17 所示。

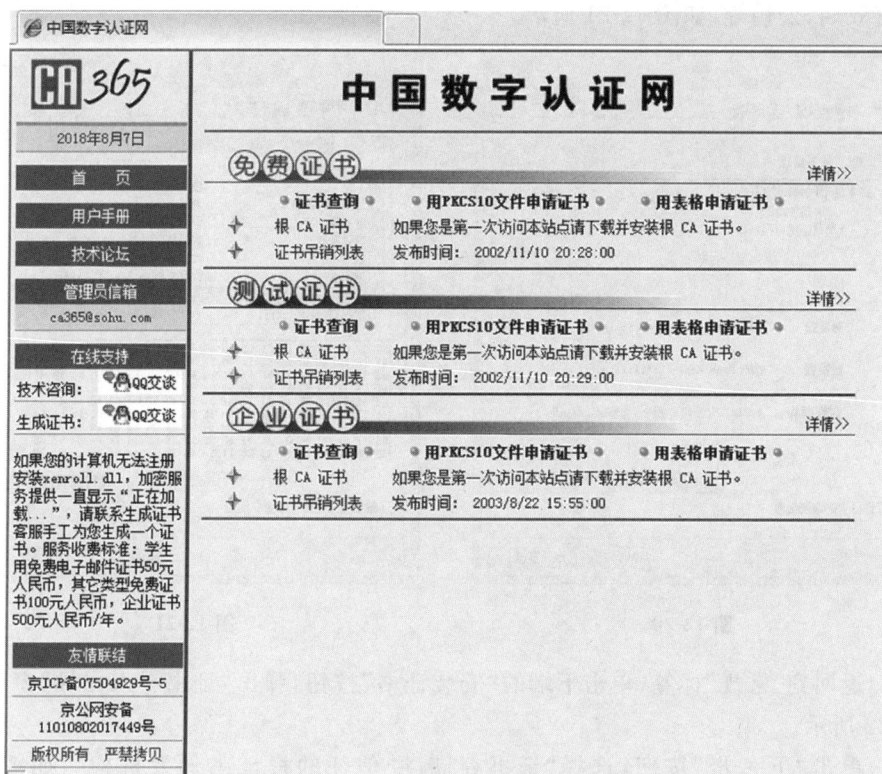

图 12-17

（2）单击页面"免费证书"下的"根 CA 证书"链接，下载根 CA 证书，选择弹出文件的"保存"选项，如图 12-18 所示。

（3）单击"保存"，弹出"另存为"窗口，如图 12-19 所示；单击"保存"，将文件保存在自己指定的目录下。

图 12-18

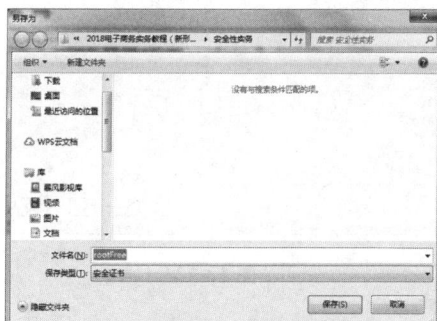

图 12-19

（4）打开自己指定的目录，找到刚才保存的 rootFree 文件，双击，弹出证书窗口，如图 12-20 所示。

（5）单击证书的"详细信息"标签，可以看到该证书的有关信息，包括版本、序列号、颁发者、有效期、公钥等,如图 12-21 所示。

图 12-20

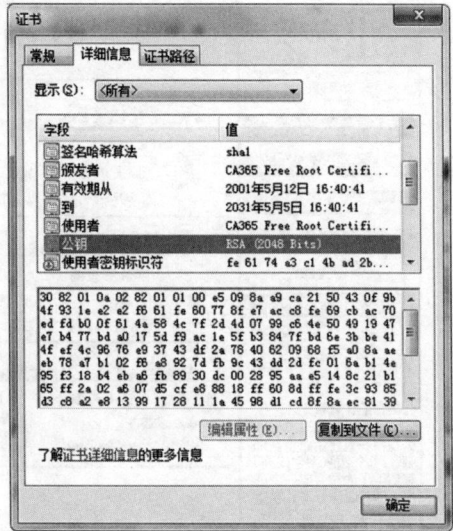

图 12-21

(6)返回到"常规"标签,单击下端的"安装证书"按钮,弹出"证书导入向导"窗口。如图 12-22 所示。

(7)单击"下一步"按钮,选择"证书存储:受信任的根证书颁发机构",如图 12-23 所示。

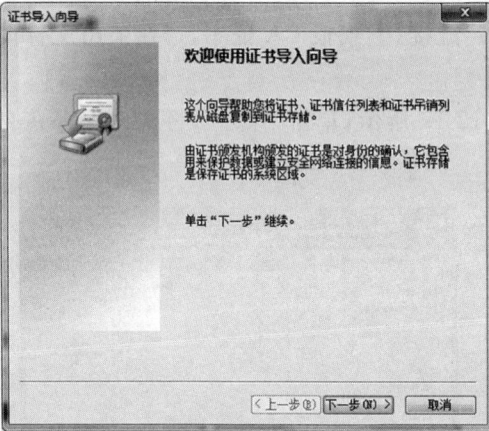

图 12-22

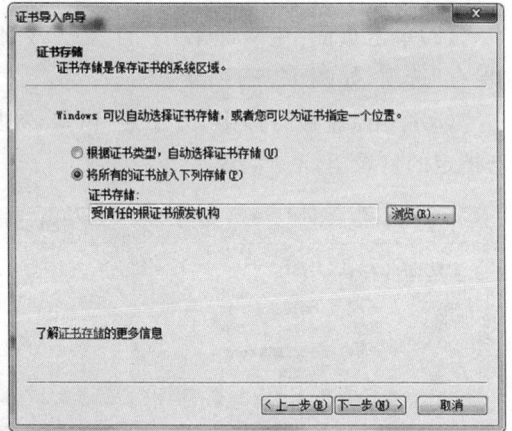

图 12-23

(8)单击"下一步",出现如图 12-24 所示窗口。

(9)单击"完成"按钮,出现如图 12-25 所示按钮;单击"确定",证书安装成功。

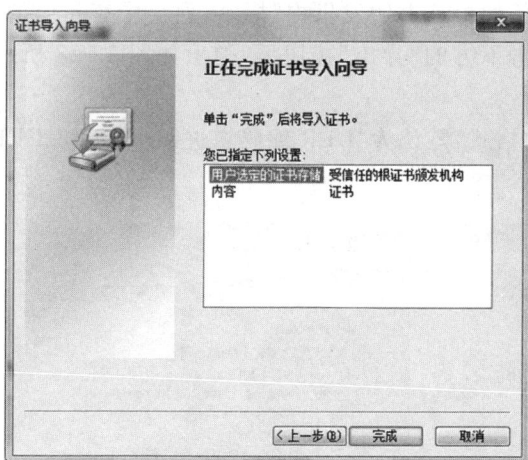

图 12-24   图 12-25

（10）根证书成功安装后成为"受信任的根证书颁发机构"。单击浏览器的"工具"菜单，从中选择"Internet 选项"，然后选择"内容"标签；单击"证书"，然后选择"受信任的根证书颁发机构"标签，列表中有相应的一些根证书，可找到安装的 CA365 根证书。可以用"查看"按钮查看所安装的证书，如图 12-26 所示。

12.2.1 下载及
安装证书

（11）选中安装的 CA365 根证书，单击"高级"按钮，可以看到所安装的证书目的，如服务器身份验证、代码签名等，如图 12-27 所示。

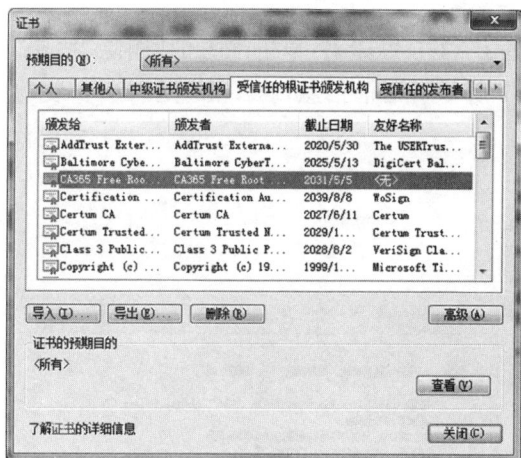

图 12-26

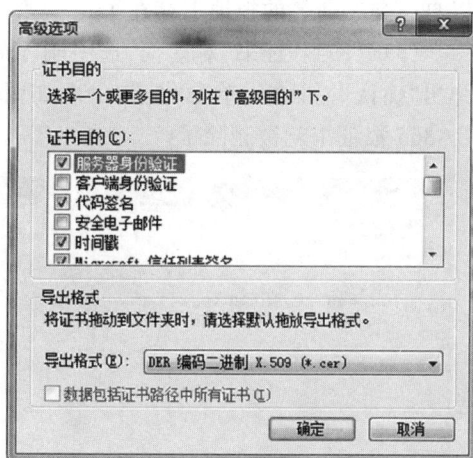

图 12-27

（二）导入及导出证书

把上面安装的证书导出，并在证书管理器中删除，然后再导入刚才导出的证书。具体步骤如下。

（1）单击 IE 浏览器的"工具"菜单，从中选择"Internet 选项"，然后选择

12.2.2 导入及
导出证书

"内容"标签；单击"证书"，选择"受信任的根证书颁发机构"标签，列表中有相应的一些根证书；选择安装的 CA365 根证书，单击下方的"导出"按钮后，弹出如图 12-28 所示"证书导出向导"。

（2）单击"下一步"，选择要使用的格式，默认为"DER 编码二进制 X.509（.CER）"，如图 12-29 所示。

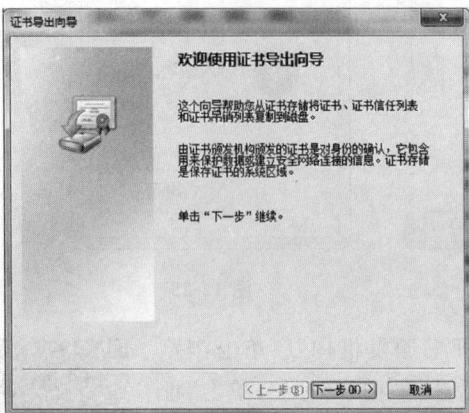
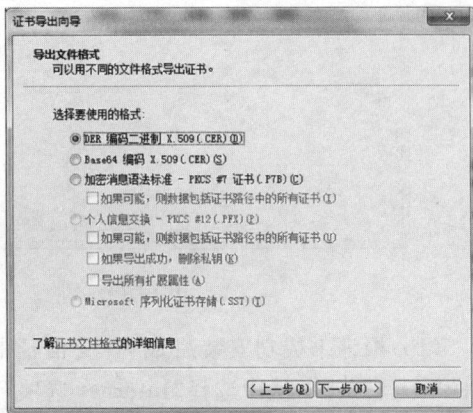

图 12-28　　　　　　　　　　图 12-29

（3）单击"下一步"，指定要导出的文件存放地址，可以用"浏览"选择保存路径，并以自己的名字作为文件名，然后单击"下一步"，如图 12-30 所示。

（4）单击"完成"，弹出"导出成功"按钮，单击"确定"。这样，在保存的目录下就有一个以自己名字命名的根证书存在了。

（5）返回到"证书"对话框，选中刚才导出的 CA365 根证书，单击下方的"删除"按钮，弹出"确认"对话框；单击"是"，出现如图 12-31 所示对话框信息，再单击"是"，所安装的 CA365 根证书就被删除了。

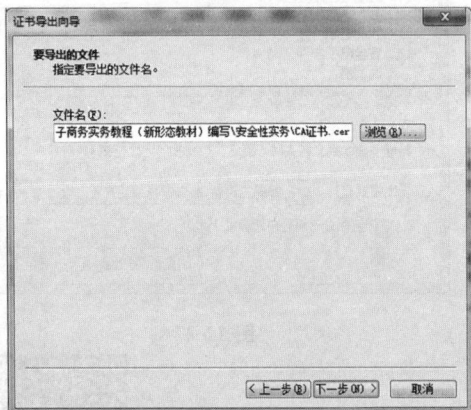
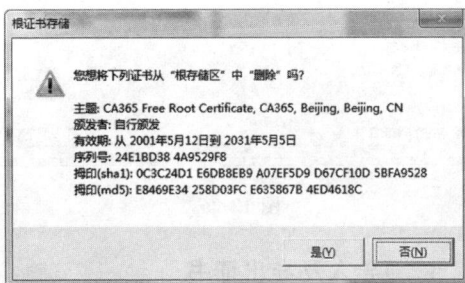

图 12-30　　　　　　　　　　图 12-31

（6）仍旧返回到"证书"对话框，单击下方的"导入"按钮后，弹出"证书导入导出向导"，单击"下一步"，出现如图 12-32 所示对话框；浏览找到刚才导出的证书，然后单击"下一步"。

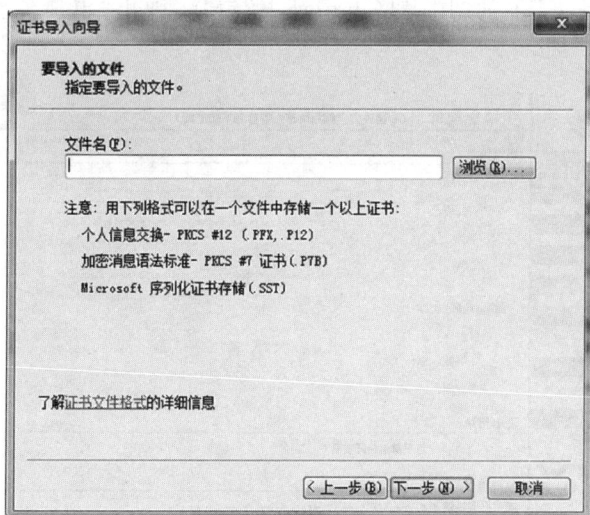

图 12-32

　　(7)选择"将所有的证书放入下列存储区",证书存储为"受信任的根证书颁发机构",然后单击"下一步",再单击"完成",弹出如图 12-33 所示的根证书导入安全性警告。单击"是",再单击"确定",导入成功。

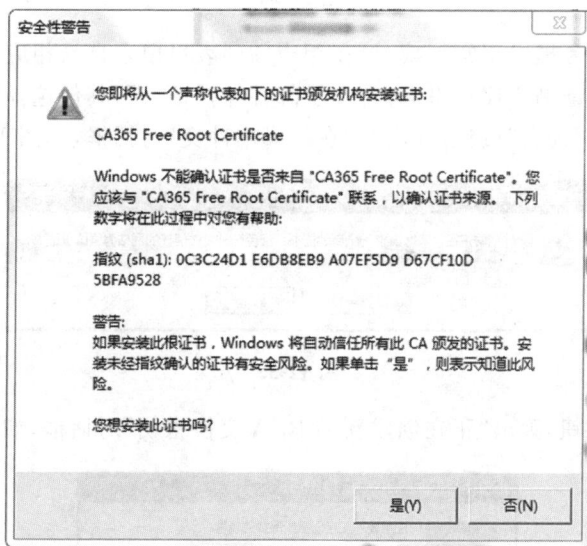

图 12-33

(三)申请并安装电子邮件保护证书

　　进入 www.ca365.com 站点,申请一个免费的电子邮件保护证书,安装证书,并查看证书。具体步骤如下。

　　(1)单击桌面上的 IE 浏览器,在浏览器的地址栏里输入 http://www.ca365.com/并敲回车键,进入中国数字认证网。

12.2.3 申请并安装电子邮件保护证书

(2)单击"免费证书"下的"用表格申请证书"链接,弹出"申请免费证书"页面,如图12-34所示。

图 12-34

(3)如果加密服务提供正常加载,可在相应的列表里填入自己相应的信息或者某个公司的信息。其中,在证书用途栏里选择"电子邮件保护证书",其他选择默认选项。填完之后,单击页面上端的"提交"按钮,弹出"潜在的脚本冲突"对话框,如图12-35所示。

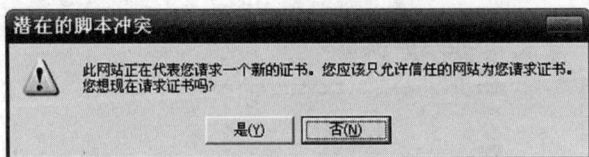

图 12-35

(4)单击"是"按钮,弹出"正在创建新的 RSA 交换密钥"对话框,如图12-36所示。

图 12-36

(5)单击"确定"按钮,跳转到如图 12-37 所示页面。页面上有用户所申请的证书序列号,还有安装和下载链接。

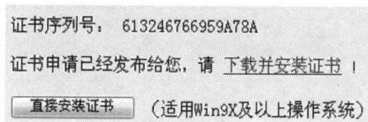

证书序列号:　613246766959A78A

证书申请已经发布给您,请 <u>下载并安装证书</u>！

<u>直接安装证书</u> (适用Win9X及以上操作系统)

图 12-37

(6)因考虑到上面例子中已经下载过证书,所以在这里我们选择"直接安装证书"按钮,进行申请的电子邮件保护证书的安装工作,弹出如图 12-38 所示对话框。

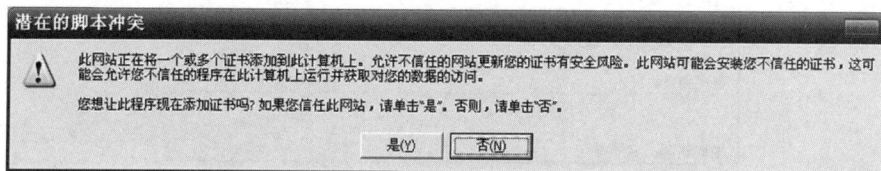

图 12-38

(7)单击"是"按钮,弹出如图 12-39 所示对话框。

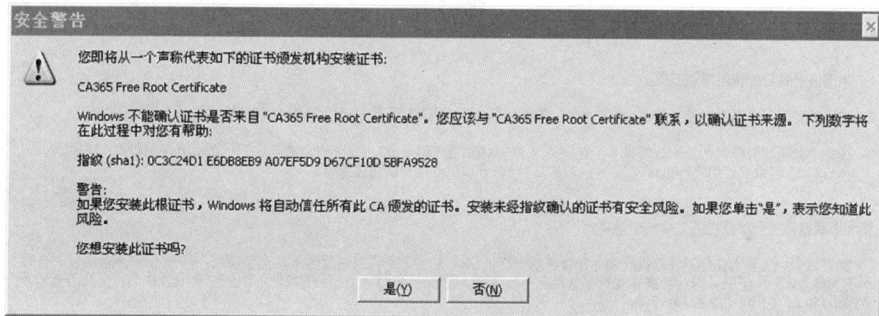

图 12-39

(8)单击"是"按钮,页面显示"安装成功!",则证书安装成功。

(9)单击浏览器的"工具"菜单,从中选择"Internet 选项"窗口,然后选择"内容"标签;单击"证书",然后选择"个人"标签,列表中应该有相应的证书,可找到用户安装的电子邮件保护证书。

(10)如果加密服务提供不能正常加载,而显示"正在加载…",如图 12-40、12-41 所示,则表示在用户的计算机上无法注册安装 xenroll. dll,便只能进入"申请客服手工生成证书"页面。

(12)由于申请客服手工生成证书须付费进行,以下略去。

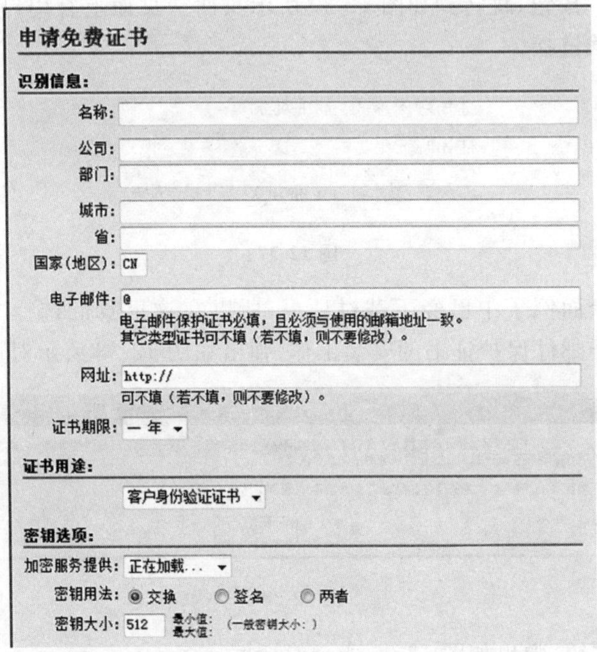

图 12-40

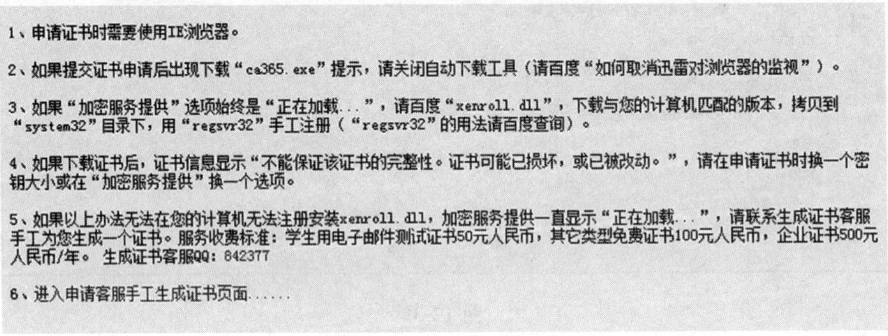

1、申请证书时需要使用IE浏览器。

2、如果提交证书申请后出现下载“ca365.exe”提示，请关闭自动下载工具（请百度“如何取消迅雷对浏览器的监视”）。

3、如果“加密服务提供”选项始终是“正在加载...”，请百度“xenroll.dll”，下载与您的计算机匹配的版本，拷贝到“system32”目录下，用“regsvr32”手工注册（“regsvr32”的用法请百度查询）。

4、如果下载证书后，证书信息显示“不能保证该证书的完整性。证书可能已损坏，或已被改动。”，请在申请证书时换一个密钥大小或在“加密服务提供”换一个选项。

5、如果以上办法无法在您的计算机无法注册安装xenroll.dll，加密服务提供一直显示“正在加载...”，请联系生成证书客服手工为您生成一个证书。服务收费标准：学生用电子邮件测试证书50元人民币，其它类型免费证书100元人民币，企业证书500元人民币/年。 生成证书客服QQ：842377

6、进入申请客服手工生成证书页面......

图 12-41

四、实务习题

(1)进入中国数字认证网，下载一个标准根 CA365 证书，并安装和查看该证书。

(2)导出题(1)中已安装的标准根 CA365 证书，并以你自己的“学号＋姓名”命名。

(3)导入题(2)中导出的根 CA365 证书到“受信任的根证书颁发机构”。

第三节　防火墙技术

一、学习目的

(1)了解防火墙的基本概念、作用和种类。

(2)了解防火墙的性能特点。

(3)掌握防火墙的设置和使用方法。

二、预备知识

(一)防火墙的概念

防火墙技术是建立在现代通信网络技术和信息安全技术基础上的应用性安全技术，越来越多地应用于专用网络与公用网络的互联环境之中，尤其以接入互联网为主。

而防火墙是指设置在不同网络(如可信任的企业内部网和不可信的公共网)或网络安全域之间的一系列部件的组合。它是不同网络或网络安全域之间信息的唯一出入口，能根据企业的安全政策控制(允许、拒绝、监测)出入网络的信息流，且本身具有较强的抗攻击能力。在逻辑上，防火墙是一个分离器、一个限制器，也是一个分析器，有效地监控了内部网和互联网之间的一切活动，保证了内部网络的安全。

(二)防火墙的作用

(1)保护网络安全。

(2)可以强化网络安全策略。

(3)对网络存取和访问进行监控审计。

(4)防止内部信息的外泄。

(三)防火墙的种类

防火墙技术可根据防范的方式和侧重点的不同而分为很多种类型，但总体来讲可分为两大类：分组过滤、应用代理。

(1)分组过滤(packet filtering)：它根据分组包头源地址、目的地址和端口号、协议类型等标志确定是否允许数据包通过，作用在网络层和传输层。只有满足过滤逻辑的数据包才会被转发到相应的目的地出口端，其余数据包则被从数据流中丢弃。

(2)应用代理(application proxy)：也叫应用网关(application gateway)，它作用在应用层，其特点是完全阻隔了网络通信流，通过对每种应用服务编制专门的代理程序，实现监视和控制应用层通信流的作用。实际中的应用网关通常由专用工作站实现。

本次实验采用瑞星个人版防火墙软件。瑞星个人版防火墙软件提供全新的防御保护功能，并优化了网络处理性能，同时致力于为用户提供更好的软件使用体验。其功能主要体现在以下几个方面：

拦截恶意下载：在木马病毒更新下载时对其连接域名进行拦截。该功能可以有效防止木马病毒下载各类恶意程序。

网速保护：优化网络响应速度，对网络数据进行分级控制。该功能可以保证在网络压力较大的情况下访问某些网络服务，始终能够获得较高的性能。

测网速：通过测试连接最近的服务器地址来判断用户网络速度。该功能用于帮助了解用户所在网络的速度。

网络诊断：对网络异常进行诊断。该功能可达到网络故障处理或网络优化的目的。

ADSL 优化：对 ADSL 网络资源进行统一管理。该功能通过网络协商机制保证网络资源利用的最优化。

三、实务内容

(一)瑞星防火墙的安装

用户可以通过安装程序将瑞星防火墙安装到自己的电脑中。具体步骤如下。

第一步：启动电脑并进入 Windows 系统，关闭所有正在运行的其他应用程序。

第二步：双击运行用户电脑中的瑞星个人防火墙的自解压安装程序，开始安装。

第三步：进入安装欢迎界面，选择需要安装的防火墙语言版本。

第四步：在安装欢迎界面，点击"浏览"按钮，用户可以指定瑞星个人防火墙的安装目录。

第五步：点击"许可协议"，可以在线阅读《最终用户许可协议》，勾选"我已经阅读并同意瑞星许可协议"，可以进行安装操作。如果用户不勾选此项，则安装时会弹出提示窗口"您还没有接受安装协议"，并无法安装程序。

第六步：点击"开始安装"，程序开始复制安装瑞星个人防火墙。

第七步：在"结束"窗口中，用户可以选择"运行瑞星个人防火墙主程序"来启动相应程序，最后单击"完成"结束安装。

(二)防火墙的系统设置

点击防火墙程序主界面"⚙"按钮或点击防火墙中任一"设置"选项，均会弹出"设置"标签页，如图 12-42 所示。在标签页中，用户可以对"安全上网设置""防黑客设置""黑白名单设置""联网规则设置""升级设置"和"其他设置"等进行修改，对防火墙进行个性化设置。

1. 安全上网设置

安全上网设置包括对"浏览器高强度防护"和"浏览器错误信息安全提示"进行设置。

(1)浏览器高强度防护。防火墙会自动检测用户的系统中安装了几款浏览器并自动为其拦截钓鱼欺诈网站，拦截木马网站；进行搜索引擎结果分析。用户只需根据使用习惯勾选一款或多款常用浏览器，对其进行高强度的防护。提示：高强度防护会大幅度提升浏览器的防护效果，但效率会有所下降，用户须谨慎选择。

(2)浏览器错误信息安全提示。当用户浏览器访问网页失败时，页面会自动跳转至瑞星安全页面，并提示错误原因。

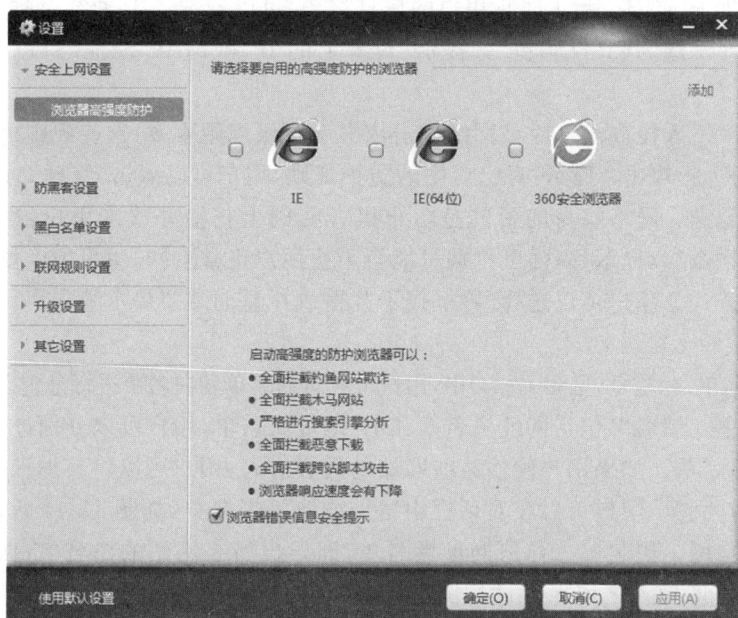

图 12-42

2.防黑客设置

在"防黑客"标签页(见图 12-43)中,用户可以对"阻止对外攻击""ARP 欺骗防御""拦截网络入侵攻击""网络隐身"和"报警方式"等进行具体的设置。

(1)阻止对外攻击 。为了防止黑客利用用户的电脑攻击他人,可以勾选:"检测 SYN FLOOD 的攻击""检测 ICMP FLOOD 的攻击""检测 UDP FLOOD 的攻击"。

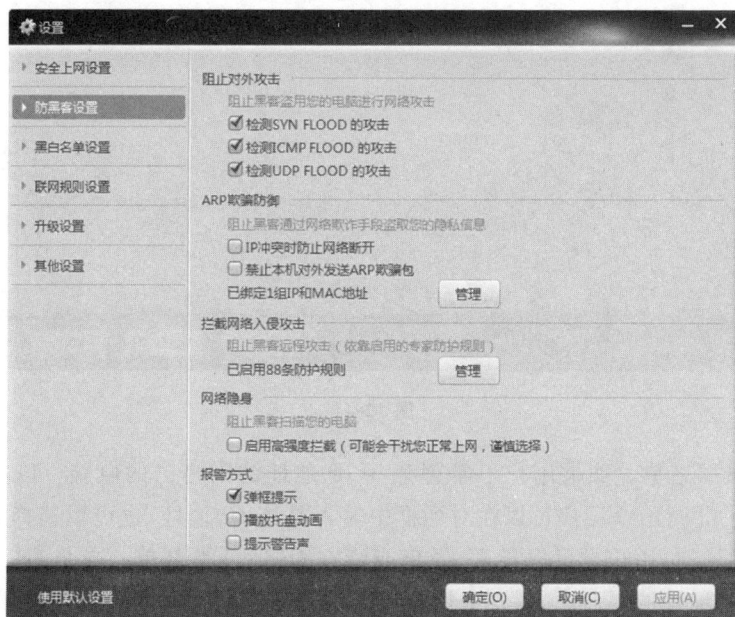

图 12-43

（2）ARP 欺骗防御。为了防止用户的信息被盗，可以勾选："IP 冲突时防止网络断开"
"禁止本机对外发送 ARP 欺骗包"。提示：对绑定的 IP 和 MAC 地址，用户可以点击"管
理"重新设置。

（3）拦截网络入侵攻击。拦截网络攻击依靠专家级规则生效，这些规则可以防范大多
数互联网上的远程攻击。提示：对已启用的防护规则，用户可以点击"管理"重新设置。

（4）网络隐身。网络隐身的目的是防止黑客在网上扫描并攻击用户，用户可以勾选
"启用高强度拦截"。提示：高强度拦截可能会干扰用户正常上网，用户须谨慎选择。

（5）报警方式。用户可以选择"弹框提示""播放托盘动画""提示警告声"。

3. 黑白名单设置

在"黑白名单"标签页（见图 12-44）中，用户可以对黑名单和白名单进行分别设置。

（1）黑名单。黑名单包括网址黑名单和 IP 地址黑名单，用户可以分别进行详细设置。

①网址黑名单。如果用户确信某些网站的内容有害，用户可以将其加入黑名单，以后
电脑将无法访问它。用户可以在对话框中增加或取消黑名单，如图 12-44 所示，也可以导
入、导出或清空网上黑名单。导出网址黑名单，即导出所有网站的黑名单，保存备用。导
入网址黑名单，即导入之前保存过的黑名单，现有的黑名单将被覆盖。清空网址黑名单，
即将黑名单列表清空。

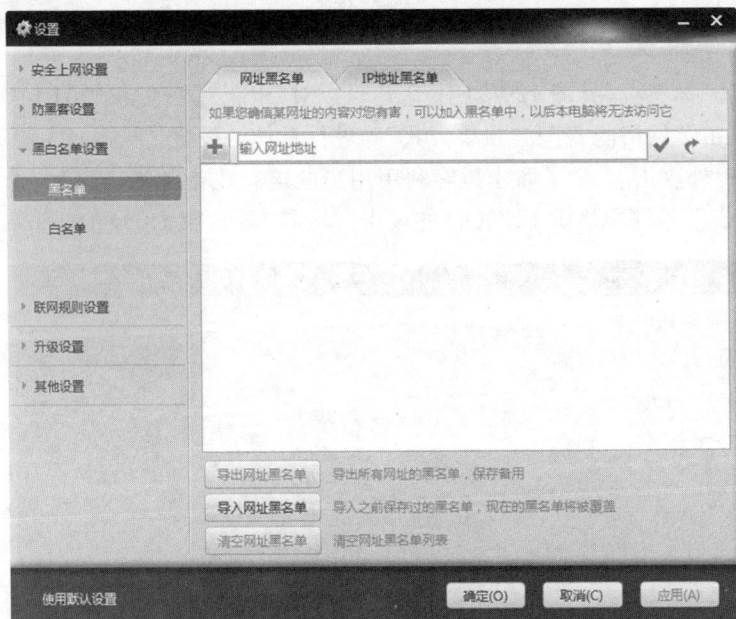

图 12-44

②IP 地址黑名单。如果用户不希望某些 IP 地址访问自己的电脑，可以将其加入黑
名单，如图 12-45 所示。用户可以在对话框中输入具体 IP 地址，也可以选择 IP 地址范围
批量输入。同样地，用户也可以导入、导出或清空 IP 地址黑名单。导出 IP 地址黑名单，
即导出所有 IP 地址的黑名单，保存备用。导入 IP 地址黑名单，即导入之前保存过的黑名
单，现有的黑名单将被覆盖。清空 IP 地址黑名单，即将黑名单列表清空。

图 12-45

（2）白名单。白名单包括"网址白名单""IP 地址白名单""端口白名单"和"程序白名单"，用户可以分别进行详细设置，如图 12-46 所示。

图 12-46

白名单设置的操作方法同黑名单设置，具体请参考黑名单设置。提示：①防火墙不会检查网址白名单中网站的安全性，用户须谨慎使用。②IP 地址白名单中的电脑将对用户的电脑有完全访问权，用户须谨慎使用。③白名单中程序的任何联网行为都不再受防火墙监控,用户须谨慎使用。

4.联网规则设置

在联网规则设置中,用户可以对程序联网规则、IP规则和端口规则等进行个性化设置,如图 12-47 所示。

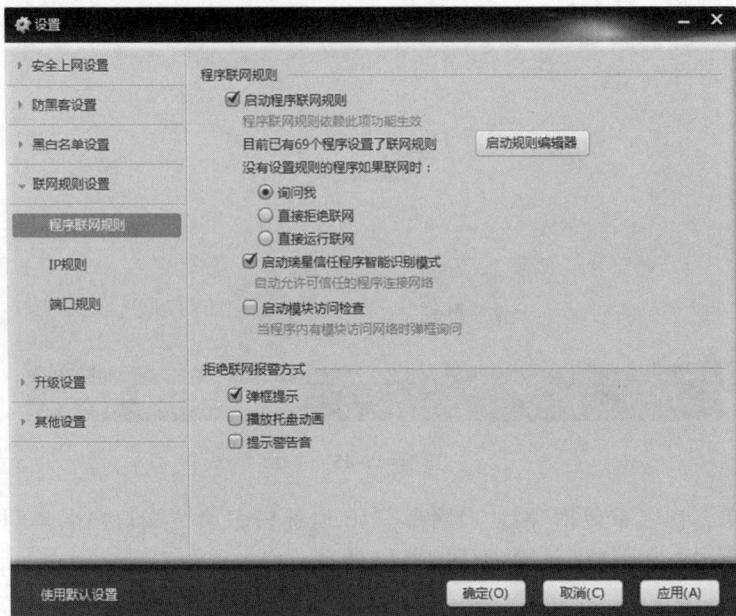

图 12-47

(1)程序联网规则。在"程序联网规则"标签页中,用户可以设置程序联网规则和拒绝联网的报警方式。用户可以勾选以下项目:

①启用程序联网规则:防火墙对某些程序有预设的联网规则,用户也可以点击"启动规则编辑器"来编辑新的规则。如果没有设置规则的程序联网时,用户可以选择"询问我""直接拒绝联网""直接运行联网"。

②启用瑞星信任程序智能识别模式:自动允许可信任的程序连接网络。

③启动模块访问检查:当程序内有模块访问网络时弹框询问。

当程序联网被拒绝时的报警方式有"弹框提示""播放托盘动画""提示警告声"可选。

(2)IP规则。用户可以勾选"启用 IP 规则控制",IP 规则依赖此项功能生效。防火墙有预设的 IP 规则,用户也可以点击"启动规则编辑器"来编辑新的规则,如图 12-48 所示。

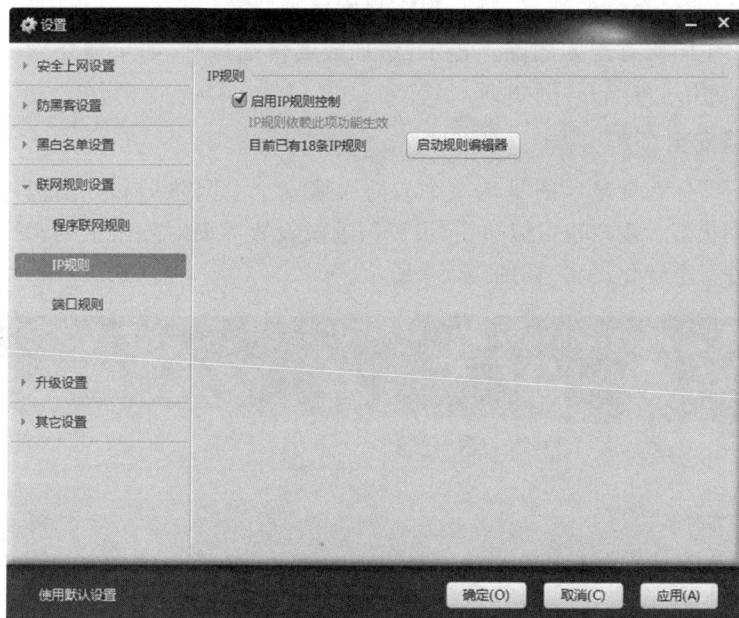

图 12-48

(3)端口规则。在"端口规则"标签页中,用户可以设置"允许或禁止列表中的端口通讯"。在对话框"端口"中输入端口;勾选"协议类型";选择"方向"(本机或远程);选择"是否允许"后,单击"应用"或"确定",设置即生效,如图 12-49 所示。

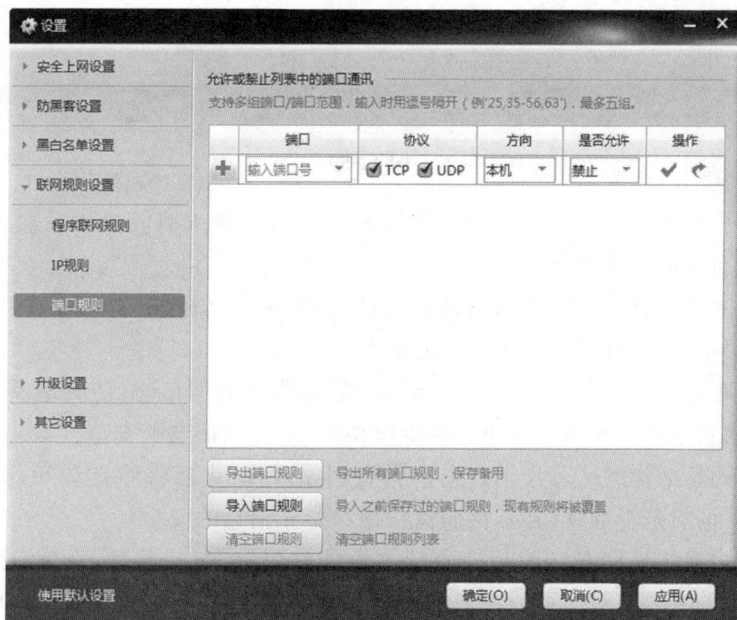

图 12-49

关于端口规则的操作包括:导出端口规则,即导出现有端口规则,保存备用;导入端口规则,即导入之前保存过的端口规则,现有规则将被覆盖;清空端口规则,即将规则列表中的所有规则删除。提示:添加或编辑端口时,如果需要输入多个端口,应用逗号隔开,例如 25,21。

(三)网络安全

"网络安全"标签页显示的是瑞星个人防火墙安全上网防护和严防黑客监控的开关状态。用户也可以单击"设置",通过设置界面对安全上网和防黑客功能进行个性化设置,如图 12-50 所示。

12.3.1 防火墙的系统设置

图 12-50

(1)拦截恶意下载。当用户访问黑名单中的网址时,防火墙能拦截恶意文件下载到用户的电脑,从而保护电脑安全。

(2)拦截木马网页。当用户访问挂马网站时,防火墙将阻止访问,提示用户网站的基本信息并询问是否继续访问,从而保护电脑安全。

(3)拦截跨站脚本攻击。当用户访问包含恶意脚本的网站时,防火墙将停止访问,提示用户网站的基本信息并询问用户是否继续访问,从而保护电脑安全。

(4)拦截钓鱼欺诈网站。当用户访问钓鱼网站时,防火墙将停止访问,提示用户网站的基本信息并询问是否继续访问,从而保护用户隐私信息的安全。

(5)搜索引擎结果检查。该功能支持主流搜索引擎,包括谷歌、百度、必应、有道、搜狗、搜搜等,目的主要是对网页的搜索结果进行分析,判断连接的安全性,保护用户电脑的安全。

(6)ARP 欺骗防御。ARP 欺骗是通过发送虚假的 ARP 包给局域网内的其他电脑或网关,通过冒充别人的身份来欺骗局域网中的其他电脑使得其他电脑无法正常通信,或者监听被欺骗者的通信内容。用户可通过设置 ARP 欺骗防御，防止电脑受到 ARP 欺骗攻击，并找到局域网中的攻击源，从而保护电脑的正常通信。启用本功能后，用户选择针对一个局域网内的所有电脑做欺骗防御，也可选择针对某一个指定的电脑地址或静态地址做欺骗防御。

（7）拦截网络入侵攻击。拦截网络入侵攻击的检测规则由专业的安全人员编写，这些规则可以阻断远程溢出漏洞等网络攻击，拦截黑客攻击，等等。

（8）网络隐身。用户可选择隐身模式，主要有通过拦截端口扫描，响应 ping 请求等功能，保护用户免遭各种主机信息刺探攻击，使用户的系统隐藏于网络之中，不被攻击者发现。

（9）对外攻击拦截。对外攻击拦截防止电脑被黑客控制利用，沦为"肉鸡"或"僵尸网络"成员攻击互联网，保护系统和网络资源不被恶意占用。通过使用对外攻击拦截功能，用户的电脑可以对本地与外部连接所收发的 SYN、ICMP、UDP 报文进行检测。

12.3.2 防火墙
的网络安全

（四）家长控制

用户可以通过此功能对子女的上网行为进行控制，限制其上网时间，阻止其访问不良网站，等等，从而使子女免受不良内容的侵害。具体如图 12-51 所示。

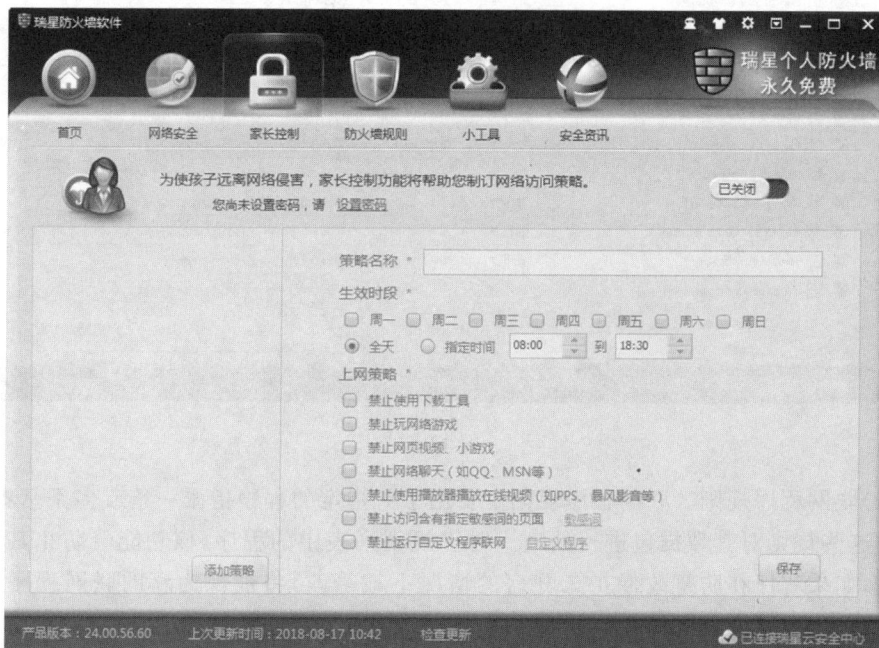

图 12-51

（1）上网策略。用户可以选择禁止使用下载工具、禁止玩网络游戏、禁止看网页视频、禁止网络聊天（如 QQ、MSN 等）、禁止使用播放器（如 PPS、暴风影音等）播放在线视频、禁止访问含有指定敏感词的页面、禁止运行自定义程序联网。

（2）策略生效时间。即用户所设置的策略在什么时间段有效。用户可以选择一周中的任意一天或几天,具体到某一天后用户还可以设置时间段,如全天或者指定任意时间段。

(3)策略名称。此为用户区分不同规则设置的策略,可按照需要开启指定策略。

(4)设定密码。为防止人为或恶意程序修改用户对防火墙做的个性化设置,用户可以设置密码,防止修改。具体操作为单击"设置密码",在弹出的对话框中完成设置。

12.3.3 防火墙的家长控制

(五)防火墙规则

防火墙规则由联网程序规则和 IP 规则两部分组成,可有效保护电脑安全。用户可以设置规则生效的优先级"联网程序规则优先"或"IP 规则优先",如图12-52所示。

图 12-52

(1)联网程序规则。联网程序规则主要用于对指定的程序指派一条或多条基本规则,并根据这些规则对其数据包进行处理。对于规则列表中的程序,该功能会防止其遭到恶意篡改;如果程序在防篡改保护未开启的情况下被篡改,将被视为新的联网程序进行处理。对此可进行"增加""修改""删除""导入"和"导出""清理无效规则"操作。双击程序信息可设置程序联网规则的模式"放行""阻止"或"自定义",如图 12-53 所示。

图 12-53

（2）IP 规则。IP 规则由专业的安全人员编写，这些规则可以阻断远程溢出漏洞等网络攻击。用户可以打开 IP 规则列表，勾选（或去选）某几条规则。当入侵检测规则被触发时，防火墙会根据用户的设置进行提示并对攻击源进行屏蔽。对 IP 规则可进行"增加""修改""删除""导入""导出""恢复默认"等操作，如图 12-54 所示。

图 12-54

双击规则信息可编辑 IP 规则，如图 12-55 所示。具体说明如下：

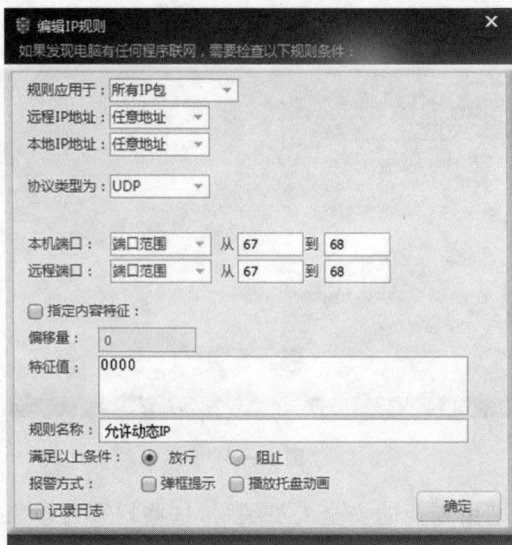

图 12-55

"规则应用于"：可以选择"所有 IP 包""收到的 IP 包"或"发出的 IP 包"。

"远程 IP 地址"：可以选择"任意地址""指定地址"或"地址范围"。

"本地 IP 地址"：可以选择"任意地址"或"指定地址"。

"协议类型为"：可以选择列举的"ALL"或"TCP/ICMP/ESP/RDP"等。如果选择"TCP"，须编辑 TCP 的标志，可以勾选"紧急数据包有效 URG""尽快交应用层 PSH"等，如图 12-56 所示。

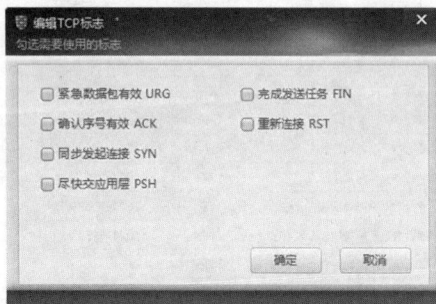

图 12-56

"本机端口"：可以选择"指定端口""任意端口""端口范围"或"端口列表"。

"远程端口"：可以选择"指定端口""任意端口""端口范围"或"端口列表"。

"指定内容特征"：可以设置"偏移量"和"特征值"。

"规则名称"：可任意修改。

"选择满足以上条件"：可以选择"放行"或"阻止"。

填完以上内容后，点击"确定"，则设置完成。

四、实务习题

(1)在自己电脑中下载安装瑞星个人版防火墙软件。

(2)查看安装好的瑞星个人版防火墙软件,根据本机情况,进行系统设置。

(3)根据本机应用情况,进行黑名单和白名单的设置。

(4)根据本机应用情况,进行联网规则设置。

12.3.4 防火墙规则

第四节　杀毒软件

一、学习目的

(1)了解计算机病毒的基本概念、分类和危害等。

(2)掌握杀毒软件的功能。

(3)掌握杀毒软件的基本配置。

二、预备知识

(一)病毒的定义

计算机病毒是一个程序,一段可执行码。就像生物病毒一样,计算机病毒有独特的复制能力。计算机病毒可以很快地蔓延,又常常难以根除。它们能把自身附着在各种类型的文件上,当文件被复制或从一个用户传送到另一个用户时,它们就随同文件一起蔓延开来。

(二)计算机病毒的分类

1.按照计算机病毒的链结方式分类

(1)源码型病毒。该病毒攻击高级语言编写的程序,在高级语言所编写的程序编译前插入原程序中,经编译成为合法程序的一部分。

(2)嵌入型病毒。该病毒将自身嵌入现有程序中,把计算机病毒的主体程序与其攻击的对象以插入的方式链接。

(3)外壳型病毒。该病毒将其自身包围在主程序的四周,对原来的程序不做修改。这种病毒最为常见,易于编写也易于发现,一般测试文件的大小即可知。

(4)操作系统型病毒。该病毒用它自己的程序加入或取代部分操作系统进行工作,具有很强的破坏力,可以导致整个系统的瘫痪。圆点病毒和大麻病毒就是典型的操作系统型病毒。

2.按照计算机病毒的破坏情况分类

(1)良性病毒。良性病毒是指其不包含有立即对计算机系统产生直接破坏作用的代码。这类病毒为了表现其存在,只是不停地进行扩散,从一台计算机传染到另一台,并不破坏计算机内的数据。

(2)恶性病毒。恶性病毒是指在其代码中包含有损伤和破坏计算机系统的操作,在其传染或发作时会对系统产生直接的破坏作用。

3.按照计算机病毒的寄生部位或传染对象分类

(1)磁盘引导区传染的病毒。磁盘引导区传染的病毒主要是用病毒的全部或部分逻辑取代正常的引导记录,而将正常的引导记录隐藏在磁盘的其他地方。

(2)操作系统传染的病毒。操作系统传染的计算机病毒就是利用操作系统中所提供的一些程序及程序模块寄生并传染的。

(3)可执行程序传染的病毒。可执行程序传染的病毒通常寄生在可执行程序中,一旦程序被执行,病毒也就被激活。病毒程序首先被执行,并将自身驻留内存,然后设置触发条件,进行传染。

4.按照计算机病毒激活的时间分类

(1)定时病毒。定时病毒仅在某一特定时间才发作。

(2)随机病毒。随机病毒一般不是由时钟来激活的,随便什么时间都有可能发作。

5.按照寄生方式和传染途径分类

计算机病毒按其寄生方式大致可分为两类,一是引导型病毒,二是文件型病毒;它们再按其传染途径又可分为驻留内存型病毒和不驻留内存型病毒,驻留内存型按其驻留内存方式还可细分。此外还有一种混合型病毒,它集引导型和文件型病毒的特性于一体。

(三)计算机病毒的危害及症状

1.病毒激发对计算机数据信息的直接破坏作用

大部分病毒在被激发的时候直接破坏计算机的重要信息数据,所利用的手段有格式化磁盘、改写文件分配表和目录区、删除重要文件或者用无意义的"垃圾"数据改写文件、破坏 CMOS 设置等。

2.占用磁盘空间和对信息的破坏

寄生在磁盘上的病毒总要非法占用一部分磁盘空间。引导型病毒的一般侵占方式是由病毒本身占据磁盘引导扇区,而把原来的引导区数据转移到其他扇区,也就是引导型病毒要覆盖一个磁盘扇区,被覆盖的扇区数据则永久性丢失,无法恢复。而文件型病毒把病毒的传染部分写到磁盘的未用部位去。

3.抢占系统资源

病毒抢占内存,导致内存减少,一部分软件不能运行。除占用内存外,病毒还抢占、中断、干扰系统运行。

4.影响计算机运行速度

病毒进驻内存后不但干扰系统运行,还影响计算机速度,主要表现在:

(1)病毒为了判断传染激发条件,总要对计算机的工作状态进行监视,这对于计算机的正常运行状态既多余又有害。

(2)有些病毒为了保护自己,不但对磁盘上的静态病毒加密,而且进驻内存后的动态病毒也处在加密状态。CPU 每次寻址到病毒处时都要运行一段解密程序把加密的病毒解密成合法的 CPU 指令再执行,而病毒运行结束时再用一段程序对病毒重新加密。这样,CPU 须额外执行数千条以至上万条指令。

(3)病毒在进行传染时同样要插入非法的额外操作。

5.计算机病毒错误与不可预见的危害

计算机病毒与其他计算机软件的一大差别是病毒的无责任性。编制一个完善的计算机软件需要耗费大量的人力、物力,还要经过长时间调试完善,软件才能推出。但在病毒编制者看来,既没有必要这样做,也不可能这样做。很多计算机病毒都是由个别人在一台计算机上匆匆编制调试后就向外抛出的。

(四)360 杀毒软件介绍

360 杀毒软件整合了五大防杀引擎,包括 Bitdefender 病毒查杀引擎、小红伞病毒查杀引擎、360 云查杀引擎、360 主动防御引擎、360QVM 人工智能引擎。五个引擎智能调度,提供全时全面的病毒防护,不但查杀能力出色,而且能第一时间防御新出现的病毒木马。360 杀毒软件始终将降低对系统资源的占用作为产品的优先指标之一,在技术架构上针对降低系统资源占用做了特别的设计。相较同类产品,360 杀毒软件具有轻巧、快速、不卡机的特点。360 杀毒软件已经通过了公安部的信息安全产品检测,并荣获了多项国际权威认证。

三、实务内容

(一)安装 360 杀毒软件

要安装 360 杀毒软件,首先须通过 360 杀毒官方网站下载最新版本的 360 杀毒软件安装程序。

双击运行下载好的安装包,弹出 360 杀毒安装向导。在这一步,用户可以选择安装路径,建议按照默认设置即可。用户也可以点击"更换目录"按钮选择安装目录,如图 12-57所示。

图 12-57

点击"立即安装",接下来安装开始,如图 12-58 所示。

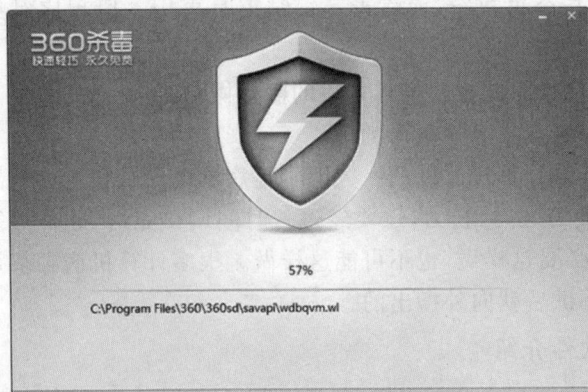

图 12-58

安装完成之后,就可以看到 360 杀毒软件界面,如图 12-59 所示。

图 12-59

(二)病毒查杀

360 杀毒软件具有实时病毒防护和手动扫描功能,为用户的系统提供全面的安全防护。

360 杀毒软件在文件被访问时启动防护功能,对文件进行扫描,及时拦截活动的病毒,在发现病毒时会通过提示窗口警告用户,如图 12-60 所示。

图 12-60

360 杀毒软件提供了五种病毒扫描方式：快速扫描，扫描 Windows 系统目录及 Program Files 目录。全盘扫描，扫描所有磁盘。自定义扫描，扫描用户指定的目录。右键扫描，当用户在文件或文件夹上点击鼠标右键时，可以选择"使用 360 杀毒扫描"对选中文件或文件夹进行扫描。宏病毒扫描，查杀 Office 文件中的宏病毒。

用户可以通过 360 杀毒软件主界面直接使用快速扫描、全盘扫描、自定义扫描和宏病毒扫描，其中自定义扫描下可以勾选"桌面""我的文档""各电脑磁盘分区"。除了主界面上的三个常用工具，用户点击"功能大全"就能看到全部的工具，可以解决电脑中的一些常见问题，如图 12-61 所示。

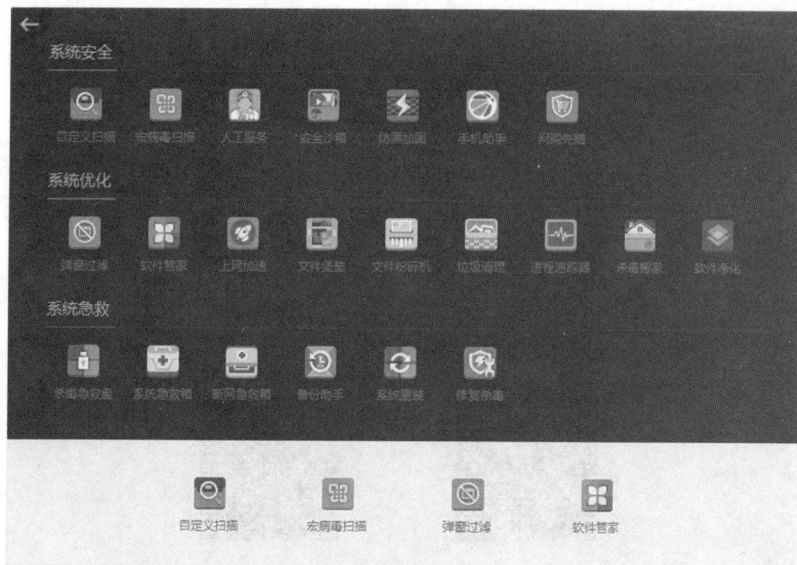

图 12-61

(1)点击"快速扫描"，出现如图 12-62 所示界面，进行系统设置、常用软件、内存活跃程序、开机启动项、系统关键位置扫描，扫描结束后会出现扫描报告等待处理，如图 12-63 所示。可勾选须处理的项目，进行立即处理。

图 12-62

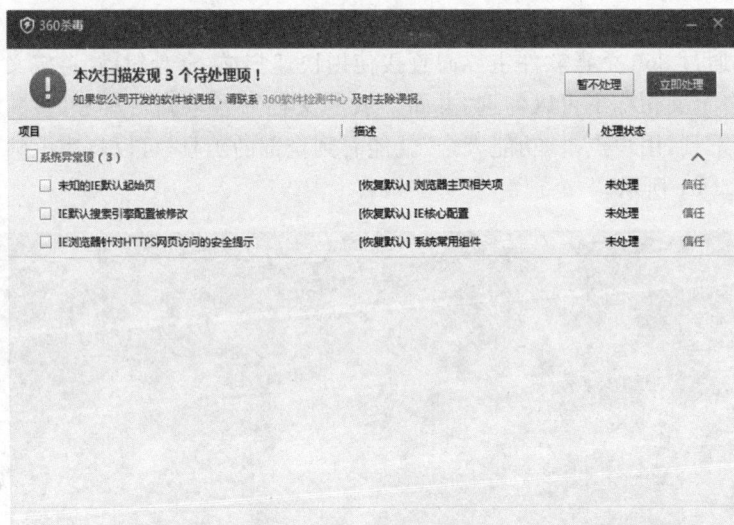

图 12-63

12.4.1 快速扫描
和全盘扫描

12.4.2 自定义扫
描和宏病毒扫描

（2）点击"自定义扫描"，如图 12-64 所示。勾选"桌面"，点击"扫描"后，结果如图 12-65

所示。

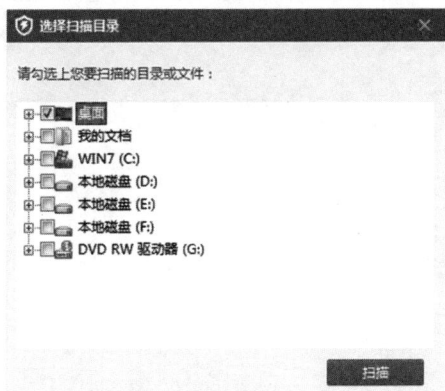

图 12-64

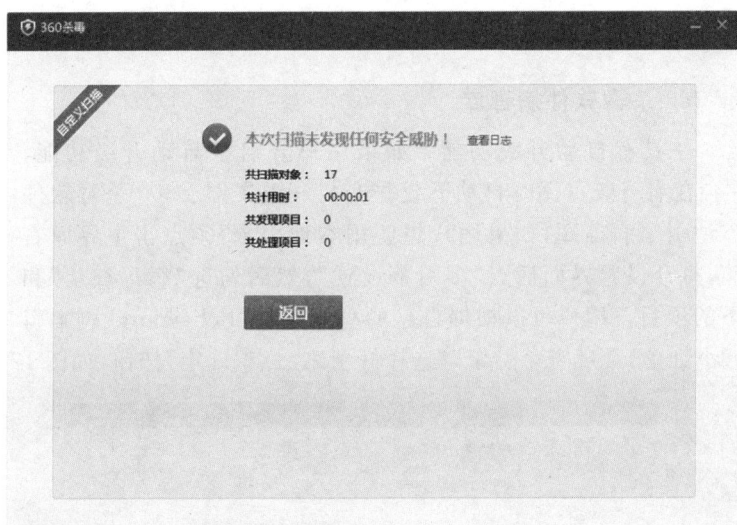

图 12-65

（3）点击"宏病毒扫描"，要求关闭 Office 文件，如图 12-66 所示。点击"确定"后开始扫描，如图 12-67 所示，结束后给出报告。

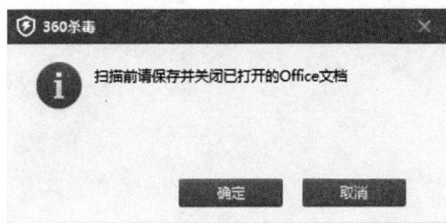

图 12-66

图 12-67

(三)升级 360 杀毒软件病毒库

360 杀毒软件具有自动升级功能。如果用户开启了自动升级功能，360 杀毒软件会在有升级可用时自动下载并安装升级文件。360 杀毒软件默认不安装本地引擎病毒库，如果用户想使用本地引擎，须点击主界面右上角的"设置"，打开设置界面后点"多引擎设置"，然后勾选"病毒查杀"和"实时防护"下的项目。用户可以根据自己的喜好选择"Behawioral 脚本引擎"或"Avira(小红伞)常规查杀引擎"，选择好了之后点"确定"按钮，如图 12-68 所示。

12.4.3 杀毒软件的基本设置

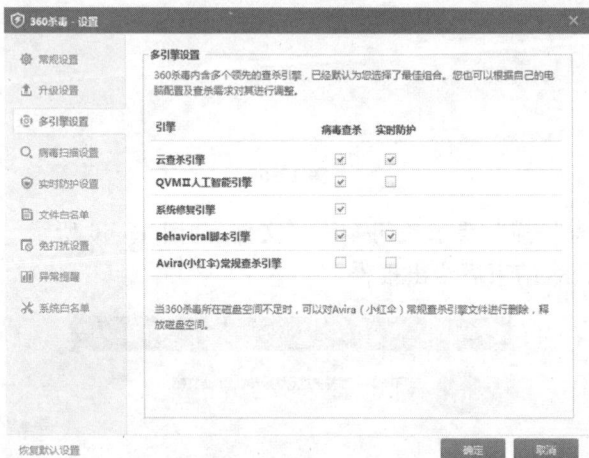

图 12-68

四、实务习题

(1)在自己计算机上下载安装360杀毒软件。

(2)运用360杀毒软件对自己的电脑进行快速扫描,并对扫描结果进行处理。

(3)运用360杀毒软件对自己的电脑C盘进行扫描,并对扫描结果进行处理。

(4)运用360杀毒软件对自己的电脑进行宏病毒扫描,并对扫描结果进行处理。

(5)升级360杀毒软件至最新版本。

第五节　安全卫士

一、学习目的

(1)运用安全卫士进行安全维护。

(2)运用安全卫士进行系统清理。

(3)运用安全卫士进行电脑加速。

二、预备知识

安全卫士是一种简单可信赖的系统工具软件,集电脑加速、系统清理、安全维护三大功能于一身,为用户提供优质的电脑及网络安全服务。不同品牌的安全卫士功能有所不同,但大都可以一键优化:对电脑进行全面优化,保证其快速恢复"健康"状态;电脑加速,加快电脑开机和运行速度;系统清理,一键清理,让系统更流畅;安全维护,木马查杀、漏洞修复、系统修复,让电脑更健康、更快速;等等。

三、实务内容

下面以360安全卫士为例,进行一些实务操作。

(1)电脑体检。点击"电脑体检",如图12-69所示。

图 12-69

点击"立即体检",开始体检,如图 12-70 所示。

图 12-70

完成体检后,可点击"一键修复",如图 12-71 所示。可能还有潜在风险建议修复,可修复,如图 12-72 所示。

图 12-71

图 12-72

（2）木马查杀。点击"木马查杀"，如图 12-73 所示。点击"快速查杀"，如图 12-74 所示。

12.5.1 电脑体检和木马查杀

图 12-73

图 12-74

查杀结束后，会显示查杀报告，如图 12-75 所示。

图 12-75

(3)电脑清理。点击"电脑清理",如图 12-76 所示。

图 12-76

点击"全面清理",如图 12-77 所示。先选出须清理的内容,如图 12-78 所示。

图 12-77

图 12-78

点击"一键清理",如图 12-79 所示。选中的内容清理完成后,会显示清理报告。

图 12-79

(4)优化加速。点击"优化加速",如图 12-80 所示。

12.5.2 电脑清
理和优化加速

图 12-80

点击"全面加速",先进行扫描,发现优化项,如图 12-81 所示。

图 12-81

点击"立即优化",加速优化完成后,显示加速优化报告,如图 12-82 所示。

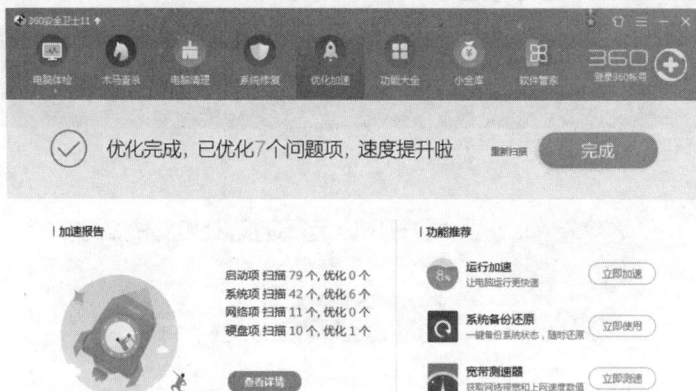

图 12-82

安全卫士还有软件管家功能,可以安全安装、卸载和升级软件等。

四、实务习题

(1)在自己电脑上下载安装 360 安全卫士。

(2)运行 360 安全卫士对自己的电脑进行体检,并对结果进行处理。

(3)运行 360 安全卫士对自己的电脑进行木马查杀,并对结果进行处理。

(4)运行 360 安全卫士对自己的电脑进行电脑清理,并对结果进行处理。

(5)运行 360 安全卫士对自己的电脑进行优化加速。

12.5.3 系统修复和功能大全

第十二章练习题

第十三章　电子支付与网上银行

电子商务与传统商务一样包含三大流,即信息流、资金流和物流。如果三流合一在网络上传输,则称为完全电子商务。随着电子支付技术和安全性技术的逐渐成熟,电子支付与网上银行快速发展,人们可以通过在线支付购买商品。本章主要介绍几种常用电子支付方式与网上银行的特点、业务以及操作方法。

第一节　第三方支付

一、学习目的

(1)理解第三方支付的概念。
(2)理解第三方支付的运作方式。
(3)掌握第三方支付的方法。

二、预备知识

第三方支付是指具备一定实力和信誉保障的独立机构,通过与网联对接而促成交易双方进行交易的网络支付模式。最早出现第三方支付平台是源于电子商务的需要,而电子商务交易主要通过电子支付方式实现,因此第三方支付平台一般为电子支付平台。在第三方支付模式下,买方选购商品后,使用第三方平台提供的账户进行货款支付(支付给第三方),并由第三方通知卖家货款到账、要求发货;买方收到货物,检验货物,并且进行确认后,再通知第三方付款;第三方再将款项转至卖家账户。

中国国内的第三方支付产品主要有支付宝、微信支付、百度钱包、PayPal、中汇支付、财付通、融宝、盛付通、腾付通、通联支付、易宝支付、中汇宝、快钱、国付宝、物流宝、网易宝、网银在线、环迅支付 IPS、汇付天下、汇聚支付、宝易互通、宝付、乐富等。其中用户数量最大的是 PayPal 和支付宝,前者主要在欧美国家流行,后者主要在中国国内流行,是阿里巴巴旗下的产品。另外,中国银联旗下的银联电子支付也开始在第三方支付领域发力,推出了银联商务提供相应的金融服务。

目前在国内最流行的第三方支付——支付宝,是以每个人为中心,拥有5.2亿实名用户的生活服务平台。目前,支付宝已发展成为融合了支付、生活服务、政务服务、社交、理财、保险、公益等多个场景与行业的开放性平台。它除了提供便捷的支付、转账、收款等基础功能外,还能快速完成信用卡还款、充话费、缴水电煤费等操作。用户通过智能语音机器人可一步触达上百种生活服务,不仅能享受消费打折、跟好友建群互动的功能,还能轻松理财,累积信用。

三、实务内容

下面以支付宝为例介绍几种常见的支付方式。

1. 余额支付

支付宝账户内的资金被称为余额,银行卡中的资金可以转出到余额。支付时使用余额以及余额转出都是当前最常见的服务。余额支付流程比较简单,具体如下。

(1)输入支付密码,点击"确认付款"按钮,如图13-1所示。

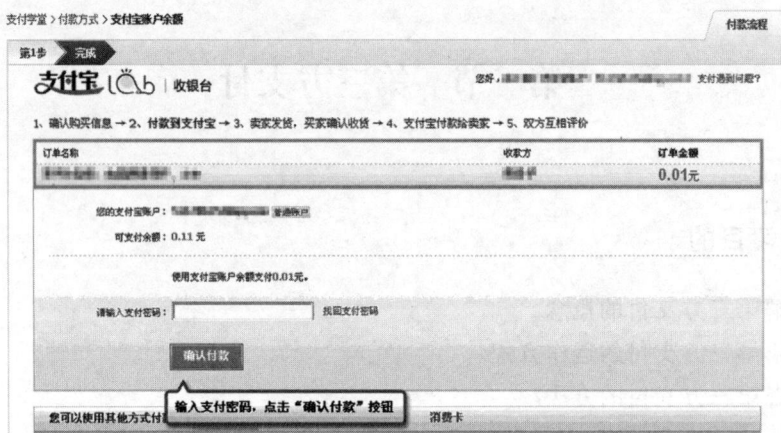

图 13-1

(2)支付完成后,出现如图13-2所示界面。

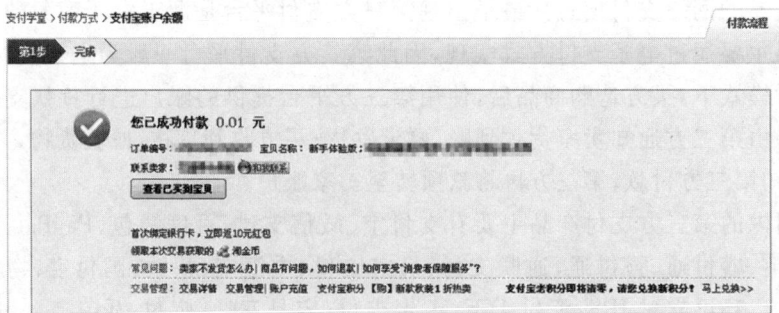

图 13-2

2.快捷支付

快捷支付是为网络支付量身定做的网银服务，主推支付功能，由银行与支付宝直连，保障了支付的安全性和便捷性，其支付成功率达到了 95％左右。用户可以通过在银行留下的联系方式、银行卡号、手机校验码等信息快速开通快捷支付服务，付款时输入支付宝支付密码。其便捷性更强且支付宝与保险公司承诺用户资金安全。缺点是，部分银行出于多种考虑，限制了单日单次的支付额度，导致大额支付使用快捷支付不甚便利。

快捷支付流程如下：

(1)确认订单。点击"立刻购买"，如图 13-3 所示。点击"提交订单"，如图 13-4 所示。

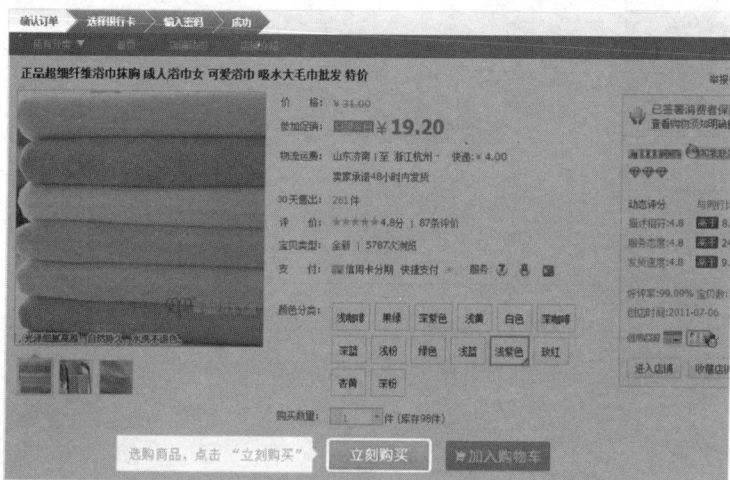

图 13-3

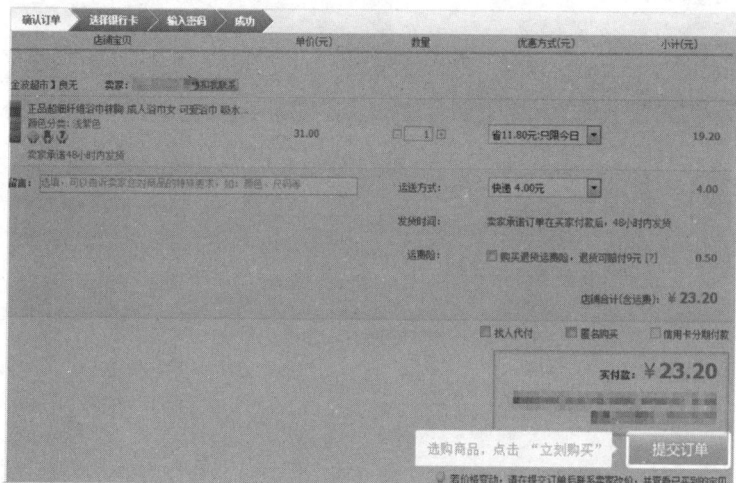

图 13-4

(2)选择银行卡。选择储蓄卡，如图 13-5 所示选好后，点击"下一步"。

图 13-5

（3）输入密码，确认付款，如图 13-6 所示。

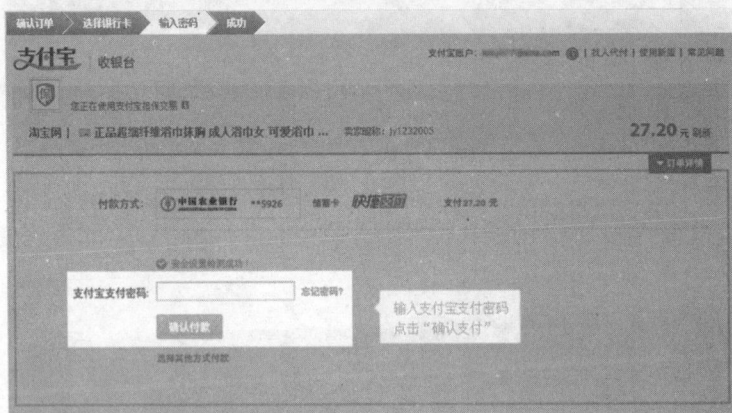

图 13-6

（4）成功支付，如图 13-7 所示。

图 13-7

3.找人代付

支付宝支持"找人代付"功能。用户可选择一位愿意代付的支付宝用户，系统会通知代付人代为付款。支付流程如下：

13.1 第三方支付
—支付宝支付

224

（1）点击"立即购买"拍下商品，如图 13-8 所示。

图 13-8

（2）勾选"找人代付"，点击"提交订单"，如图 13-9 所示。

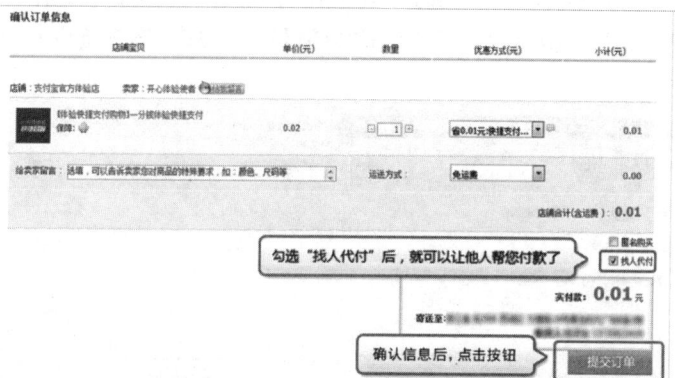

图 13-9

（3）选择代付方式。如果知道好友账户，填入好友账户，如图 13-10 所示。填好后，点击"请他付款"，出现如图 13-11 所示界面后，点击"复制链接"按钮，将链接发给好友支付。

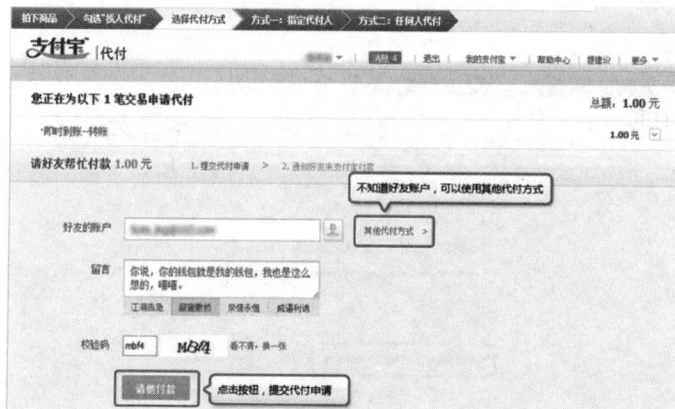

图 13-10

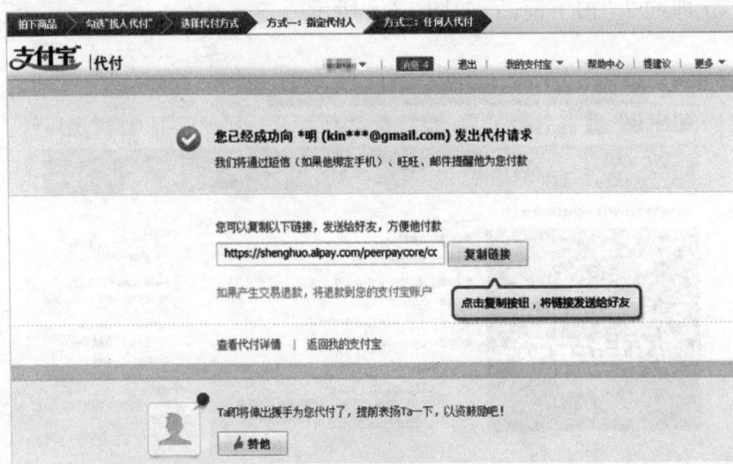

图 13-11

（4）如果不知道好友账户，可以选择"其他代付方式"，如图 13-12 所示。点击"生成付款链接"，出现如图 13-13 所示界面后，点击"复制链接"按钮，将链接发给好友支付。

图 13-12

图 13-13

四、实务习题

(1)进入淘宝网或其他购物网站,购买几件自己喜欢或需要的物品,然后通过不同的第三方支付方式去实现支付功能,并记下整个支付过程。

(2)比较网上各种第三方支付方式之间在实现支付功能时的方便性和安全性。

第二节 移动支付

一、学习目的

(1)理解移动支付的概念。

(2)理解移动支付的特征。

(3)掌握移动支付的方法。

二、预备知识

移动支付(mobile payment),也称为手机支付,是指交易双方为了某种商品或者服务,以移动终端设备为载体,对所消费的商品或服务进行账务支付的一种服务方式。移动支付所使用的移动终端可以是手机、PDA、移动 PC 等。移动支付属于电子支付方式的一种,因而具有电子支付的特征。但因其与移动通信技术、无线射频技术、互联网技术相互融合,又具有自己的特征。

(1)移动性。移动支付消除了距离和地域的限制,结合了先进的移动通信技术,用户可随时随地获取所需要的服务、应用、信息和娱乐。

(2)及时性。移动支付不受时间地点的限制,信息获取更为及时,用户可随时对账户进行查询、转账或进行购物消费。

(3)定制化。基于先进的移动通信技术和简易的手机操作界面,用户可定制自己的消费方式和个性化服务,账户交易更加简单方便。

(4)集成性。以手机为载体,通过与终端读写器近距离识别进行的信息交互,运营商可以将移动通信卡、公交卡、地铁卡、银行卡等各类卡片整合到以手机为平台的载体中进行集成管理,并搭建与之配套的网络体系,从而为用户提供十分方便的支付以及身份认证渠道。

移动支付的方法有短信支付、扫码支付、指纹支付、声波支付等。

(1)短信支付。短信支付是手机支付的最早应用。它将用户手机的 SIM 卡与用户本人的银行卡账号建立一种一一对应的关系。用户通过发送短信的方式在系统短信指令的引导下完成交易支付请求,操作简单,可以随时随地进行交易。手机短信支付服务强调了移动缴费和消费的功能。

（2）扫码支付。扫码支付是一种基于账户体系搭起来的新一代无线支付方案。在该支付方案下，商家可把账号、商品价格等交易信息汇编成一个二维码，并印刷在各种报纸、杂志、图书等载体上发布。用户通过手机客户端扫拍二维码，便可实现与商家账户的支付结算。最后，商家根据支付交易信息中的用户收货、联系资料，就可以进行商品配送，完成交易。

（3）指纹支付。指纹支付即指纹消费，是采用目前已成熟的指纹系统进行消费认证，即顾客使用指纹注册成为指纹消费折扣联盟平台会员，通过指纹识别即可完成消费支付。

（4）声波支付。声波支付则是利用声波的传输，完成两个设备的近场识别的支付方法。在第三方支付产品的手机客户端里，内置有"声波支付"功能。用户开启此功能后，用手机麦克风对准收款方的麦克风，如听到手机播放的"咻咻咻"的声音，则支付成功。

移动支付按完成支付所依托的技术条件，可以分为近场支付和远程支付。近场支付是指通过具有近距离无线通信技术的移动终端实现本地化通信，进行货币资金转移的支付方式。远程支付是指通过移动网络，利用短信、GPRS 等空中接口和后台支付系统建立连接，实现各种转账、消费等支付功能。

移动支付按支付账户的性质，可以分为银行卡支付、第三方支付账户支付、通信代收费账户支付。

三、实务内容

此处以微信支付为例。

1. 用户绑卡

（1）打开微信，进入"我"选项，如图 13-14 所示。点击"钱包"，如图 13-15 所示。

图 13-14

图 13-15

（2）进入"钱包"选项后，点击右上角的"银行卡"。进入"银行卡"选项后，点击"添加银行卡"，如图 13-16 所示。

图 13-16

（3）根据提示输入银行卡的持卡人姓名和卡号，如图 13-17 所示。

（4）填写卡类型、手机号码，进行绑定，如图 13-18 所示。

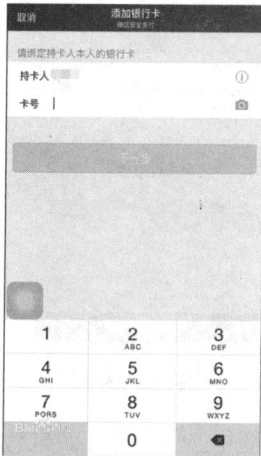

图 13-17

图 13-18

（5）手机会收到一条附带验证码的短信，填写后确认，如图 13-19 所示。

（6）两次输入，完成支付密码设置，则银行卡绑定成功，如图 13-20 所示。

（7）成功后出现界面如图 13-21 所示。

图 13-19

图 13-20

图 13-21

2.用户支付

(1)发红包支付。微信派发红包的形式共有两种。第一种是普通等额红包,一对一或者一对多发送;第二种更有新意,被称作"拼手气群红包",用户设定好总金额以及红包个数之后,可以生成不同金额的红包。可以给好友发单个红包:在好友对话中,点右下角的"＋",就可以发红包给好友,如图13-22所示。可以在群中发普通等额红包和随机金额红包:在微信群中,点右下角的"＋",就可以发红包给群友,还可设置发放方式,如图13-23所示。

图 13-22   图 13-23

也可以发面对面红包:在"我"→"钱包"→"收付款"中选择"面对面红包",如图13-24、13-25、13-26、13-27所示,就可以包红包给好友。点击"包红包"之后,还是一样有拼手气红包和普通红包两个选项。塞钱进红包后,须输入支付密码,如图13-28、13-29所示。接下来就会自动产生一个二维码,好友须通过扫描二维码才可以面对面抢红包,如图13-30所示。剩余红包可以回收,如图13-31所示。

图 13-24   图 13-25   图 13-26   图 13-27

图 13-28

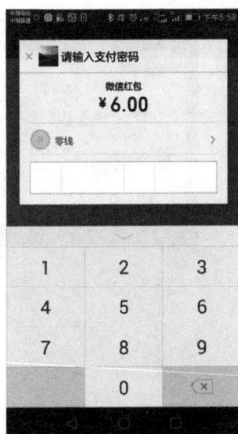
图 13-29

图 13-30

图 13-31

　　(2)转账支付。通过微信可以给好友转账,在与好友的对话中,点右下角"＋"后再点"转账",输入转账金额,如图 13-32、图 13-33 所示。点"转账",然后输入支付密码,即可转账支付。所转账款可以用零钱支付,如果零钱不足,可以用绑定的卡支付,如图 13-34、图13-35、图 13-36 所示。

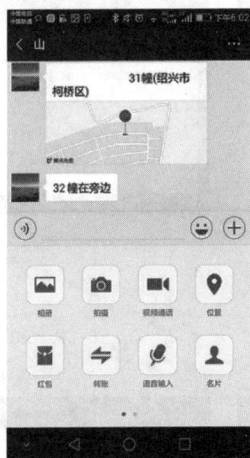
图 13-32

图 13-33

图 13-34

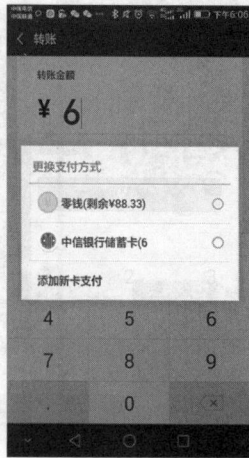

图 13-35 　　　　　　　　　　　图 13-36

通过微信也可以转账到银行卡。在"我""钱包""收付款"中选择"转账到银行卡",如图 13-37 所示。输入姓名、卡号、银行,如图 13-38 所示。点击"下一步"后,系统进行自动检测,检测通过后,输入密码即可支付,如图 13-39、图 13-40 所示。

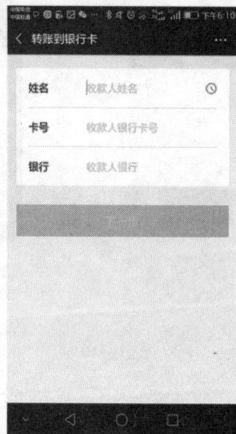

图 13-37 　　　　　图 13-38 　　　　　图 13-39 　　　　　图 13-40

（3）二维码收付款。在"我"→"钱包"→"收付款"中,选择"二维码付款"或"二维码收款",如图 13-41、图 13-42 所示。注意:收付款码不要轻易给别人。

图 13-41　　　　　　　　　图 13-42

　（4）群收款。可以在聊天中向朋友收款,收到的钱可存入零钱中。在"我"→"钱包"→"收付款"中选择"群收款",然后点"发起收款",如图 13-43、图 13-44 所示,可选择收款人或群。填写总金额和参与人数,有人均模式和按人填金额模式,如图 13-45、图 13-46 所示。可以把活动账单发送给参与人,发起收款,一会儿就可以收到参与人的款了,如图 13-47、图 13-48 所示。

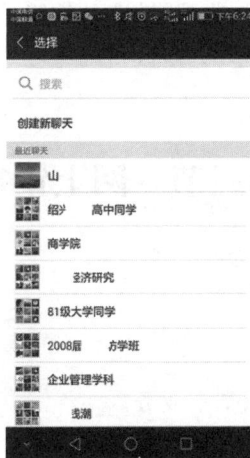

图 13-43　　　　　　　　图 13-44　　　　　　　　图 13-45

  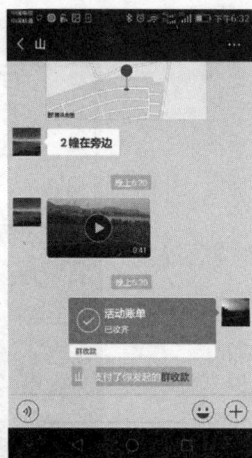

图 13-46   图 13-47   图 13-48

四、实务习题

（1）试着给自己的微信绑定银行卡，进行发普通红包、随机红包、面对面红包的练习。

13.2 移动支付

（2）进行微信转账支付、二维码收付款、群收款的练习。

（3）开通支付宝账号，进行付钱、收钱、转账的练习。

（4）用支付宝账号进行使用乘车码、声波付的练习。

第三节　网上银行

一、实验目的

（1）了解网上银行的基本功能、基本业务。

（2）掌握在网上申请自己的个人银行的方法。

（3）掌握网上银行的使用方法。

二、预备知识

（一）网上银行的概念

网上银行也称为网络银行、在线银行，是指利用 Internet、Intranet 及相关技术处理传统的银行业务及支持电子商务网上支付的新型银行。它实现了银行与客户之间安全、方便、友好、实时的连接，可向客户提供开户、销户、查询、对账、行内转账、跨行转账、信贷、网上证券、投资理财以及其他贸易或非贸易的全方位银行业务服务。可以说，网上银行是在网络上的虚拟银行柜台。

(二)网上银行的特点

利用计算机和通信技术实现资金划拨的电子银行业务已经有几十年的历史了。传统的电子银行业务主要包括资金清算业务和用 POS(销售终端)网络及 ATM(异步传输模式)网络提供服务的银行卡业务。相比之下,网上银行的特点是:全球化,无分支机构;开放性与虚拟化;智能化;创新化;运营成本低,亲和性强。

(三)网上银行的主要业务项目

(1)家庭银行:为用户提供方便的个人理财渠道。提供的服务包括网上开户、清户、账户余额、利息查询、交易历史查询、个人账户挂失、电子转账、票据汇兑等。

(2)企业银行:为企业或团体提供综合账户业务。目前中国银行推出的"企业在线理财"就属于这类业务。

(3)信用卡业务:包括网上信用卡的申办、信用卡账户查询、收付清算等功能。与传统的信用卡系统相比,网上信用卡业务办理更加便捷。

(4)各种支付:提供数字现金、电子支票、智能卡、代付或代收费等网上支付业务,以及各种企业间转账或个人转账业务(如同一客户不同账号间),包括活期转定期、活期转信用卡、信用卡转定期、银行账户与证券资金账户之间的资金互转等。

(5)国际业务:包括国际收支的网上申报服务、资金汇入、汇出等。

(6)信贷:包括信贷利率的查询、企业贷款或个人小额抵押贷款的申请等,银行可根据用户的信用记录决定是否借贷。

(7)特色服务:主要是指通过网络向客户提供各种金融服务,如网上证券、期货、外汇交易、电子现金、电子钱包以及各种金融管理软件的下载等。

(四)网上银行的安全保障

安全是建立网上银行首先需要考虑和解决的核心问题。网上银行的安全主要体现在三个方面:一是银行网站本身的安全;二是交易信息在商户与银行之间传递的安全;三是交易信息在消费者与银行之间传递的安全。目前网上银行采取的安全防范手段如下。

(1)支付网关:支付网关是银行系统的金融专用网与公网的 Internet 之间的接口,是网上银行的安全屏障。

(2)安全措施:目前的安全措施主要包括各种加密技术、认证技术,以及使用 SSL 安全协议保护客户的隐私等。

三、实务内容

(一)中国建设银行网上银行

进入中国建设银行网站,了解各种网上银行业务及功能。

1. 开通网上银行

(1)双击桌面上的浏览器图标,启动浏览器,在地址栏内输入"http://www.ccb.com/",登录到中国建设银行网站,如图 13-49 所示。

图 13-49

(2)移到导航栏上的"电子银行"按钮,查看中国建设银行的电子银行有关业务和功能,如图 13-50 所示。

图 13-50

(3)单击导航栏上的"开通网上银行"按钮,查看网上银行开通指南。在网上可以开通普通客户和便捷支付客户,而高级客户需到网点柜台签约开通,如图 13-51 所示。

图 13-51

（4）可选择"普通客户"或"便捷支付客户"，单击"马上开通"，如图 13-52 所示。阅读协议及风险提示，并勾选同意协议，点击"同意"按钮，出现如图 13-53 所示界面。

图 13-52

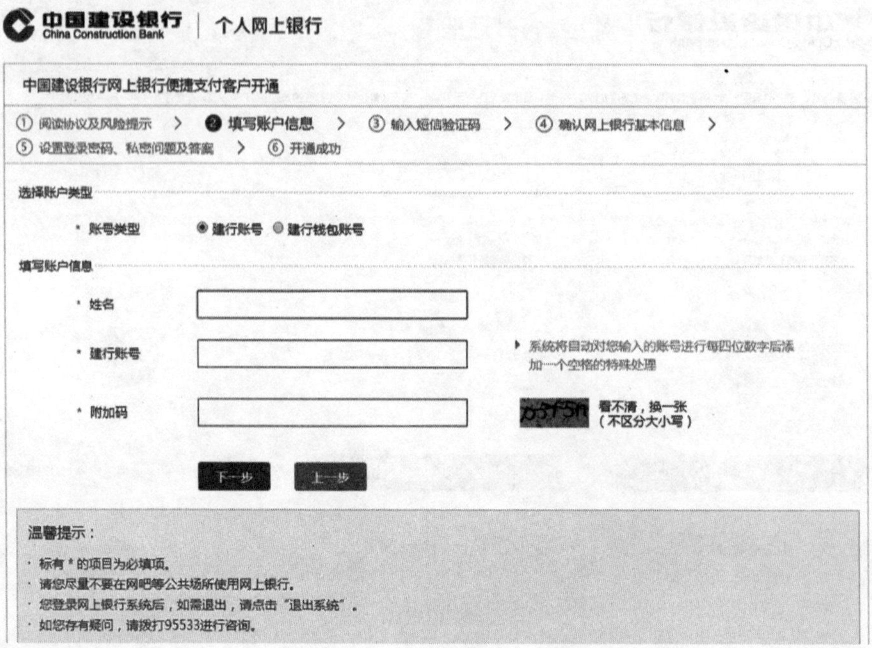

图 13-53

（5）选择账号类型，填入姓名、账号、附加码等信息，点击"下一步"，出现如图 13-54 所示界面。

图 13-54

（6）填入账户取款密码和短信验证码后，点击"下一步"，确认网上银行基本信息，即可成功开通网上银行账户。

2.账户查询

(1)登录个人网上银行,可以查询账户信息。登录时须输入证件号或用户昵称、密码,如图 13-55 所示。登录后界面如图 13-56 所示,可点击"账户查询"标签进行查询。

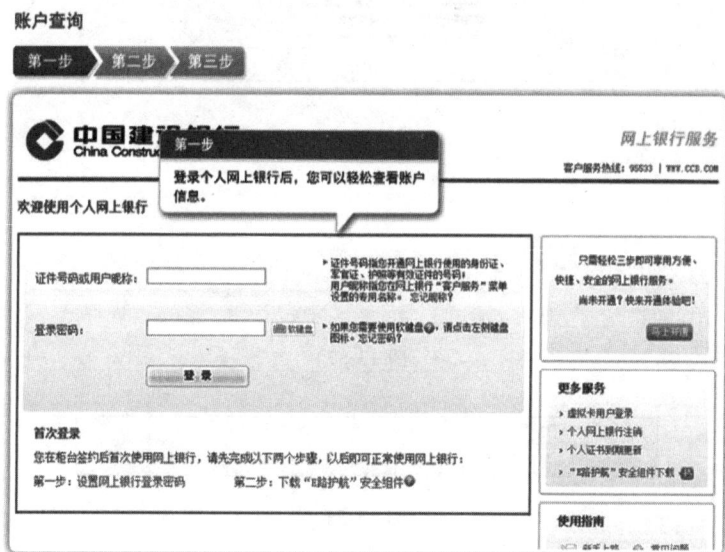

图 13-55

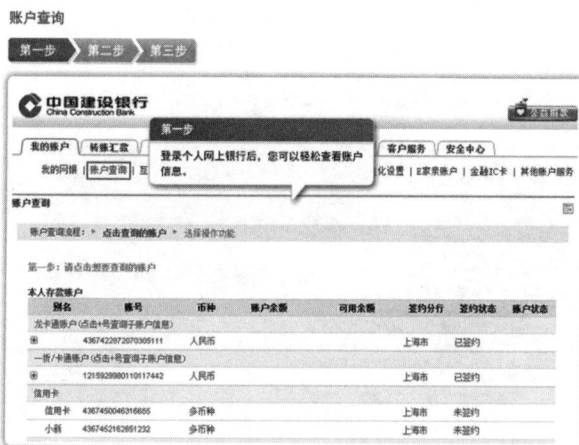

图 13-56

(2)选择要查询的账户,点击账户左面的"＋"号或下方操作功能中的"查询余额"按钮,查询子账户的余额等相关信息,如图 13-57、图 13-58 所示。

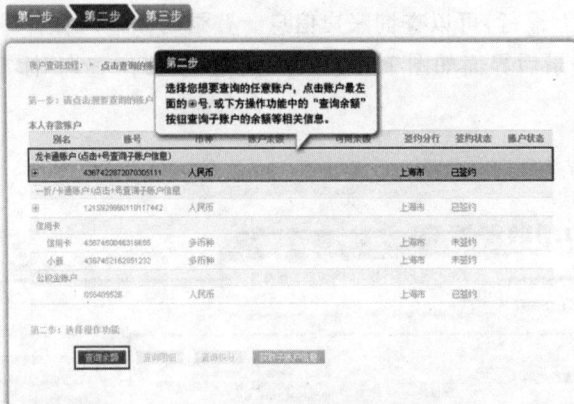

图 13-57

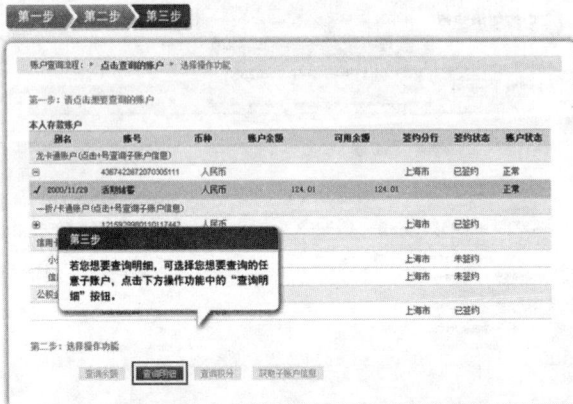

图 13-58

(3)要查询明细,可选择要查询的任意子账户。点击下方操作功能中的"查询明细"按钮,如图 13-59 所示,再输入起止日期,点击"确认"按钮,就可查到账户明细,如图 13-60 所示。

图 13-59

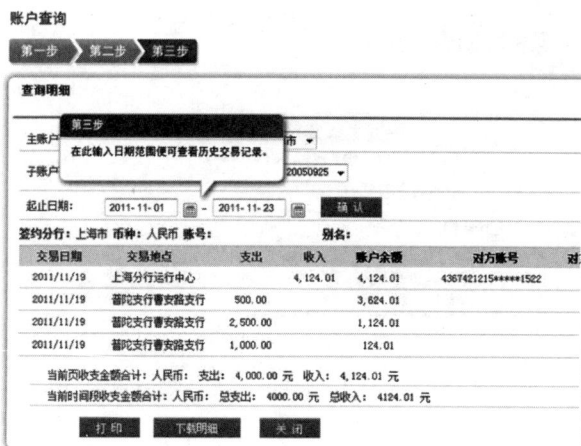

图 13-60

3. 转账汇款

(1)登录网上银行,选择"转账汇款"下的"活期转账汇款"。进入页面后,选择付款账户,如图 13-61 所示。

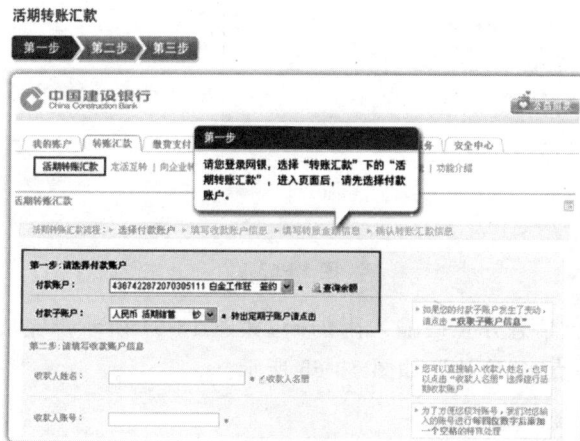

图 13-61

(2)填写收款人姓名、账号,如图 13-62 所示。

(3)填写转账金额,勾选是否短信通知,输入收款人手机号及留言,如图 13-63 所示。完成后,点击"下一步"。

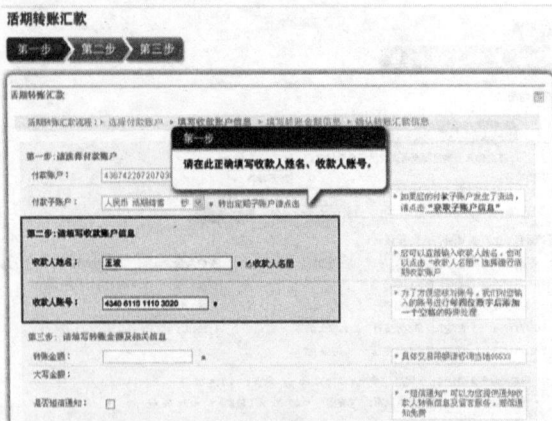

图 13-62

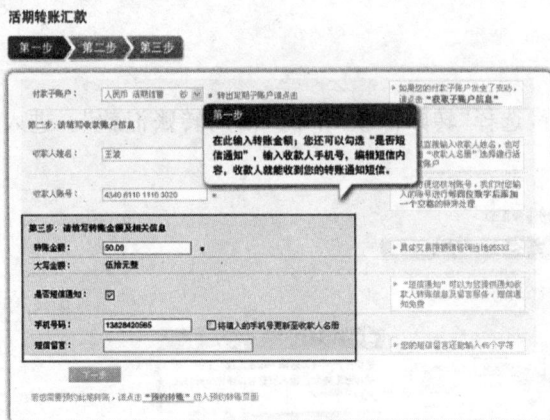

图 13-63

（4）确认转账汇款信息并正确输入附加码，如图 13-64 所示。完成后点击"确认"，然后输入网银盾口令并点击"确认"，如图 13-65 所示。

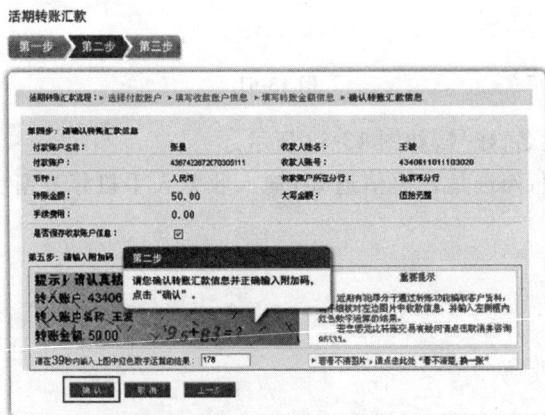

图 13-64

图 13-65

(5)转账交易办理成功,可查看余额或打印,如图 13-66 所示。

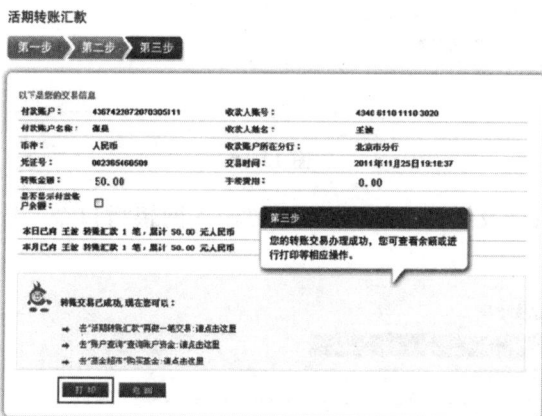

图 13-66

4.缴费支付

(1)登录网上银行后,进入缴费支付页面。选择缴费支付地区和类别,以及想要缴费的内容,并根据页面提示输入相关信息,如要缴纳手机话费则输入手机号等,如图 13-67 所示,然后点击"下一步"。

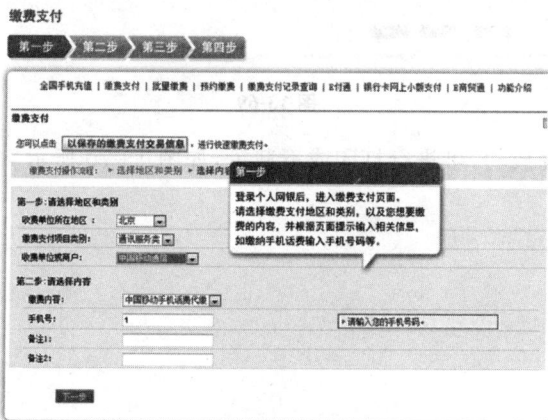

13.3.1 建设银
行—网上银行

图 13-67

（2）选择缴费的账户信息以及想缴费的金额。也可勾选短信通知，获得短信提示交易成功（须事先在"安全中心"开通短信服务），并点击"下一步"，如图13-68所示。

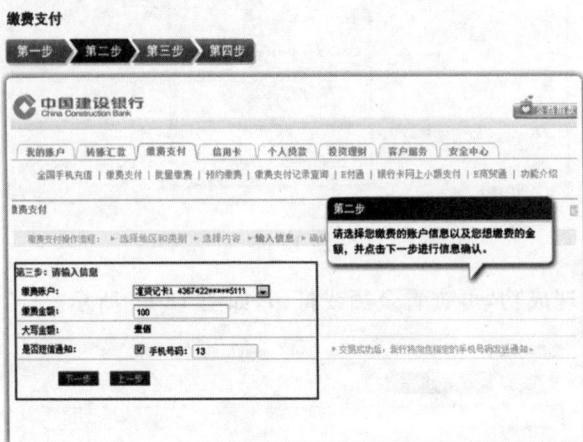

图 13-68

（3）仔细核对手机号及缴费金额，然后正解输入网银盾口令，并点击"确认"，如图13-69所示。

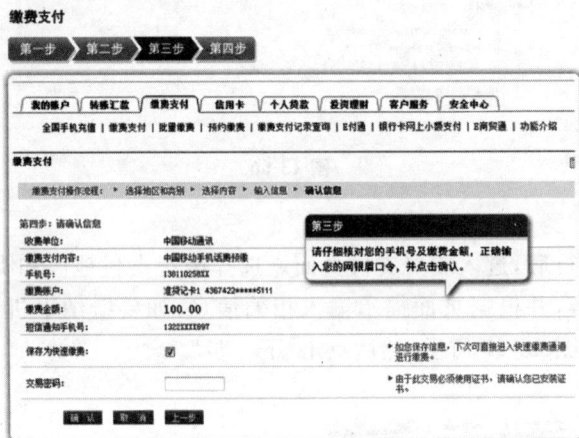

图 13-69

（4）缴费业务办理成功，可进行打印或下载等，如图13-70所示。

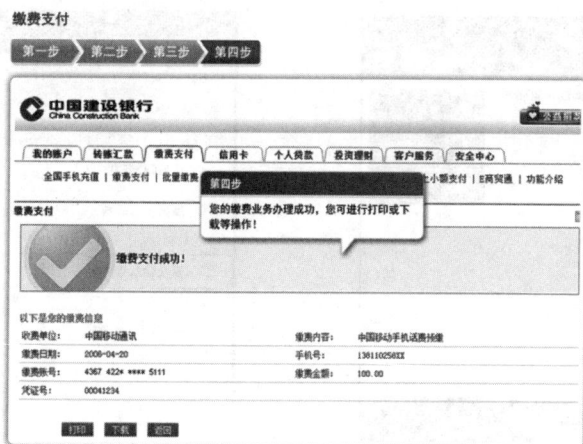

图 13-70

（二）中国建设银行手机银行

建行手机银行不但提供各种非现金、非单证类的基本金融服务，更有基金交易、贵金属交易、国债交易、外汇买卖、鑫存管、理财产品等投资理财服务，以及游戏点卡充值、全国话费充值等特色缴费业务，如图 13-71 所示。

13.3.2 建设银行——手机银行

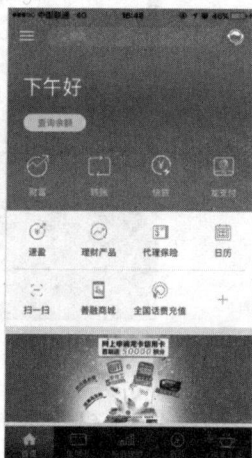

图 13-71

（三）中国建设银行微信银行

1.关注建设银行微信

有两种方式。方式一：登录微信，点击右上角的"＋"，扫一扫中国建设银行微信二维码，即可关注，如图 13-72 所示。方式二：登录微信，点击右上角"＋"，选择"添加朋友"→"查找公众号"，搜索"中国建设银行"，点击"关注"即可，如图 13-73 所示。

图 13-72 图 13-73

2.账户绑定

(1)在对话框中录入"绑定"二字,进行账户绑定,如图 13-74 所示。

(2)阅读绑定协议,选择绑定储蓄账户,如图 13-75 所示。

13.3.3 建设银行—微信银行

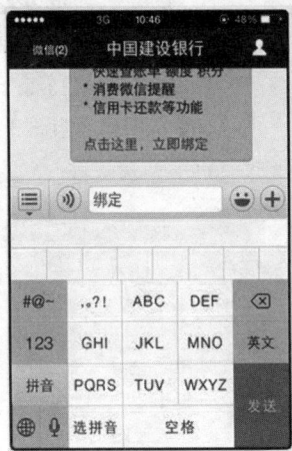

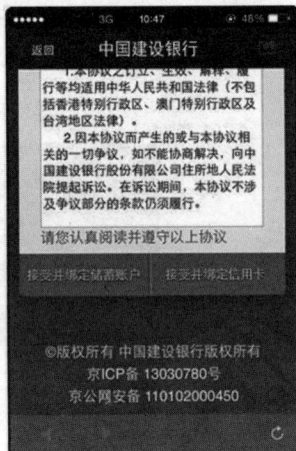

图 13-74 图 13-75

(3)确认微信用户名,并输入姓名、账号、手机后四位、附加码,进入下一步,如图 13-76 所示。

(4)核实短信验证码、账户密码,并进入下一步。

图 13-76

图 13-77

（5）核实账户绑定信息，点击"提交"，完成绑定。

（6）信用卡绑定步骤与之类似。

3. 账户查询

（1）储蓄账户绑定后，选择"微金融"菜单，就可进行账户查询，如图 13-78 所示。

（2）信用卡账户绑定后，选择"信用卡"菜单，就可进行账单查询，如图 13-79 所示。

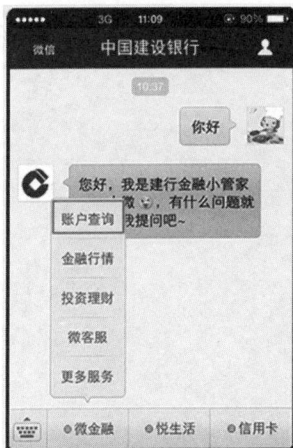

图 13-78

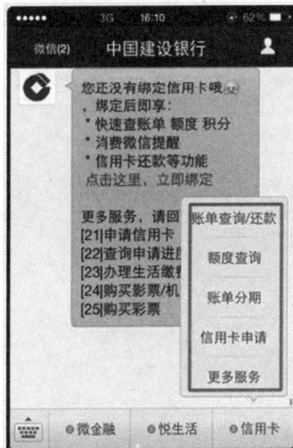

图 13-79

4. 生活缴费

选择"悦生活"菜单，就可以进行生活缴费等操作，如图 13-80、图 13-81 所示。

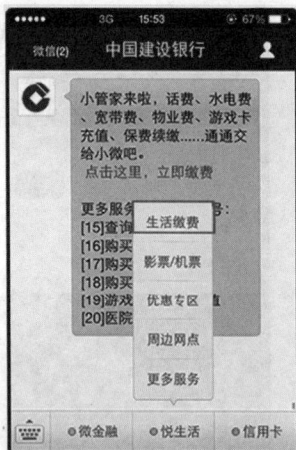

图 13-80

图 13-81

四、实务习题

(1)根据自己拥有的银行账户情况,开通一个网上银行。

(2)试着在开通的网上银行中进行账户查询、转账支付、生活缴费练习。

(3)试着下载手机银行客户端,安装后进行账户查询、转账支付、生活缴费练习。

(4)关注银行微信,绑定账户,试用微信银行的账户查询、还款、生活缴费等功能。

第十三章练习题

第十四章 网站建设

网站是电子商务系统中重要的组成部分,因此网站建设是一个组织开展电子商务活动的主要工作。但网站建设并不简单地等于组织开展电子商务,还应该包括其他许多方面。网站建设是一项系统工程,涉及组织的方方面面。它的建设不仅仅是技术方面的问题,而且还涉及管理方面的问题。本章主要介绍网页制作语言 HTML、静态和动态图像的制作、网页与网站的设计与制作。

第一节 网页制作语言基础

一、学习目的

(1)掌握 HTML 语言主要标记符的含义。

(2)掌握 HTML 语言在 Web 页中的基本结构。

(3)掌握用 HTML 语言进行表格设计、插入图片、超链接等。

二、预备知识

(一)创建 HTML 文档的基本方法

(1)使用工具软件:FrontPage、Dreamweaver、EditPlus 等。

(2)使用编辑工具:记事本、写字板、Word 等。

(二)HTML 标记符的基础

1. 概述

HTML(hyper text markup language)即超文本标记语言。HTML 是 SGML 标准通用标记语言的一个简化版本,可规定网页中信息陈列的格式,指定需要显示的图片,嵌入其他浏览器支持的描述性语言以及指定超文本链接对象,如其他网页和 ASP、JSP 程序等。

2.属性

属性是用来描述对象特征的特性。例如,一个人的身高、体重就是人这个对象的属性。在 HTML 中,所有的属性都放置在开始标记符的尖括号里,通常也不区分大小写。字体标记符和字号属性可以用来指定文字的大小,如<FONT SIZE="1">。

(三)Web 页的基本结构

1.概述

一个 Web 页实际上对应于一个 HTML 文件,HTML 文件以".htm"或".html"为扩展名。最基本的 HTML 文档包括:HTML 标记符<HTML></HTML>、首部标记符<HEAD></HEAD>以及正文标记符<BODY></BODY>。

2.HTML 标记符

<HTML>和</HTML>是 Web 页的第一个和最后一个标记符,Web 页的其他所有内容都位于这两个标记符之间。这两个标记符告诉浏览器或其他阅读该页的程序,此文件为一个 Web 页。

3.首部标记符

首部标记符<HEAD>和</HEAD>位于 Web 页的开头,其中不包括 Web 页的任何实际内容,而是提供一些与 Web 页有关的特定信息。首部标记符中的内容也用相应的标记符括起来。例如,样式表(CSS)定义位于<STYLE>和</STYLE>之间;脚本定义位于<SCRIPT></SCRIPT>之间。

4.标题标记符

在首部标记符中,最基本、最常用的标记符是标题标记符<TITLE>和</TITLE>,用于定义网页的标题。当网页在浏览器中显示时,网页标题将在浏览器窗口的标题栏中显示。

5.正文标记符

正文标记符<BODY>和</BODY>包含 Web 页的内容。文字、图形、链接以及其他 HTML 元素都位于该标记符内。正文标记符中的文字,如果没有其他标记符修饰,则将以无格式的形式显示。注意:空格、回车这些格式控制在显示时都不起作用,如要使它们起作用,应使用预格式化元素<PRE>和</PRE>。

综上所述,一个不包含任何内容的基本 Web 页文件如下所示:

<HTML>

<HEAD><TITLE></TITLE></HEAD>

<BODY></BODY>

</HTML>

6.添加注释

不论是编写程序还是制作网页,为所做的工作添加注释都是一种良好的工作习惯。实际上,添加注释是任何开发工作都必须遵循的规范之一。HTML 的注释由开始标记符"<!－－"和结束标记符"－－>"构成。这两个标记符之间的任何内容都将被浏览器解释为注释,而不在浏览器中显示。

(四)常用 HTML 标记符

1. FONT 标记符

<FONT>标记符具有 3 个常用的属性:SIZE(字号)、COLOR(颜色)和 FACE(字体)。

(1)SIZE 属性。SIZE 号属性的值可以从 1 到 7,3 是默认值。该属性值也可以用＋号或－号来作为相对值指定。例如,如果用户想让 Shopping Basket 一词的字母全部大写,并希望每个单词的第一个字母比其他字母大一号,可使用如下 HTML 代码:

<FONT SIZE="＋1">S</FONT>HOPPING <FONT SIZE＝"＋1">B</FONT>ASKET

要想让每个词的首字母为默认字号,并且其他字母小两号,则可使用 HTML 代码:

S<FONT SIZE＝"－2">HOPPING</FONT> B<FONT SIZE＝"－2">ASKET</FONT>

(2)COLOR 属性。字体标记符的 COLOR 属性可用来控制文字的颜色。例如,如果用户想让 Shopping Basket 一词的颜色为红色,可使用 HTML 代码如下:<FONT COLOR＝"RED">Shopping Basket</FONT>。当然,COLOR 的属性值也可以用 6 位 16 进制代码来表示,如上面的例子也可以表示为<FONT COLOR＝"FF0000">Shopping Basket</FONT>。

(3)FACE 属性。字体标记符的 FACE 属性可用来控制文字的字体。例如,如果用户想让 Shopping Basket 一词的字体为隶书,可使用 HTML 代码如下:<FONT FACE＝"隶书">Shopping Basket</FONT>。

2. 分段标记符

分段标记符用于将文档划分为段落,标记为<P></P>,其中结束标记符通常可省略。

3. 换行标记符

换行标记符用于在文档中强制断行,标记为一个单独的
。该标记与分段标记符<P>有的一定区别。

4. DIV 标记符

DIV 标记符用于为文档分节,以便为文档的不同部分采用不同的段落格式。其标记为<DIV></DIV>。位于 DIV 标记符中的多段文本将被认为是一个节,可为它们设置一致的对齐格式。

ALIGN 属性用于设置段落的对齐格式,其值包括:RIGHT(右对齐)、LEFT(左对齐)、CENTER(居中对齐)和 JUSTIFY(两端对齐)。ALIGN 属性可应用于多种标记符,最典型的是应用于 DIV、P、Hn(标题标记符)、HR 等标记符。

5. IMG 标记符

IMG 标记用于插入图片,具有 SRC 和 ALT 属性、WIDTH 和 HEIGHT 属性、BORDER 属性、HSPACE 和 VSPACE 属性。

6. A 标记符

A 标记符用于创建超链接(结束标记符不能省略),href 属性用于指定超链接的目标。如：

内部网页超链接：<a href="test. htm">link</a>

外部网页超链接：<a href="http://www.jgxysx. net">link</a>

7. 表格标记符

表格标记符包括表格标记符 TABLE、表格行标记符 TR、表格数据标记符 TD。

<TABLE>标记符的属性：

BORDER="n"，指定表格边框的精度。

ALGIN="ALIGNMENT"，指定表格的对齐方式。

WIDTH="n"，指定整个表格的固定宽度。

BGCOLOR="COLOR"，定义表格的背景色。

BORDERCOLOR="COLOR"，定义表格边框的颜色。

COLS="n"，设置表格的列数。

HEIGHT="n"，设置表格的高度。

8. FORM 标记符

FORM 标记符用于包含所有表单内容，具有 Action 属性（服务器端脚本程序：ASP、JSP、PHP、Perl 等）、Method 属性（get、post）和 Enctype 属性。

9. 文本框

单行文本框　　<input type="text" size="">

口令框　　　　<input type="password" size="">

复选框　　　　<input type="checkbox" checked>

单选框　　　　<input type="radio" name="" checked>

三、实务内容

(一)制作 Web 页

使用 HTML 语言制作一个 Web 页，其中标题为"一鸣工作室"，内容为"欢迎来到一鸣工作室!"并保存为 html1. htm。

(1)通过"开始"→"所有程序"→"附件"→"记事本"，打开记事本软件。

(2)单击"格式"菜单，选中"自动换行"，使其前面打钩。

(3)在记事本窗口中键入如图 14-1 所示内容，并保存。

(4)双击所保存的 html1. htm 文件，预览一下，如图 14-2 所示。

图 14-1

图 14-2

说明：

HTML 程序标志：<html>……</html>

头元素（有关文档的信息）：<head>……</head>

标题元素：<title>……</title>

正文元素（文档本身的内容）：<body>……</body>所包含的内容

也可对 html1. htm 文件稍做变化，如删除其中的<title>……</title>

标题元素，如图 14-1a 所示，可将文件保存为 html1a. htm。双击所保存的

html1a. htm 文件，预览一下，如图 14-2a 所示，则"一鸣工作室"不再在标题栏中出现。

14.1.1 html实验（一）

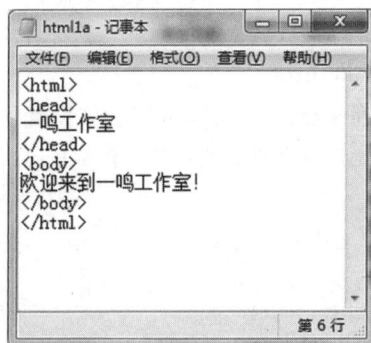

图 14-1a

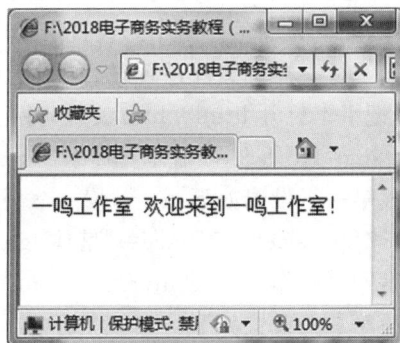

图 14-2b

（二）设置版式

针对 html1. htm 文件，设置背景色为"808080"，文本颜色为"ff0000"，左边距为"100"，顶边距为"40"，并保存为 html2. htm。

（1）用记事本打开 html1. htm 文件，并把 body 标识符属性设为<body bgcolor="808080" text="ff0000" Leftmargin="100" topmargin="40">并保存为 html2. htm，界面如图 14-3 所示。

（2）双击所保存的 html2. htm 文件，预览一下，如图 14-4 所示。

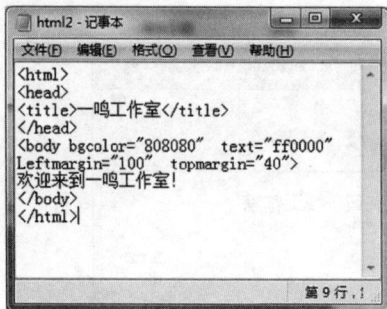

图 14-3

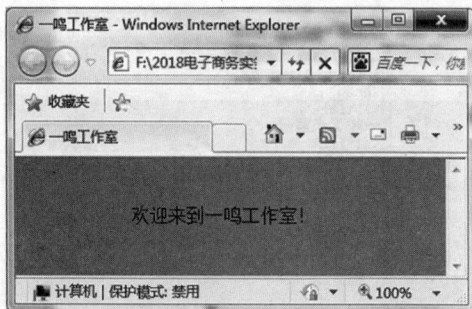

图 14-4

说明：

bgcolor 元素：背景色

text 元素：文本色

leftmargin 元素：左边距

topmargin 元素：顶边距

注：色号可以用英文名称，如 black、green、blue、red、yellow、white 等。

（三）设置字体

针对 html2.htm 文件，设置文本正文"欢迎来到一鸣工作室！"，字号为 3，字体为楷体，颜色为红色。设置第二段第一行正文为"一鸣工作室专业从事网页制作。"字号为 5，字体为楷体，颜色为绿色并居中。设置第二段第二行正文为"欢迎新老客户来电联系。"设置属性与前一行一样。文件设置好后，保存为 html3.htm。

（1）用记事本打开 html2.htm 文件，并把"欢迎来到一鸣工作室！"字体设置如下：

＜font size="3" face="楷体_gb2312" color="red"＞欢迎来到一鸣工作室！＜/font＞

第二段第一行设置如下：

＜p＞＜font size="5" face="楷体_gb2312" color="green"＞＜center＞一鸣工作室专业从事网页制作。＜/center＞＜/font＞＜/p＞

第二段第二行设置如下：

＜br＞＜font size="7" face="楷体_gb2312" color="green"＞＜center＞欢迎新老客户来电联系。＜/center＞＜/font＞

设置好后，将文件保存为 html3.htm，界面如图 14-5 所示。

（2）双击所保存的 html3.htm 文件，预览一下，如图 14-6 所示。

说明：

分段：＜p＞……＜/p＞

分行：＜br＞

居中：＜center＞……＜/center＞

文字颜色：＜font color=" "＞……＜/font＞

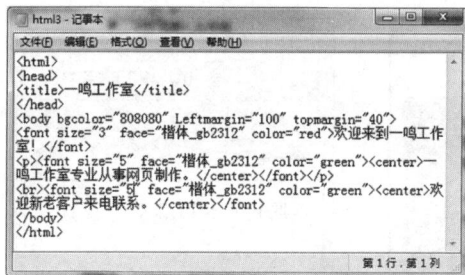
图 14-5

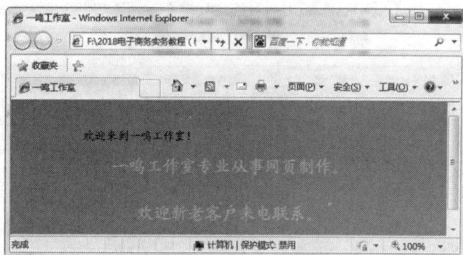
图 14-6

（四）加入链接

针对 html3.htm 文件，给"欢迎来到一鸣工作室！"加上链接，链接到 html1b.htm。给"欢迎新老客户来电联系。"加上链接，链接到电子邮箱，并保存为 html4.htm。针对 html1.htm 文件，加入返回到 html4.htm 的超链接，并保存为 html1b.htm。

14.1.2 html实验（二）

（1）用记事本打开 html3.htm 文件，并把"欢迎来到一鸣工作室！"设置如下：

＜a href＝"html1b.htm"＞欢迎来到一鸣工作室！＜/a＞

（2）把"欢迎新老客户来电联系。"设置如下：

＜a href＝mailto：jgxylab@usx.edu.cn＞欢迎新老客户来电联系。＜/a＞

（3）将文件保存为 html4.htm，界面如图 14-7 所示。

（4）用记事本打开 html1.htm 文件，设置"返回"超链接＜a href＝"html4.htm"＞返回＜/a＞，并保存为 html1b.htm，界面如图 14-7a 所示。

（5）双击所保存的 html4.htm 文件，预览一下，如图 14-8 所示。

（6）单击"欢迎来到一鸣工作室！"超链接，打开 html1b.htm 网页，如图 14-9 所示。

14.1.3 html实验（三）

说明：＜A href＝"被链接的文件名"＞所链接的内容＜/A＞，这是超链接格式。

＜A href＝"mailto：被链接的 E-mail 地址"＞所链接的内容＜/A＞，这是电子邮件超链接格式。

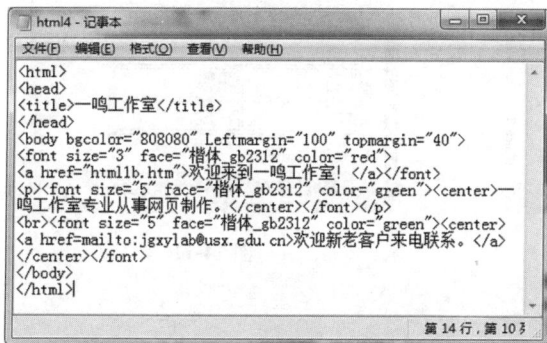
图 14-7

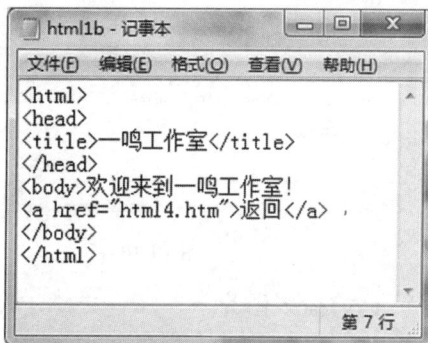
图 14-7a

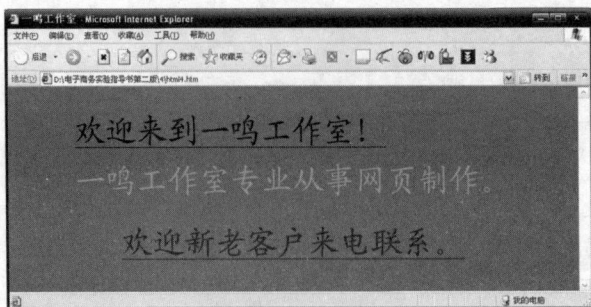

图 14-8

图 14-9

（五）插入表格

使用 HTML 语言制作一个 Web 页,其中标题为,"一鸣工作室"。在页面中插入一个二行二列的表格,宽度为 200 像素,边框为 1。第一行的数据分别为姓名和职称,第二行数据为"张三"和"教授",其中"教授"用红色字体显示,各行数据分别居中,表格边框为蓝色。设置好后,将文件保存为 html5.htm。

（1）通过"开始"→"所有程序"→"附件"→"记事本",打开记事本软件。

（2）单击"格式"菜单,选中"自动换行",使其前面打钩。

（3）在记事本窗口中键入如图 14-10 所示内容。

（4）分别在各<td>……</td>之间键入内容,并设置属性,完成之后界面如图 14-10 所示。

（5）双击所保存的 html5.htm 文件,预览一下,如图 14-11 所示。

说明:

表格:<table>……</table>

行:<tr>……</tr>

数据:<td>……</td>

数据行属性:align

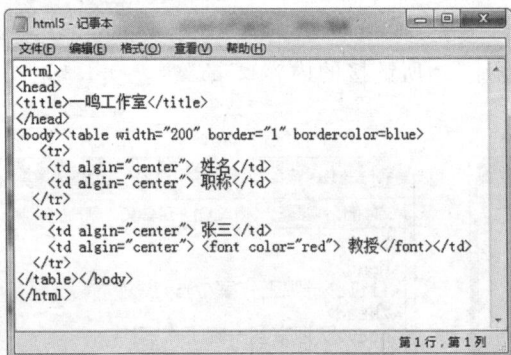

图 14-10

图 14-11

（六）插入图片

针对 html5.htm 文件,在其表格之后再加入一行,其中第一列填入"学校",第二列中插入学校 logo 图片 cc.gif,保存为 html5a.htm。

(1)用记事本打开 html5.htm 文件,并将表格设置为如图 14-12 所示。

(2)双击所保存的 html5a.htm 文件,预览一下,如图 14-13 所示。

图 14-12

图 14-13

说明:

Img 元素:<img src="……" width="……" height="……"></img>

SRC 属性:用于指定所插入的图像的 URL

Width:宽度

Height:高度

14.1.4 html
实验(四)

四、实务习题

(1)用 HTML 编写一张页面,其中标题栏上显示为"×××(自己姓名)个人主页",页面第一行显示"欢迎光临我的个人主页",并用红色,7 号字,楷体,居中。页面下方正文部分自己设计,但至少包含自己的个人照片和个人简介,并在个人简介中添加"学习成绩表"文字。

(2)利用定义表格的方法,用 HTML 语言设计一个学生学习成绩表的网页,其中标题栏上显示为"×××(自己姓名)学习成绩表",页面第一行显示"×××(自己姓名)",居中。页面下方为至少包含三门课程成绩的表格,表格自己设计,表格下方添加文字"返回"。

(3)在个人主页的"学习成绩表"文字上做上超链接,链接到学习成绩表,在学习成绩表的"返回"文字上做上超链接,链接到个人主页。

第二节　静态图像处理技术

一、学习目的

(1)了解 Photoshop 常用工具箱的使用方法。

(2)掌握 Photoshop 图层的使用方法。

(3)掌握用 Photoshop 制作简单图像及文字处理。

二、预备知识

(一)操作界面认识

Photoshop CS4 操作界面如图 14-14 所示。

图 14-14

(二)工具栏主要工具使用介绍

工具栏如图 14-15 所示。如果图标右下角有黑色小三角形,则表示该工具图标可展开二级菜单,只要鼠标左键按住不放,停留 1～2 秒后会自动展开二级菜单,如图 14-16 所示。

图 14-15

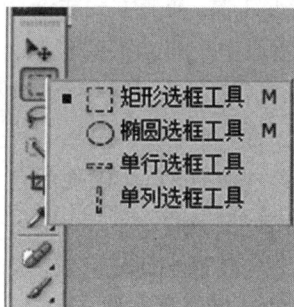

图 14-16

主要工具使用介绍如下：

(1)移动工具( )：可将某一图层中的全部图像或选择区域移动到指定位置。

(2)矩形选框工具( )：在图像或单独图层中建立一个矩形选区,选取时按下 Shift 键则将选区限制为正方形,按下 Alt 键,则以拖动开始处为中心选出选区。

椭圆形选框工具：在图像或单独图层中建立一个椭圆形选区,选取时按下 Shift 键则将选区限制为圆形,按下 Alt 键,则以拖动开始处为中心选出选区。

单列/单行选框工具：用于在图像中或单独图层中选出 1 个像素宽的横/竖行区域。

(3)套索工具( )：用于建立不规则的选区,即将拖动鼠标移动的轨迹建立为选区。

多边形套索工具：用于在图像中围绕一个区域用折线选定,以手控的方式进行多边形的不规则选择。

磁性套索工具：用于建立一个紧贴色彩分界边缘的选区。

(4)魔棒工具( )：可在图像中基于相邻像素色彩的相似性选定区域,即当在图像上单击某一个点时,附近与它颜色相近的点会自动融入选区。

(5)裁剪工具( )：用于切除选择区域外的部分。

(6)吸管工具( )：提取图像颜色的色样。

(7)注释工具( )：创建可附在图像上的文字和语音注释。

(8)切片工具( )：可创建切片。

(9)修复画笔工具( )：可利用样本或图案绘画以修复图像中不理想的部分。

(10)画笔工具( )：在图像或选区中模拟毛笔或刷子效果进行着色。

铅笔工具：在图像或选区中模拟彩色铅笔绘画的效果。

(11)仿制图章工具( )：以指定区域或像素为样本,将其复制到任何地方。在进行复制时,首先按住 Alt 键并单击要复制的区域,然后松开 Alt 键,再次单击并拖动鼠标则可进行复制。

(12)历史记录画笔工具( )：可将选中状态或快照的一个副本绘画应用于当前图像窗口中。

(13)橡皮擦工具( )：擦去图层中的指定像素。擦除背景时,用背景色填充。

背景橡皮擦工具：擦去图层中的指定像素。擦除背景时,用透明色填充。

魔术橡皮擦工具：擦去图层中色彩相似的像素。擦除背景时,用透明色填充。

(14)渐变工具（▣）：色彩渐变工具，渐变方式或渐变形状可在属性栏中设置。

油漆桶工具：用前景色填充图像中色彩相似的像素。

(15)模糊工具（◍）：使指定的区域色彩过渡平缓，使僵硬的色彩边界变柔和，起到一种模糊图像的效果。

锐化工具：使指定的区域色彩过渡强烈，使僵硬的色彩边界变锐利化，起到一种清晰图像的效果。

涂抹工具：使指定的区域产生一种被水抹过的效果。

(16)减淡工具（🔍）：使指定的区域亮度加强。

加深工具：使指定的区域亮度减弱。

海绵工具：使指定的区域色彩饱和度增大。

(17)钢笔工具（🔍）：在图像上添加一个锚点。

自由钢笔工具：将图像上鼠标拖动的轨迹建立为路径。

(18)字体工具（T）：在图像上输入文字。

(19)路径组件选取工具（▶）：用于选取路径。

(20)矩形工具（▢）：选择矩形等形状。

(21)抓手工具（✋）：在图像窗口内移动图像。

(22)缩放工具（🔍）：放大和缩小图像的视图。

(23)设置前景色：可设置前景和背景的颜色，并可互换。

(24)模式图标：可以在标准模式与快速遮罩模式下切换。

(25)屏幕显示图标：利用此工具可在标准屏幕模式、带有菜单条的满屏模式和满屏模式下进行切换。

(三)主要控制面板介绍

1.导航器和信息面板（见图14-17）

导航器用于显示缩放图像大小比率，迅速移动图像显示内容，可以通过拖动图像或者直接从键盘输入改变图像显示比率。信息面板用于显示鼠标所在位置或颜色取栏工具所取的点的坐标值和像素的色彩数值，选取、旋转、测量时的大小和角度。

2.颜色、色板、样式面板（见图14-18）

颜色面板用于选取颜色，可以快速改变前景色和背景色，默认为RGB滑块，其范围在0和255之间。色板面板中可用鼠标直接点取其中任意一种颜色作为前景色。样式面板指调色板中的图案是已定义好的图层样式，可以用鼠标单击选中。

3.图层、通道、路径面板（见图14-19）

在图层面板中，可以对图层进行各种操作。图层在图像处理中有很重要的作用，可以在不同的图层上绘制各种图像而组合得到不同的效果。在通道面板中，显示的是当前图像中的通道，包括RGB通道和Alpha通道。路径面板显示工作路径，可对路径进行各项操作。

4.历史记录和动作面板（见图14-20）

历史记录面板记录了对文件的每一步操作，默认保存20步。单击想要恢复的那一步,就可以回到原来那一步操作的样子。动作面板提供了一个类似于宏或批处理的功能,利用此功能可将一组记录的操作集成为一个宏命令来自动完成一系列任务,这一组称为一个动作。

图 14-17

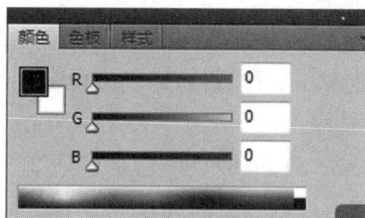

图 14-18

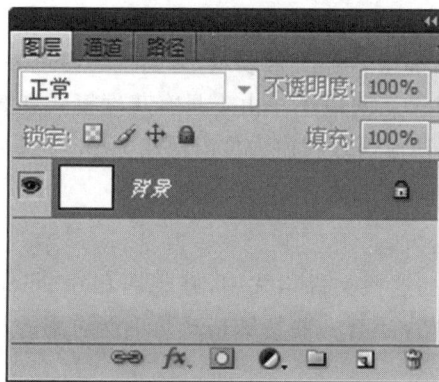

图 14-19

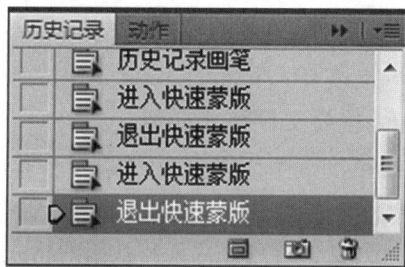

图 14-20

(四)主要色彩模式介绍

1. RGB 模式

RGB 就是色光的色彩模式。R 代表红色,G 代表绿色,B 代表蓝色,三种色彩叠加形成了其他色彩,所以 RGB 模式是一种加色模式。显示器、投影设备以及电视等许多设备都是以这种色彩模式实现的。就编辑图像而言,RGB 也是最佳模式,因为它提供了全屏24 位的色彩范围,即"真彩色"显示。但是 RGB 打印效果不佳,因为 RGB 所提供的色彩超出了打印范围,会损失一部分亮度和色彩,打印时比较鲜明的色彩会失真。网络上的图像一般采用这种模式。

2. CMYK 模式

当阳光照到一个物体上时,这个物体将吸收一部分光线,并将剩下的光线进行反射,反射的光线就是物体的颜色。这是一种减色模式,C 代表青色,M 代表洋红色,Y 代表黄色,K 代表黑色,其色彩范围不及 RGB。这种模式网络上一般不太用,但做广告或者印刷品时经常用到。用户可以先用 RGB 模式编辑,再用 CMYK 模式打印,直到印刷前才进行转换,然后加以必要的校色、锐化和修饰。

3. Lab 模式

Lab 模式是由国际照明委员会(CIE)于 1976 公布的一种色彩模式。RGB 模式是一种发光的计算机屏幕加色模式,CMYK 模式是一种颜料反光的印刷用减色模式,而 Lab 模式是 CIE 组织确定的一个理论上包括了人眼可见的所有色彩的色彩模式。Lab 模式弥补了 RGB 与 CMYK 两种色彩模式的不足。

4. 索引颜色模式

索引颜色模式就是 Indexed Color 模式。在这种模式下,只能储存一个 8 位色彩深度的文件,即最多 256 种颜色,而且颜色都是预定义好的。

5. 灰度模式

灰度模式中只存在灰度,它是多达 256 级灰度的 8 位图像。亮度是控制灰度的唯一要素,亮度越高,灰度越浅;亮度越低,灰度越深。当一个彩色文件被转换为灰度模式时,所有的颜色信息都将从文件中除去。Photoshop 可将彩色模式文件转换为灰度文件,但不可能将原来的颜色恢复回去,所以,在转换前最好做个备份。

6. 位图模式

位图模式是一种单色模式,它的每个像素都用 0 和 1 来表示,分别代表白色和黑色。因为每个像素只有 1 位位长,所以它占用的磁盘空间最小。由于只有灰度模式和多通道模式的图像才能转换为位图模式,所以要想把其他模式转换为位图模式,应先转换为灰度模式,再转换为位图模式。

(五)主要文件格式介绍

Photoshop 中应用了 20 多种文件格式。在这些文件格式中,有些是 Photoshop 专用的,有些是跨平台式的,有些是用于程序交换的,还有一些特殊格式是不能通用的。在这里,我们主要介绍几种常见和常用的格式。

1. PSD 格式

PSD 格式是 Photoshop 软件专用的格式,能保存图像数据的每一个细小部分,包括像素信息、颜色模式信息、图层信息、通道信息、蒙版信息,所以 PSD 格式的文件特别大。而这些内容在转存为其他格式时将会丢失;在存储成其他格式的文件时,有时会合并图像中的各图层及附加的蒙版信息,当再次编辑时会带来不少麻烦。因此,最好在存储一个 PSD 文件备份后再进行转换。

2. BMP 格式

BMP 是 DOS 和 Windows 兼容计算机系统的标准 Windows 图像格式。BMP 格式支持 RGB、索引颜色、灰度和位图颜色模式,但不支持 Alpha 通道。可以指定图像采用 Windows 或 OS/2 格式,并指定图像的位深度。在 Photoshop 中,最多可以使用 16 兆的色彩渲染 BMP 图像,所以 BMP 格式图像可具有极其丰富的色彩。

3. GIF 格式

在万维网和其他网上服务的 HTML 文档中,GIF 文件格式普遍用于显示索引颜色图形和图像。GIF 是一种 LZW 压缩格式,用来最小化文件大小和减少电子传递时间。正因为它是经过压缩的,而且又是 8 位的,所以这种文件大多用在网络传输上,速度比传输其他格式的图像文件快得多。但是,GIF 格式最多只能处理 256 种色彩,不能用于存储真彩的图像文件。

4. JPEG 格式

在万维网和其他网上服务的 HTML 文档中,JPEG 文件格式普遍用于显示图片和其他连续色调的图像文档。JPEG 格式是所有压缩格式中性能最卓越的,JPEG 格式支持 CMYK、RGB 和灰度颜色模式,不支持 Alpha 通道。与 GIF 格式不同,JPEG 保留 RGB 图像中的所有颜色信息,通过选择性地去掉数据来压缩文件。在网络上,GIF 和 JPEG 是两种最常用的图像格式。

14.2.1 PS 实验—预备知识

5. TIFF 格式

TIFF 格式为标记图像文件格式,用于在应用程序之间和计算机平台之间交换文件。TIFF 是一种灵活的位图图像格式,实际上被所有绘画、图像编辑和页面排版应用程序支持,而且几乎所有桌面扫描仪都可以生成 TIFF 图像。

三、实务内容

(一)网站 logo 的制作

(1)点击"开始"→"所有程序"→"Adobe Photoshop CS4",打开 Photoshop 软件。

(2)在"文件"菜单选取"新建",就会出现"新建"面板,在名称栏中输入"logo";宽度为 400 像素,高度为 120 像素,分辨率为 72 像素/英寸;模式为 RGB 模式;背景内容选择"白色"。选好后,单击"确定"按钮。

(3)在"文件"菜单中选取"打开"命令,打开事先准备好的一个 logo 文件。然后,在工具栏里选择"魔术棒",在标志上半部分单击,这样就选取了上半部分。下一步,按住 Shift 键,再在标志的下半部分单击,这样整个标志就被选中了(见图 14-21),选中的部分周围会有闪烁的虚框。

(4)在"编辑"菜单中选取"拷贝"命令,然后选取文件"logo"。确认是当前窗口时,在"编辑"菜单中选取"粘贴"命令。粘贴的对象可能大小不合适,可以单击文件右上角的"最大化"按钮,然后在"编辑"菜单中选取"变换"→"缩放"命令。把鼠标移至方框右下角,鼠标形状会变成双箭头,同时按住 Shift 键(等比例缩放),就可把方框缩放到所想要的大小,然后按回车键,在工具栏里选择移动工具,把 logo 移至适当的位置,如图 14-22 所示。

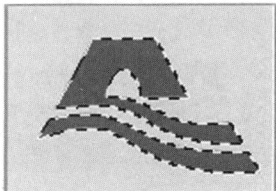

图 14-21

图 14-22

(5)双击图层面板中的图层 1,弹出一个图层样式的窗口。选择"斜面和浮雕",参数设置如图 14-23 所示。然后单击"确定"按钮,效果如图 14-24 所示。

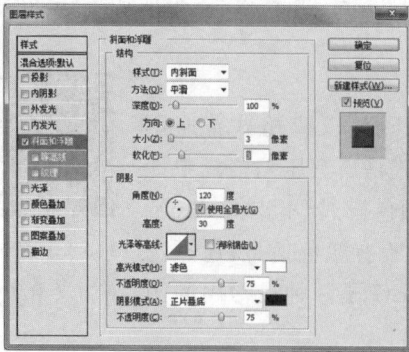

图 14-23

图 14-24

(6)在工具栏里选择文字工具,在画面上输入"绍兴文理学院",字体选择黑体,大小选择36pt,颜色选择黑色。选择移动工具把"绍兴文理学院"移动到适当位置。然后,再次选择文字工具,在画面上输入"www. usx. edu. cn",字体选择宋体,属性选择"无",大小选择 24pt,颜色

图 14-25

选择黑色,字符间距设为-50。选择移动工具把英文字移动到"绍兴文理学院"之下适当位置,结果如图 14-25 所示。

(7)保存当前文件为 logo.psd,以方便以后修改,然后用鼠标选择图层面板,选中图层 1,使其为当前活动图层。再选择"图层"菜单下的"拼合图像",选择"文件"菜单的"存储为 Web 所用格式",弹出"存储为 Web 所用格式"对话框,设置参数如图 14-26 所示。

单击"存储"按钮,保存为 logo. jpg 文件。这样整个 logo 就制作完成了,最终效果如图 14-27 所示。

14.2.2 PS 实验—logo 制作

图 14-26

图 14-27

(二)网站 banner 图片的制作

(1)单击"开始"→"所有程序"→"Adobe Photoshop CS2",打开 Photoshop 软件。

（2）在"文件"菜单选取"新建"，就会出现"新建"面板，在名称栏中输入"banner"；宽度为 468 像素，高度为 90 像素，分辨率 72 像素/英寸；模式为 RGB 模式；背景内容选择"透明"。选好后，单击"确定"按钮，界面上就会出现一个文件，如图 14-28 所示。

14.2.3 PS 实验
——banner 制作

图 14-28

（3）打开素材文件，进行相应的切割或进行图像大小的调整，使其大小为 468×90，选中这块区域，如图 14-29 所示。

图 14-29

（4）然后按"Ctrl＋C"键复制，再把窗口切换到新建的 banner 文件处，按"Ctrl＋V"键进行粘贴，如图 14-30 所示。

图 14-30

（5）选择工具栏内文字工具，在图片上键入如图 14-31 所示文字。

图 14-31

（6）选择移动工具，把"欢迎光临绍兴文理学院网站"移到图片适当位置，并调整字体、大小和颜色，如图 14-32 所示。

图 14-32

（7）选择"图层"菜单下"图层样式"中的"混合选项"，弹出如图 14-33 所示图层样式面板。

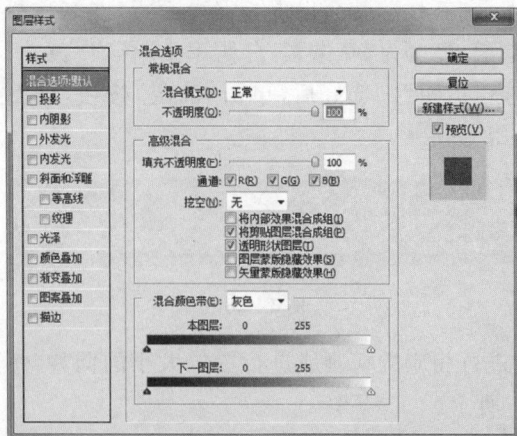

图 14-33

(8)单击左边样式栏内"描边"选项,右边如图 14-34 所示,设置大小为 2,颜色设置为白色。

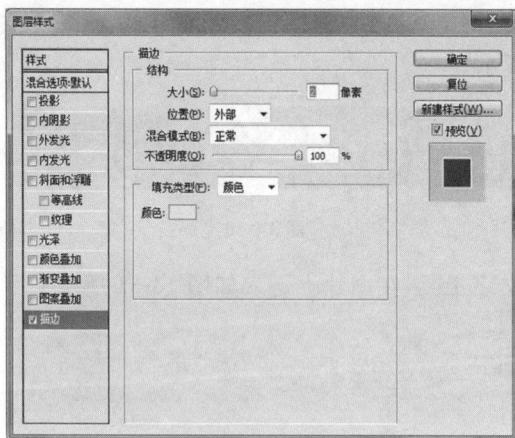

图 14-34

(9)单击"确定"按钮,效果如图 14-35 所示。

图 14-35

(10)选择文件菜单下的"存储为 Web 所用格式",弹出如图 14-36 所示窗口。

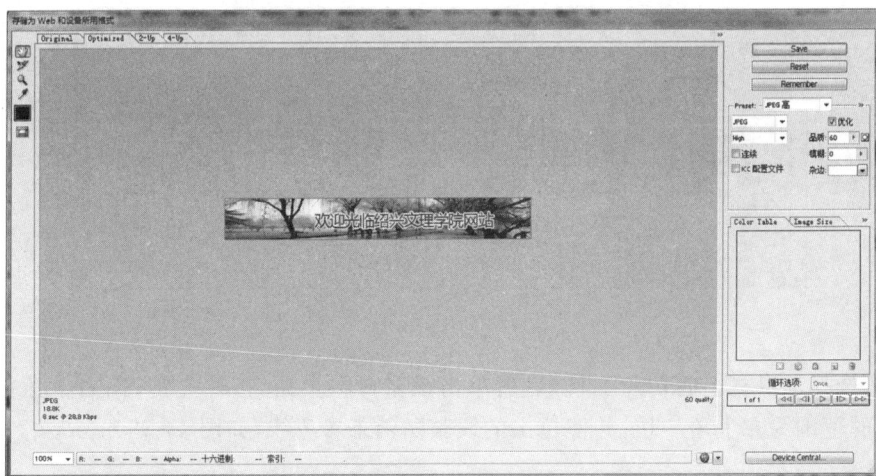

图 14-36

（11）按照图 14-36 所示设置，单击"存储"，选择保存路径，到此文件制作完毕。

（三）网站大图片的处理

（1）单击"开始"→"所有程序"→"Adobe Photoshop CS4"，打开 Photoshop 软件。

14.2.4 PS 实验
——大图片处理

（2）在"文件"菜单选择"打开"，选择预先准备好要处理的图片，单击"确定"，如图 14-37 所示。

图 14-37

（3）选择"视图"，单击"标尺"，选择左边工具栏的移动工具，把鼠标分别移到标尺左边和标尺上方，然后按住鼠标左键，分别向右和向下拖动，拉出两条参考线，然后拖动到适当位置，如图 14-38 所示。

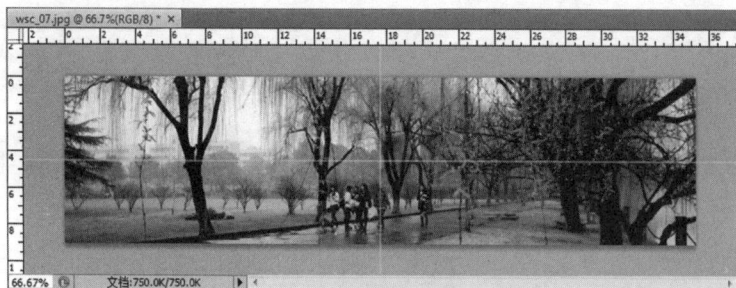

图 14-38

(4)选择工具栏上的切片工具,然后单击该窗口左上角,按住左键,向右下角拉动,使其拉出的范围为左上角一块,并使拉出的线紧贴两条参考线,如图 14-39 所示。

图 14-39

(5)用同样的方法切出其他三块,切好后如图 14-40 所示。

(6)选择"文件"菜单下的"存储为 Web 所用格式",弹出如图 14-41 所示窗口。

(7)单击"存储"按钮,弹出如图 14-42 所示保存窗口。

图 14-40

图 14-41

图 14-42

（8）在弹出窗口中选择保存路径，并取名为 index，选择保存类型为"HTML and Images"（HTML 和图像），选择"设置"下拉列表中的"其他..."。弹出"输出设置"对话框，如图 14-43 所示。

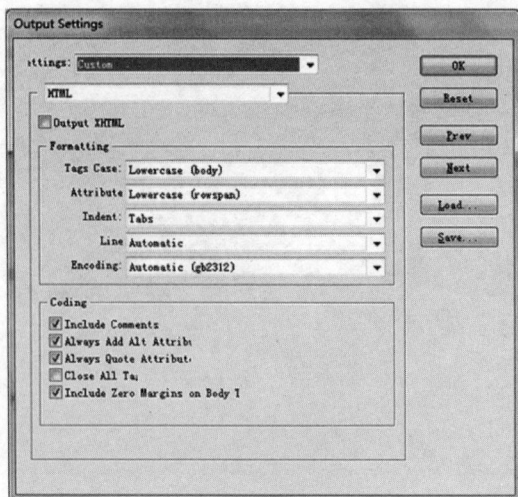

图 14-43

（9）在默认为"HTML"的下拉列表框中选择"存储文件"，设置如图 14-44 所示。

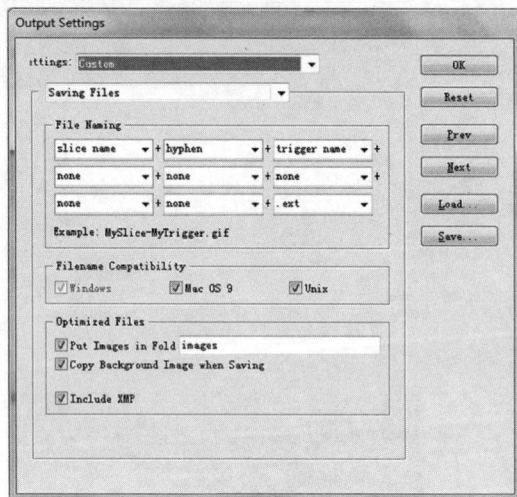

图 14-44

（10）单击"确定"按钮，返回到保存窗口，单击"保存"。打开所保存的文件夹，如图 14-45所示。

图 14-45

（11）这时我们可以看到一个导出的 index. html 文件和一个 images 文件夹。打开 images 文件夹，看到里面有刚才切割的四个小图片文件，如图 14-46 所示。

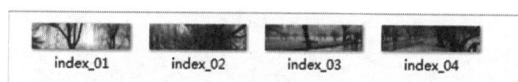

index_01　　index_02　　index_03　　index_04

图 14-46

（12）单击导出的 index. html 文件，预览一下，如图 14-47 所示。

图 14-47

四、实务习题

（1）制作个人主页的 logo，主题自己选择。

（2）制作个人主页的 banner 图片，大小为 468×60。

（3）在 Photoshop 里制作个人主页的分栏目按钮，并对每个栏目切割成小图片，然后导出。

第三节　动态图像制作技术

一、学习目的

（1）了解 Macromedia Flash 常用工具栏的使用。

（2）掌握 Macromedia Flash 图层及时间轴的使用。

（3）掌握 Macromedia Flash 帧、元件及动作的创建和使用。

（4）掌握用 Macromedia Flash 制作简单动画的方法。

二、预备知识

(一)操作界面介绍

Flash 的整个界面里包括菜单栏、工具栏、各类控制面板、舞台、时间轴以及活动窗口，如图 14-48 所示。

图 14-48

(二)常用工具的使用介绍

工具栏如图 14-49 所示。

(1)选取工具( )：用来选择、移动和改变图形的外形。

(2)部分选取工具( )：用来选取、拖动或调节节点来改变图形。

(3)任意变形工具( )：用来对所绘制图形进行任意变形。

(4)3D 旋转工具( )：用来使 3D 图形旋转移动。

(5)索套工具( )：用来选取精确的图形范围。

(6)钢笔工具( )：用来绘制直线、曲线及不规则图形。

(7)文本工具( )：用来创建文本和编辑文本格式。

(8)直线工具( )：用来绘制直线。

(9)矩形工具( )：用来绘制矩形或圆角矩形，按住 Shift 键可绘制方形。

(10)椭圆工具( )：用来绘制椭圆，按住 Shift 键可绘制圆形。

(11)铅笔工具( )：用来绘制线段或图形。

(12)刷子工具( )：用来绘制可填充的图形。

(13)墨水瓶工具：用来描绘线段的颜色和粗细。

(14)颜料桶工具( )：用来填充可填充的图形的颜色。

(15)滴管工具( )：用来在画面中吸取所选对象的格式。

图 14-49

（16）橡皮擦工具（🖋）：用来擦除画面中的线条、图形及颜色。

（17）手形工具（✋）：用来拖动大幅图片进行查看。

（18）缩放工具（🔍）：用来放大和缩小查看比例。

（19）笔触颜色（🖋□）：用来选取线条的颜色，可下拉展开。

（20）填充颜色（🖋■）：用来选取填充的颜色，可下拉展开。

（21）默认颜色、没有颜色、交换颜色：默认为黑白色，没有颜色就是不填充颜色，交换颜色是把描绘颜色与填充颜色交换。

（三）常用控制面板的介绍

1. 信息面板

显示编辑中的各种信息：类型、大小、位置（坐标）和颜色以及鼠标的当前坐标。该面板很实用的一个功能就是，如果用鼠标拖动不能精确确定对象的大小，或不能精确定位对象在编辑中的位置，可以直接在大小输入框或坐标输入框中输入精确到 0.1 的像素值，来精确确定对象的大小或位置。

2. 属性面板

使用属性面板可以很容易地访问舞台或时间轴上当前选定项的最常用属性，从而简化文档的创建过程。用户可以在"属性"检查器中更改对象或文档的属性，而不用访问包含这些功能的菜单或面板。属性面板可以显示当前文档、文本、元件、形状、位图、视频、组、帧或工具的信息和设置具体取决于当前选定的内容。当选定了两个或两个以上不同类型的对象时，属性面板会显示选定对象的总数。

3. 动作面板

动作面板上可以创建和编辑对象或帧的动作。选择帧、按钮或影片剪辑实例可以激活动作面板。动作面板标题也会相应变为"按钮动作""影片剪辑动作"或"帧动作"，具体取决于所选的内容。

4. 库面板

库面板是存储和组织在 Flash 中创建的各种元件的地方，它还用于存储和组织导入的文件，包括位图图形、声音文件和视频剪辑。库面板上可以组织文件夹中的库项目，查看项目在文档中使用的频率，并按类型对项目排序。

（四）了解舞台与时间轴

舞台与时间轴是动画制作的主要场所，如图 14-50 所示，引人入胜的 Flash 电影就在这里产生。舞台工作区是显示和编辑影像的地方，在这里我们可观看作品，也可以对电影中的对象进行编辑、修改。对于没有复合效果的动画，在舞台上也可以直接播放。时间轴是调整和控制动画的地方，可以在不同图层或者不同的关键帧放置不同的元件。Flash 动画是由帧顺序排列而成的，将不同帧里的不同的画面按顺序播放就形成了动画。

14.3.1 FL 实验—预备知识

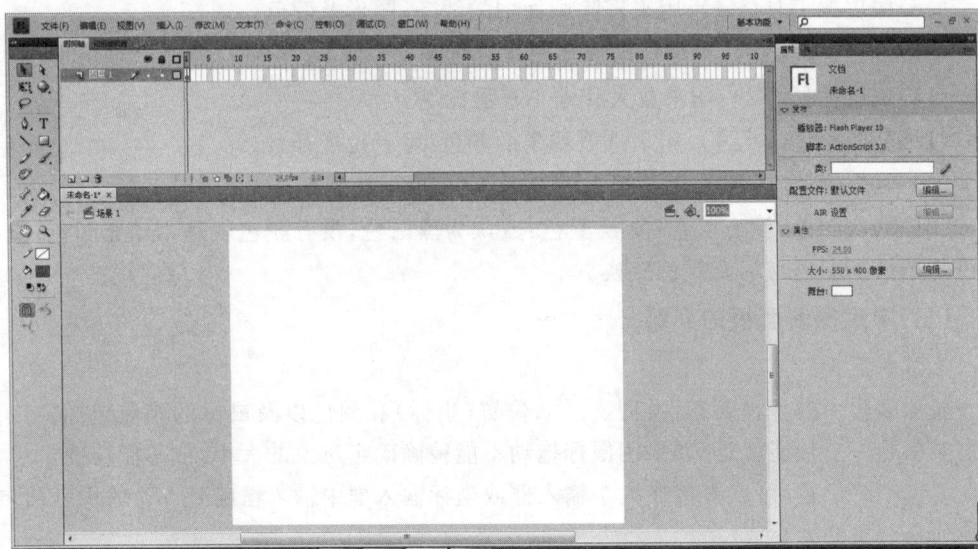

图 14-50

三、实务内容

(一)帧帧动画的制作

(1)单击"开始"→"程序"→"Macromedia"→"Macromedia Flash",启动 Flash 软件。

(2)选择创建新项目下的"Flash 文件",建立一个新电影,在属性面板中点击"编辑"文档属性,设置尺寸宽为 468 像素,高为 90 像素,背景色为蓝色,其他默认,如图 14-51 所示。

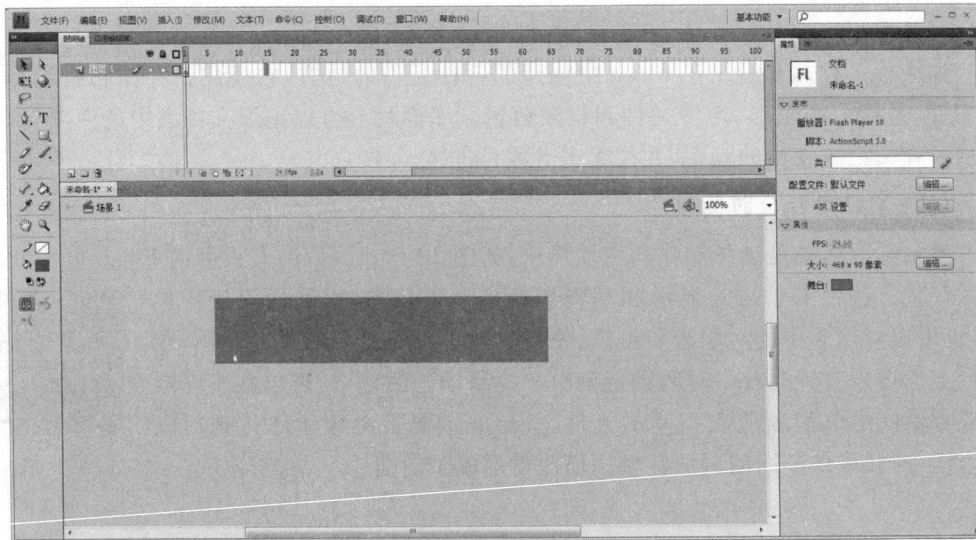

图 14-51

（3）在第 15 帧的位置插入时间轴上的关键帧，用文本（T）工具输入"欢"字，并设置好合适的字号、字体、颜色，如图 14-52 所示。

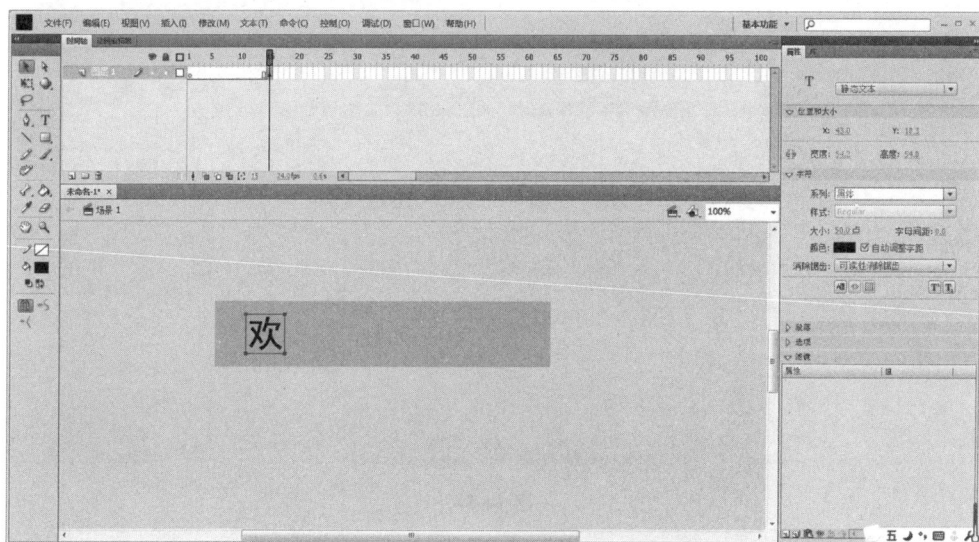

图 14-52

（4）在时间轴的第 30 帧，在图层 1 中再插入一个关键帧，并用文本工具输入"迎"字，如图 14-53 所示。

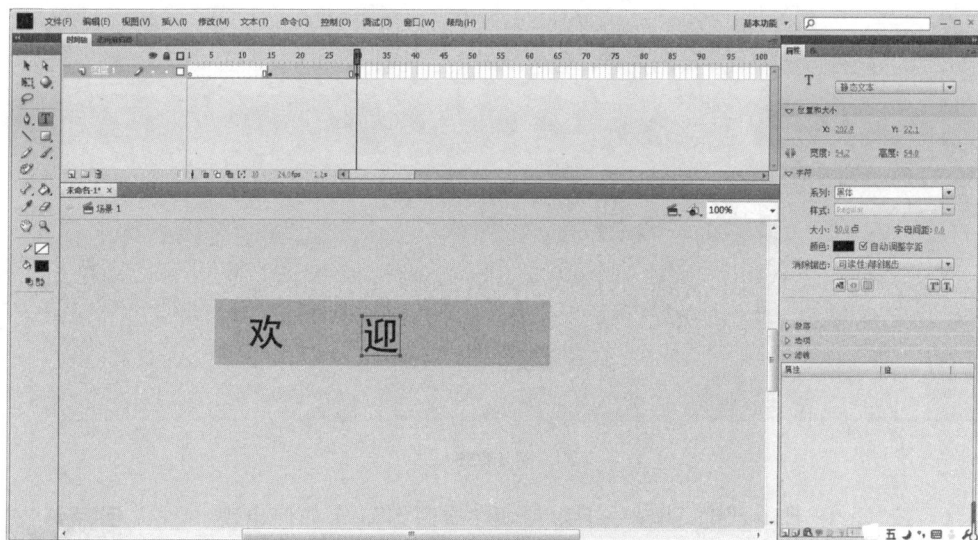

图 14-53

（5）用同样方法在第 45 帧的位置上插入关键帧，并输入"您"字，如图 14-54 所示。

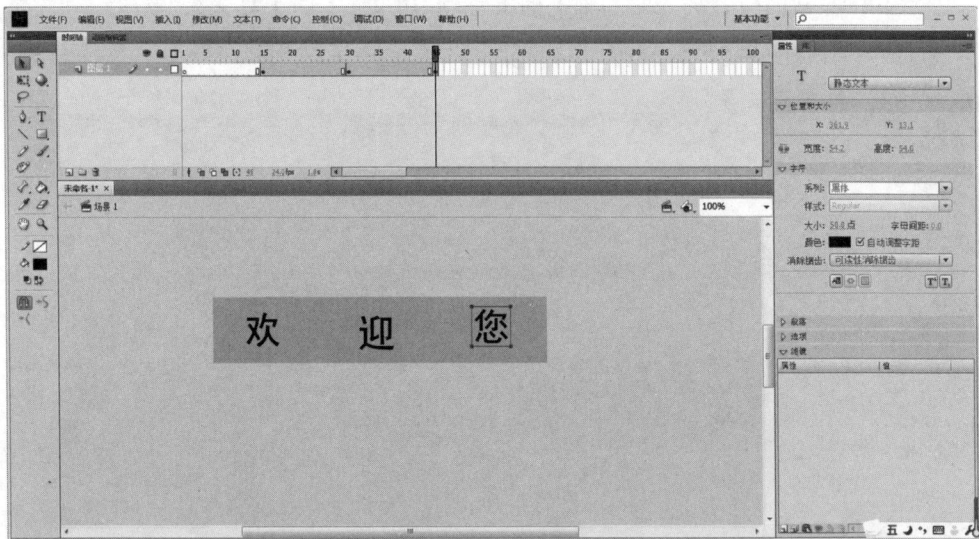

图 14-54

（6）最后在第 60 帧用同样的方法插入关键帧，如图 14-55 所示。

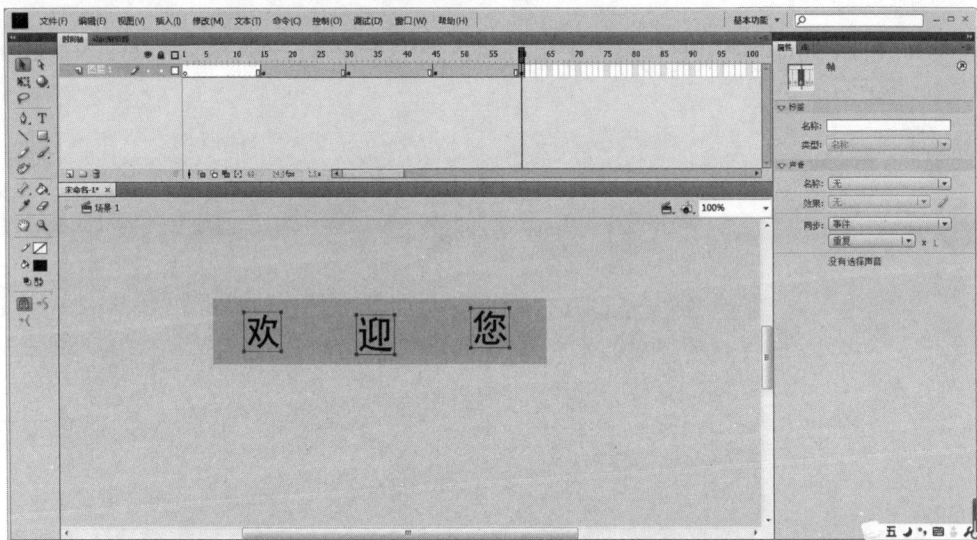

图 14-55

（7）按"Ctrl＋Enter"键，测试一下影片，看"欢迎您"3 字如何出现。

（8）选择文件菜单下的"导出"→"导出影片"，选择保存路径，并命名为"帧帧动画"，单击"保存"，文件即保存成功。可以双击所保存的文件浏览。

（9）如果需要继续修改的，可先保存为＊.fla 文件，即 Flash 原始文件。

（二）渐变动画的制作

（1）单击"开始"→"程序"→"Macromedia"→"Macromedia Flash"，启

14.3.2 FL 实验—帧帧动画

动 Flash 软件。

（2）选择创建新项目下的"Flash 文件"，建立一个新电影，设置尺寸宽为 600 像素，高为 400 像素，背景色为白色，其他默认。

（3）选择工具栏内椭圆工具，并把填充色选为蓝色，把笔触颜色选为没有颜色。在工作区左上方，按住 Shift 键的同时拖动鼠标，画出一个正圆，如图 14-56 所示。

14.3.3 FL 实
验—渐变动画

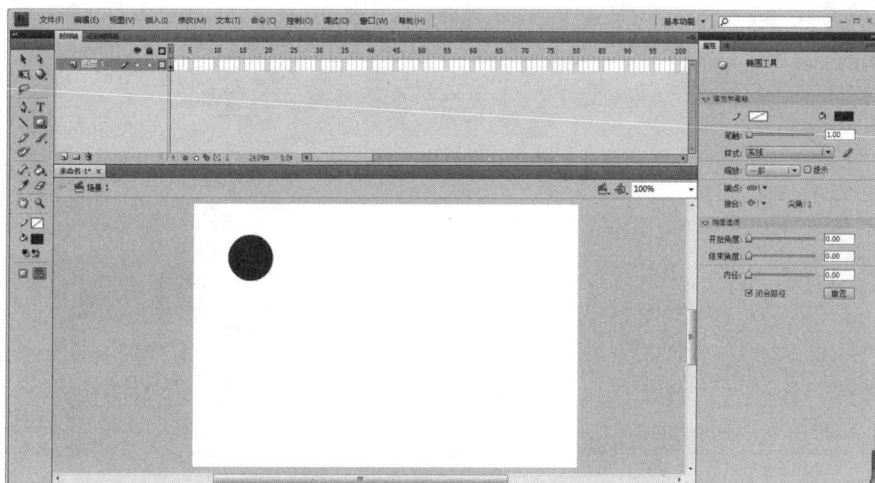

图 14-56

（4）从工具栏中选择"选择工具"，选中工作区的蓝色正圆，选择菜单栏的"修改"→"转换为元件…"或者按 F8 键，弹出如图 14-57 所示对话框。

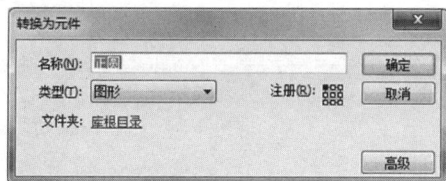

图 14-57

（5）将对象命名为"正圆"，设置类型为图形，然后单击"确定"。工作区内的正圆如图14-58所示。

（6）单击时间轴上第 30 帧，插入一个关键帧，如图 14-59 所示。

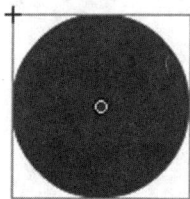

图 14-58

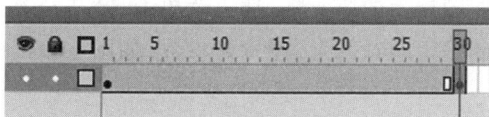

图 14-59

(7)用鼠标拖动正圆到工作区适当位置,选择属性面板中颜色下的 alpha 选项,并设置属性值为 10%,如图 14-60 所示。

(8)用同样的方法,在时间轴第 60 帧的位置插入一个关键帧,并把正圆拖到工作区适当位置,设置属性面板上的颜色为 alpha,值为 60%,如图 14-61 所示。

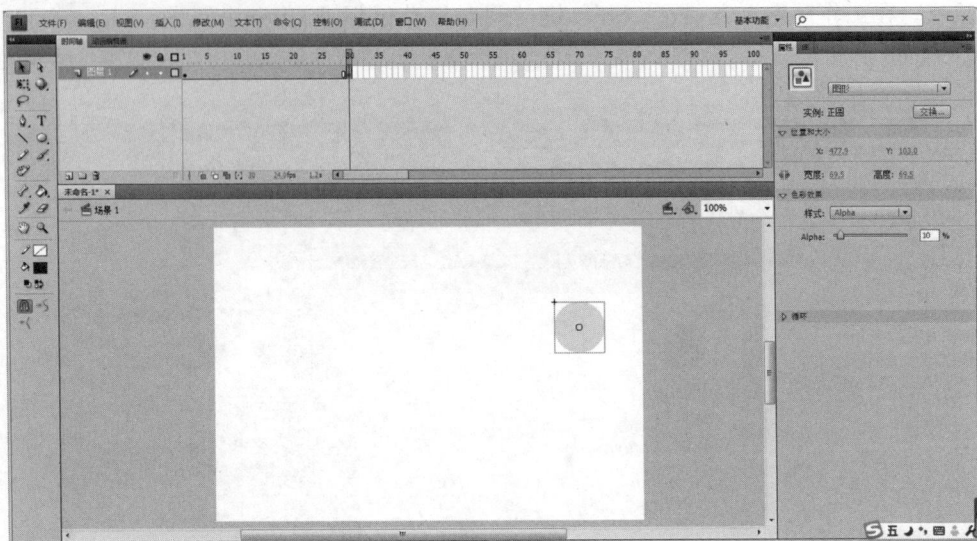

图 14-60

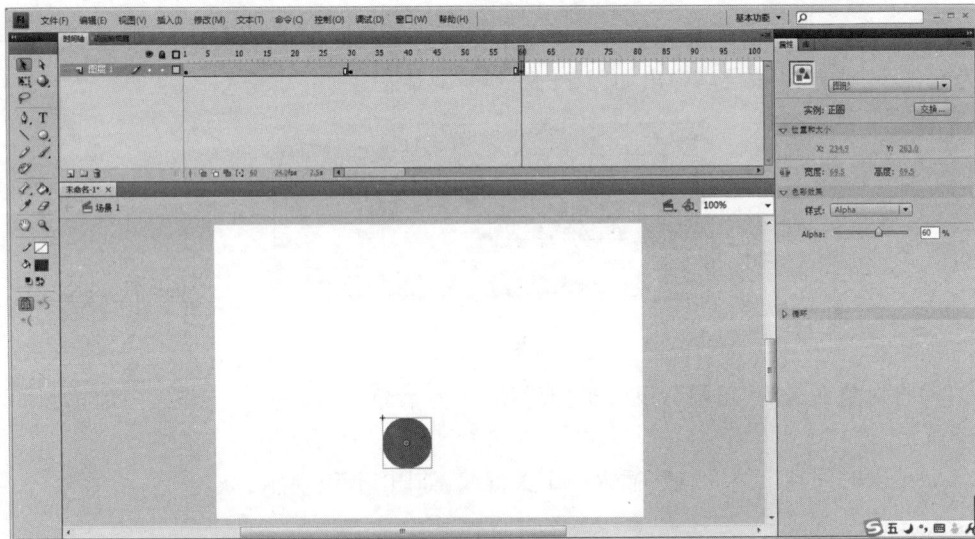

图 14-61

(9)选择图层 1 的第 1 帧,插入菜单下选"传统补间",或者在第 1 帧点右键,在弹出菜单中选择"创建传统补间"。设置好参数,如图 14-62 和 14-63 所示。

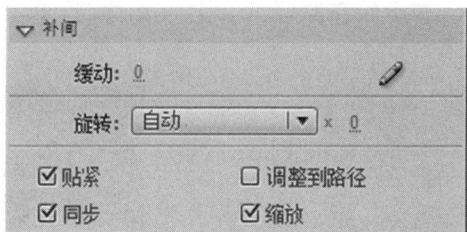

图 14-62

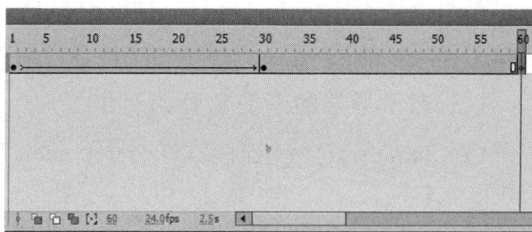

图 14-63

(10) 用同样的方法，在第 30 帧位置也创建传统补间。

(11) 单击时间轴上的 ◀ 图标，新建一个图层，如图 14-64 所示。

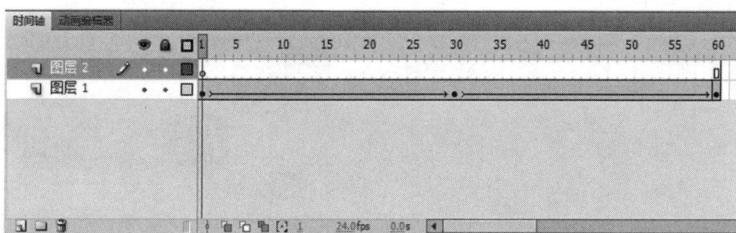

图 14-64

(12) 选择图层 2 第 1 帧，再选择工具栏内的文本工具，在工作区输入"欢迎光临绍兴文理学院"，并在属性面板中设置字体大小为 20，字体为隶书，颜色为红色。

(13) 用同样的方法，先把文字转换为图形元件，然后在图层 2 的第 30 帧和第 60 帧插入关键帧，做相同属性或其他属性设置，并在第 1 和第 30 帧处创建补间动画，如图 14-65 所示。

图 14-65

(14)选择文件菜单下的"导出"→"导出影片",选择保存路径并命名该文件后,单击"保存"即可。然后,双击所保存的文件即可浏览。

(三)带引导层的渐变动画的制作

14.3.4 FL 实验——带引导层渐变动画

(1)单击"开始"→"程序"→"Macromedia"→"Macromedia Flash",启动 Flash 软件。

(2)选择创建新项目下的"Flash 文件",建立一个新电影。

(3)选择属性面板上的大小,设置工作区大小为 500×174,帧频为 12fps,如图 14-66 所示。

(4)选择文件菜单下的"导入"→"导入到库",找到准备好的"校园风景.jpg",导入到库。按"Ctrl+L"键,调出库面板,如图 14-67 所示。

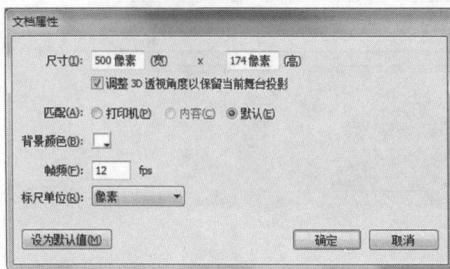

图 14-66

图 14-67

(5)拖动库面板中的校园风景图片到工作区,并调整位置和进行任意变形,使其刚好与工作区符合,并在图层 1 的第 50 帧处插入关键帧,形成背景,如图 14-68 所示。

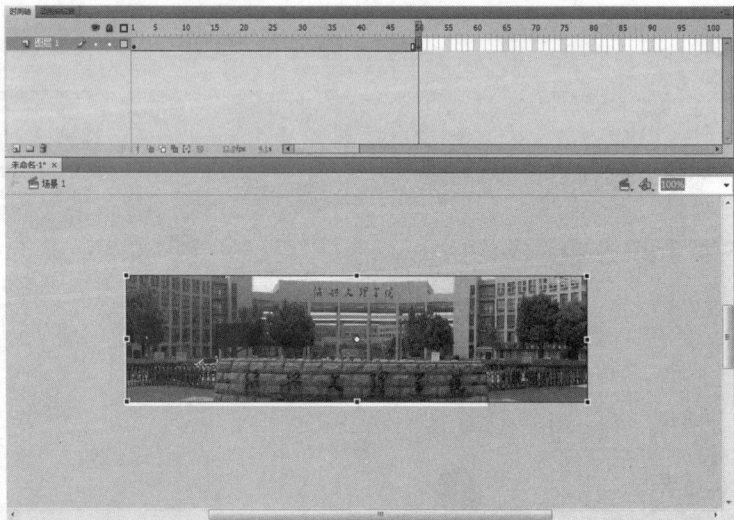

图 14-68

(6)单击时间轴上的"◻"图标,新建一个图层 2。选择工具栏内文本工具,在工作区键入"Welcome",并设置字体、颜色和大小。

（7）把"Welcome"转换为图形元件，在图层 2 的第 50 帧处插入关键帧。移动"Welcome"元件到右下方，并右键点击图层 2 的第 1 帧创建传统补间，如图 14-69 所示。

图 14-69

（8）右键单击图层 2，增加传统运动引导层，选择工具栏内的铅笔工具，在工作区画一条要让图层 2 文字运动的路径线，如图 14-70 所示。

图 14-70

(9)选中图层 2 的第 1 帧,移动"Welcome"中心位置到引导线的起始端,如图 14-71 所示。选中图层 2 的第 50 帧,移动"Welcome"中心位置到引导线的末端,如图 14-72 所示。

图 14-71

图 14-72

(10)选择文件菜单下的"导出"→"导出影片",选择保存路径并命名该文件后,单击"保存"即可。然后双击所保存的文件,即可浏览,效果如图 14-73 所示。

图 14-73

四、实务习题

(1)用 Flash 制作一个太阳从升起到落下的动画。

(2)用 Flash 制作一只小鸟在蓝天白云下飞翔的动画。

(3)用 Flash 制作个人主页的 banner。

第四节 网页的设计与制作

一、学习目的

(1)了解 Macromedia Dreamweaver 常用工具栏及属性面板的使用。

(2)掌握在 Macromedia Dreamweaver 中插入图像、表格、层及媒体等的方法。

(3)掌握用 Macromedia Dreamweaver 制作简单 Web 页面的方法。

二、预备知识

(一)窗口和面板概述

启动 Macromedia Dreamweaver(简称 Dreamweaver)后,界面如图 14-74 所示。

(1)插入栏包含用于将各种类型的对象(如图像、表格和层)插入文档中的按钮。每个对象都用一段 HTML 代码代替,允许在插入它时设置不同的属性。例如,可以通过单击插入栏中的"表格"按钮插入一个表格。当然,也可以不使用插入栏而使用"插入"菜单插入对象。

(2)文档工具栏包含按钮和弹出式菜单,它们提供各种文档窗口视图(如设计视图和代码视图)、各种查看选项和一些常用操作(如在浏览器中预览)。

(3)文档窗口显示用户当前创建和编辑的文档。

(4)属性检查器用于查看和更改所选对象或文本的各种属性。每种对象都具有不同的属性。

(5)面板组是分组在某个标题下面的相关面板的集合。若要展开一个面板组,可单击

图 14-74

组名称左侧的展开箭头；若要取消停靠一个面板组，可拖动该组标题条左边缘的手柄。

（6）文件面板可用于管理文件和文件夹，无论它们是 Dreamweaver 站点的一部分还是在远程服务器上。文件面板还可以访问本地磁盘上的全部文件，非常类似 Windows 资源管理器。Dreamweaver 也同时提供了多种其他面板、检查器和窗口，例如"CSS"面板和"标签检查器"面板。若要打开 Dreamweaver 面板、检查器和窗口，可使用"窗口"菜单。

（二）菜单概述

（1）"文件"菜单和"编辑"菜单包含相应的标准菜单项，例如"新建""打开""保存""保存全部""剪切""复制""粘贴""撤销"和"重做"。"文件"菜单还包含各种其他命令，用于查看当前文档或对当前文档执行操作，例如"在浏览器中预览"和"打印代码"。"编辑"菜单包含选择和搜索命令，例如"选择副标签"和"查找和替换"。

（2）"查看"菜单可以看到文档的各种视图（例如设计视图和代码视图），并且可以显示和隐藏不同类型的页面元素和 Dreamweaver 工具及工具栏。

（3）"插入"菜单提供插入栏的替代项，用于将对象插入文档。

（4）"修改"菜单可以更改选定页面元素或项的属性。使用此菜单，可以编辑标签属性，更改表格和表格元素，并且为库项和模板执行不同的操作。

（5）"文本"菜单可以轻松地设置文本的格式。

（6）"命令"菜单提供对各种命令的访问，包括清理 Word 生成的 HTML、一个根据用户的格式首选参数设置代码格式的命令、一个创建相册的命令以及一个使用 Macromedia Fireworks 优化图像的命令等。

（7）"站点"菜单提供用于管理站点以及上传和下载文件的菜单项。

（8）"窗口"菜单提供对 Dreamweaver 中的所有面板、检查器和窗口的访问。

14.4.1 网站制作—预备知识

（9）"帮助"菜单提供对 Dreamweaver 文档的访问，包括关于使用 Dreamweaver 以及创建 Dreamweaver 扩展功能的帮助系统，还包括各种语言的参考材料及联机支持等。

三、实务内容

（一）Dreamweaver 中站点的建立

14.4.2 网页制作—建立站点

（1）单击"开始"→"所有程序"→"Macromedia"→"Macromedia Dreamweaver"，启动 Dreamweaver 软件。

（2）选择创建新项目下的"HTML 文档"，建立一个新 Web 页。

（3）选择菜单栏站点下的管理站点，在弹出的窗口中单击"新建"下的"站点"，弹出如图 14-75 所示窗口，并填入为自己站点起的名字。

（4）单击"下一步"，选择是否使用服务器技术，再单击"下一步"，通过浏览选择保存路径，如图 14-76 所示。

（5）单击"下一步"，在列表中选择"本地/网络"，如图 14-77 所示。

（6）单击"下一步"，选择"不启用存回和取出"，再单击"下一步"，如图 14-78 所示，再单击"完成"，则站点建立完成。

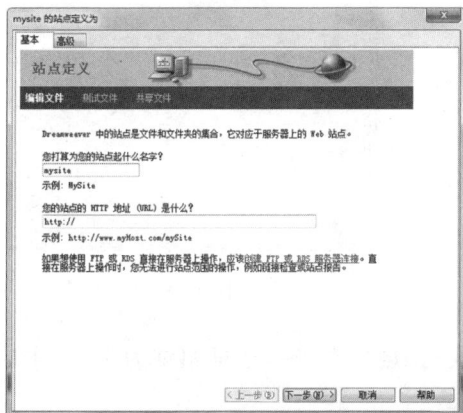

图 14-75

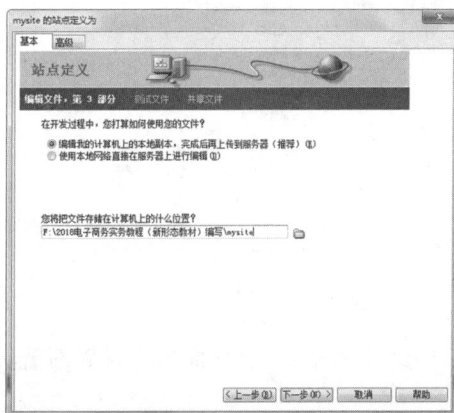

图 14-76

图 14-77

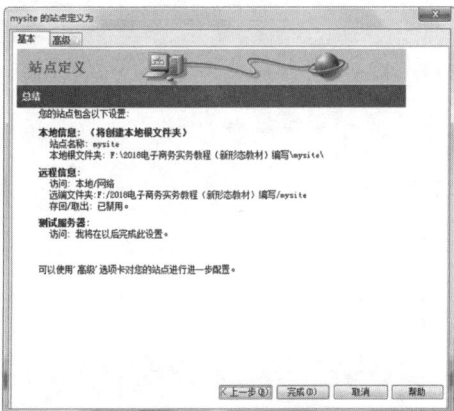

图 14-78

(二)Dreamweaver 中主页的制作

(1)单击"开始"→"所有程序"→"Macromedia"→"Macromedia Dreamweaver",启动 Dreamweaver 软件。

(2)选择创建新项目下的"HTML 文档",建立一个新 Web 页。

(3)把前几次实验做好的网页素材目录"images"拷贝到刚才建立的站点下。

(4)选择菜单修改下的"页面属性",把左右下的边距都设为 0 像素,上边距设为 5 像素,文字大小设为 9pt(点数),如图 14-79 所示,然后单击"确定"。

(5)单击"插入"菜单下的"表格",插入一个 4 行 3 列的表格,具体设置如图 14-80 所示,然后单击"确定"。

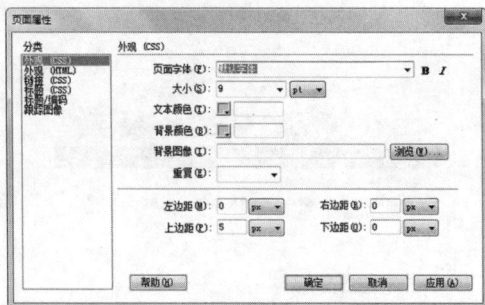

图 14-79

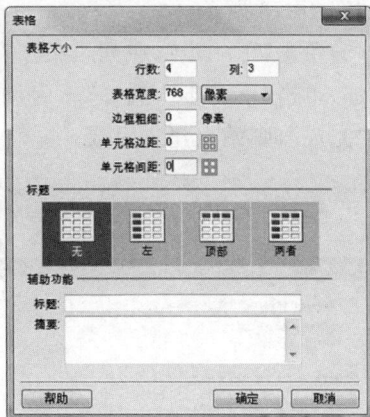

图 14-80

(6)选中表格,在属性面板中设置对齐方式为"居中对齐",边框粗细为 1,如图 14-81 所示。

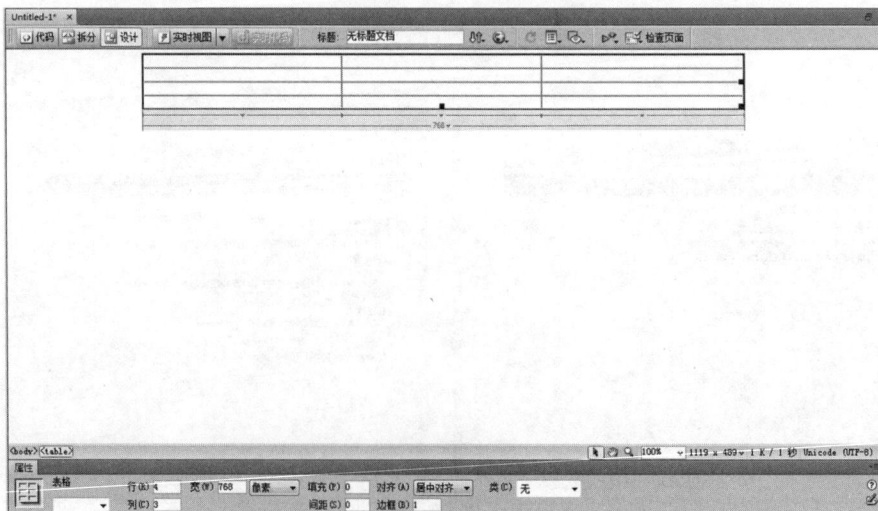

图 14-81

(7)单击"代码"标签,切换到代码视图,在 HTML 语言的"table"属性里加入 bordercolor＝"＃000000" bordercolordark＝"＃FFFFFF",如图 14-82 所示。

```
<table width="768" border="1" align="center" cellpadding="0" cellspacing="0" bordercolor="#000000"
bordercolordark="#FFFFFF">
```

图 14-82

(8)切换到设计视图,如图 14-83 所示。

图 14-83

(9)选择"文件"下面的"保存",保存到前面所创建的站点目录下,文件名为"index. html",然后单击第 1 行第 1 列单元格,选择"插入"菜单下的"图像",插入事先做好的 logo 图片,并设置该单元格宽度与图片宽度一样,如图 14-84 所示。

图 14-84

(10)单击第 1 行第 2 列单元格,选择"插入"菜单下的"媒体"→"Flash",插入事先做好的 Flash,同样设置该单元格宽度同插入的 Flash 宽度一样,如图 14-85 所示。

图 14-85

14.4.3 网页制作——
主页制作(一)

14.4.4 网页制作——
主页制作(二)

14.4.5 网页制作——
主页制作(三)

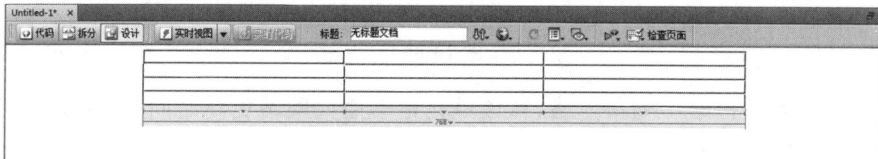

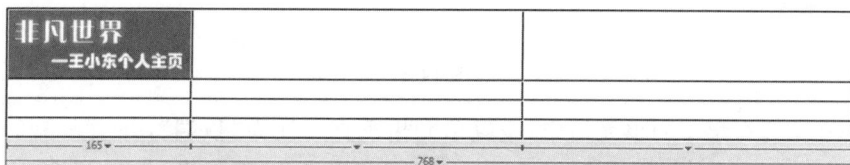

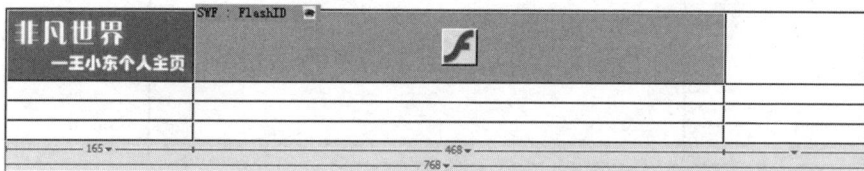

(11)单击第 1 行第 3 列单元格,在属性面板中设置该单元格背景色为"♯009FC7",并在该单元格中插入一个 3 行 1 列、宽度为 100 像素的表格,并使表格居中对齐,写上如图 14-86 所示文字。

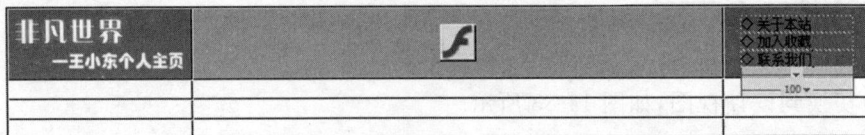

图 14-86

(12)单击第 2 行第 1 列单元格,在该单元格中插入网站更新时间,并使文字居中,同时设置该单元格高度为 18 像素。

(13)单击第 2 行第 2 列单元格,在该单元格中插入"欢迎光临王小东个人主页!",然后单击代码视图,给文字加上如图 14-87 所示代码标签,使颜色变成红色并能够左右移动。然后返回到设计视图,在第 2 行第 3 列单元格中插入"English",设置居中,并保存。

```
<tr>
  <td height="18" align="center">2018年8月3日 </td>
  <td><p ><marquee behavior="alternate"><font color="#FF0000">欢迎光临王小东个人主页! </font></marquee></p></td>
  <td> </td>
</tr>
```

图 14-87

(14)在第 3 行第 1 列单元格中,设置单元格垂直属性为"顶端",并插入一个 11 行 1 列、宽度为 165 像素的表格,同时设置所插入的表格高度为 15 像素,如图 14-88 所示。

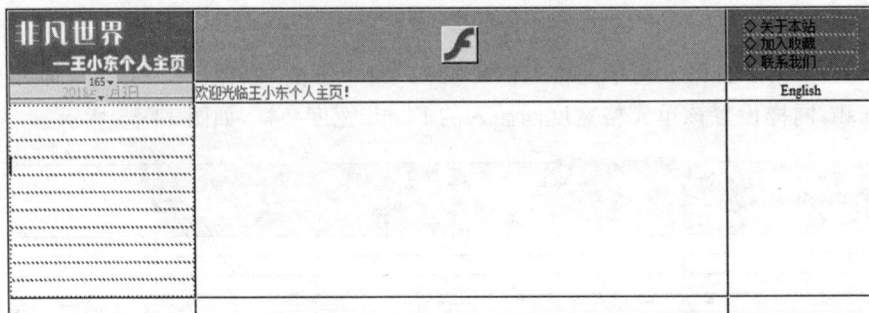

图 14-88

(15)在插入的 11 行 1 列表格中的第 2、4、6、8 行分别插入事先做好的各栏目按钮,并居中,同时把第 3 行第 2、3 列表格合并,如图 14-89 所示。

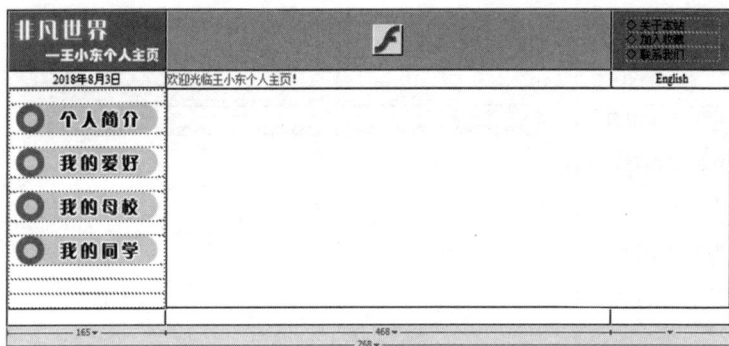

图 14-89

(16)把插入的 11 行 1 列表格中的第 10 行设置背景颜色为"♯009FC7",写上"友情链接",字体居中,设置字体颜色为白色,并在该表格的第 11 行再插入一个宽度为 130 像素的 4 行 1 列的表格(表格嵌套),对齐方式为居中对齐,设置各行高均为 20,在每行中写上其中要链接的网站名称,如图 14-90 所示。

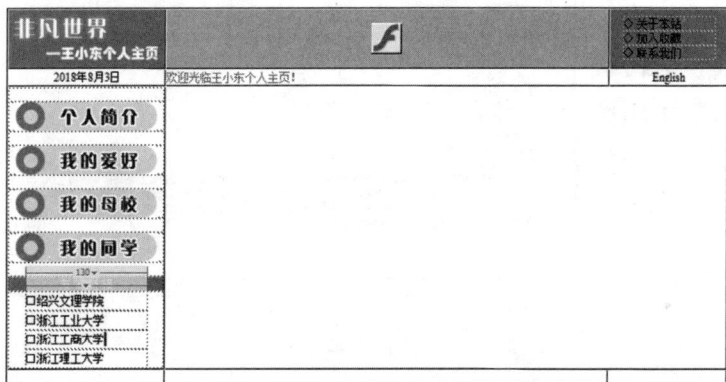

图 14-90

(17)单击第 3 行第 2 列,设置该单元格垂直属性为"顶端",并按"Shift＋Enter"键换行,然后插入一个 3 行 1 列、宽度为 520 像素的表格,并使该表格居中,然后在表格第 1 行中插入预先准备好的栏目导航图片,如图 14-91 所示。

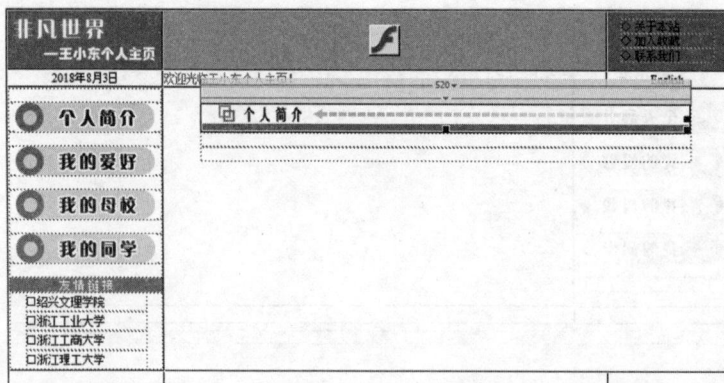

图 14-91

(18)在插入表格第 3 行里面写上自己的个人简介,如图 14-92 所示。

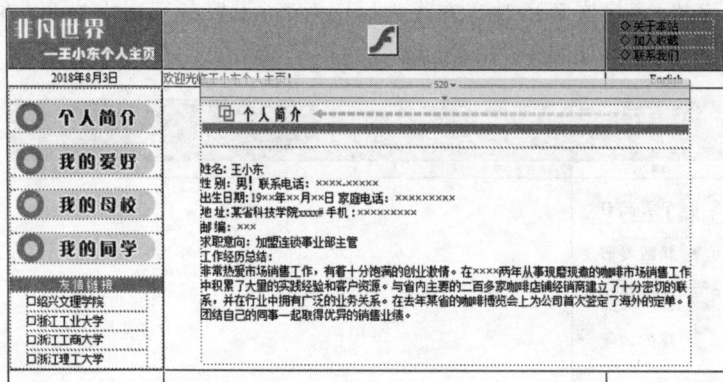

图 14-92

(19)把第 4 行第 3 列单元格合并成 1 列,并在合并后的单元格中插入个人主页的版权信息,然后居中,如图 14-93 所示。

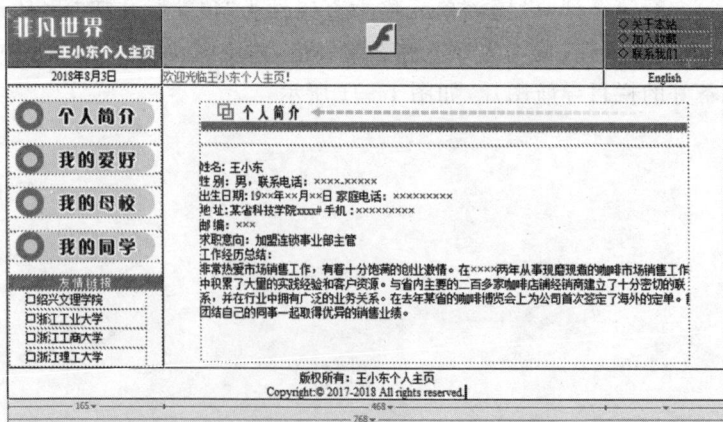

图 14-93

（20）选中页面左侧导航按钮，在各自的属性里分别给每个按钮加上链接，如图 14-94 所示。

图 14-94

（21）用同样的方法选中友情链接下的每一行，分别给各个网站加上链接地址（别忘了加前缀"http：//"），并设置链接目标为"_blank"，如图 14-95 所示，然后保存。这样，首张页面就完成了。

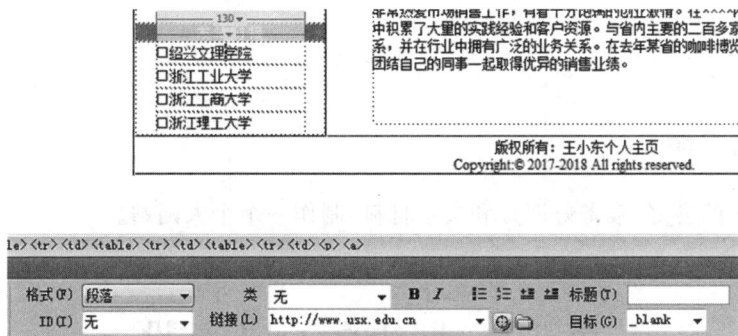

图 14-95

（22）选择"文件"菜单下的"另存为"，把该网页保存成"我的爱好"所链接的文件名，然后把页面右侧的"个人简介"图片换成"我的爱好"，并把下面的内容也换成相应的内容，然后保存，如图 14-96 所示。

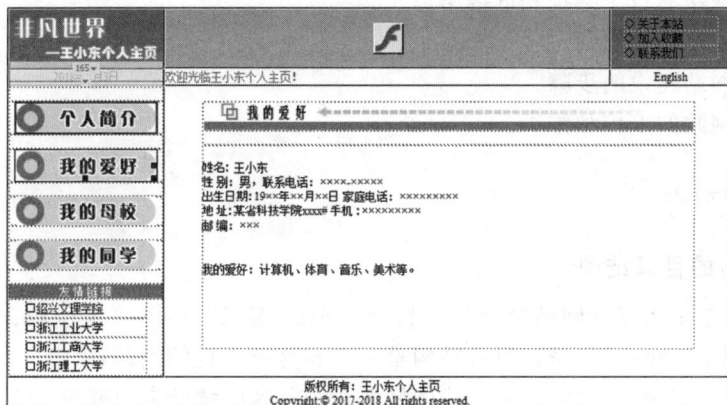

图 14-96

（23）用上面同样的方法，制作"我的母校"和"我的同学"的页面，并制作保存所有超链接。这样整个网站的页面制作成功后，可以在 Dreamweaver 中打开站点看到如图 14-97 所示目录结构。

14.4.6 网页制作—次页与超链接制作

291

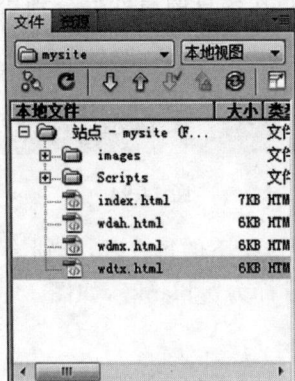

图 14-97

四、实务习题

根据个人的喜好，准备好图片和文字材料，制作一个个人网站。

第五节　网站的设计与建设

一、学习目的

(1)了解网站的目录结构和链接结构。

(2)了解网站设计原则。

(3)掌握网站建设的步骤。

(4)掌握网站的上传和维护。

二、预备知识

(一)网站的目录结构

网站的目录是指建立网站时创建的目录。例如，用 FrontPage 建立网站时都默认建立了根目录和 Images 子目录。目录结构是一个容易被忽视的问题，大多数站长都是未经规划就创建了子目录。当然，目录结构的好坏对浏览者的体验来说并没有太大的差别，但是对于站点本身的上传维护、内容的扩充和移植有着重要的影响。

1. 不要将所有文件都存放在根目录下

有的用户为了方便，将所有文件都放在根目录下。这样做造成的不利影响是文件管理混乱和上传速度慢。

2. 按栏目内容建立子目录

子目录的建立，首先是按照主菜单栏目来。其他的次要栏目，如果内容较多，而且需要经常更新的话,可以单独建立子目录。而一些相关性强又不需要经常更新的栏目,如"关于本站""联系我们"等可以合并放在一个统一的目录下。所有程序一般都存放在特定目录,以便于维护管理。所有需要被下载的内容也最好放在同一个目录下。在设置网站的目录结构时,需要注意的问题有:

(1)不要使用中文名字的目录名。

(2)不要使用过长的目录名。

(3)尽量使用意义明确的目录名,做到"见名知意"。

(4)目录的层次不要太多,建议不要超过 3 层。

(二)网站的链接结构

网站的链接结构是指页面之间相互链接的拓扑结构。它建立在目录结构的基础之上,但可以跨越目录。一般情况下,建立网站的链接结构有以下两种基本方式。

(1)树状链接结构。类似 DOS 的目录结构,首页链接指向一级页面,一级页面指向二级页面。浏览这样的链接结构时,是一级一级进入,一级一级退出的。

(2)星状链接结构。类似网络服务器的链接,每两个页面之间都建立有链接。它如同立体结构,像东方明珠电视塔上的钢球。

但是,这两种结构只是理想方式,在实际的网站设计中一般是将多种结构混合起来使用的。

(三)网站设计原则

1.总体原则

如同编写程序前需要绘制程序流程图一样,在设计网站之前也要进行网站总体框图的设计。Web 站点应针对不同的服务对象(网页文件的类型)具有不同的表现形式。要制作出能吸引人的 Web 站点,就要把适当的多媒体有效地组织起来。在进行总体设计的时候,合理的结构设计对于网站规划至关重要。

2.主题鲜明,结构合理

设计一个站点,首先遇到的问题就是定位网站主题。网站主题定好后,还要定位用户群,以及他们会使用的计算机、连接速度、浏览器等。一般的建议是主题要"小而精",即定位要小,内容要精。最好将网站的全部内容建立索引,确保索引的每一部分内容对应一个网页。

3.组织性

组织性指将丰富的内容和多样的形式组织在一个统一的结构中,表达出设计者的思想和情感,实现形式和内容的统一。网页的题材最好是自己擅长或者喜爱的内容,题材不要太滥或者将目标定得太高。

4.设计感

主页的设计是一个网站成功与否的关键,是站点呈现的一个整体的感觉。主页的设计应力求布局合理、美观大方,又不失生动活泼,这样才能吸引浏览者的注意力。当然,优秀的主页还要配以丰富的内容,只有这样网站才能有强大的生命力。

(四)网站设计与建设的步骤

1.申请域名

对于域名申请,有收费的和免费的,但目前免费的越来越少了,主要还是收费的。收费的域名申请由专门的 ISP 提供,有较好的服务、稳定的速度和较高的安全性,例如中国万网(http://www.net.cn)。选择域名的原则很简单,一是要便于记忆,二就是要体现公司的名称和特点,当然前提是没有被人使用的。

2.申请空间

有了域名,还要有一定的网站空间。就如一个公司除了有名称以外,还要有一个办公的地方,网站的空间就是网站的工作地点。一般空间的申请是和域名的申请一起完成的,因为这样可以减少不必要的麻烦,例如域名指向等。

3.网站规划

网站规划是对网站的内容、栏目设置、布局等做一个整体的设计。规划整个网站都要按照这个原则进行,尽管网页设计的创意时常是天马行空的。

4.选择配色方案

选择配色方案是网站设计的一个重要环节。好的色彩搭配给人轻松愉悦的感觉,可以吸引人,这方面可以同企业的形象设计联系起来。

5.准备素材

素材的准备是网页制作过程中不可缺少的,没有素材是做不出网站的。素材可以是文字,也可以是图片、声音、动画,在选定网站的主题后要根据主题精心选材。

6.制作网站

具体页面的制作详见本章第四节。

7.发布网站

使用 CuteFtp 发布网站,具体操作详见第十四章第四节。

三、实务习题

在网上申请一个免费域名和空间。有条件的话,利用学校机房服务器作为 Web 服务器,然后发布本章第四节制作的个人站点。

第十四章练习题

第十五章 网络营销

第一节 网络促销

一、学习目的

(1)了解网络促销的方法。

(2)掌握搜索引擎推广的方法。

(3)掌握用邮件列表进行网络促销的方法。

二、预备知识

网络促销是指利用现代化的网络技术向虚拟市场传递有关商品和劳务的信息,以启发需求,引起消费者购买欲望和购买行为的各种活动。网络促销活动主要分为网络广告促销和网络站点促销两大类。

网络广告已经形成了一个很有影响力的产业市场。网络广告类型很多,根据形式不同可以分为旗帜广告、电子邮件广告、电子杂志广告、新闻组广告、公告栏广告等。网络广告主要通过知名 ISP 进行广告宣传,宣传面广、影响力大,但费用也较高。

网络站点促销主要是指利用企业自己的网络站点树立企业形象,宣传产品,开展促销活动。网络站点促销具有直接性的特点,快速、简便,费用较低。但由于网络站点日益增多,检索起来比较困难,需要进行站点推广。合理地应用这两种促销方法,是保证网络促销成功的关键环节。

三、实务内容

百度推广的申请使用

百度推广的申请流程分为四个步骤:首先,填写表格,在线申请;其次,专业顾问为用户提供网络营销咨询服务;然后,签约付费;最后,开通系统,启动推广,如图 15-1 所示。

图 15-1 百度推广的申请流程

(1)百度推广的注册非常简单,打开百度推广的申请地址 http://e. baidu. com/zxsq/,按照流程注册即可,如图 15-2 所示。

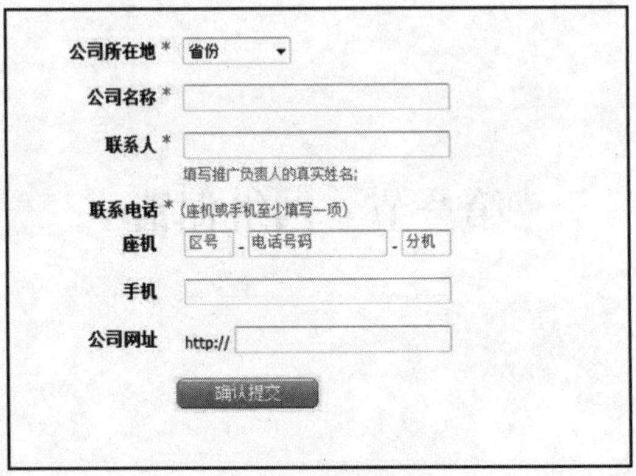

图 15-2 百度推广的注册

(2)当注册成功时就可以输入用户自己的推广信息了,如图 15-3 所示。

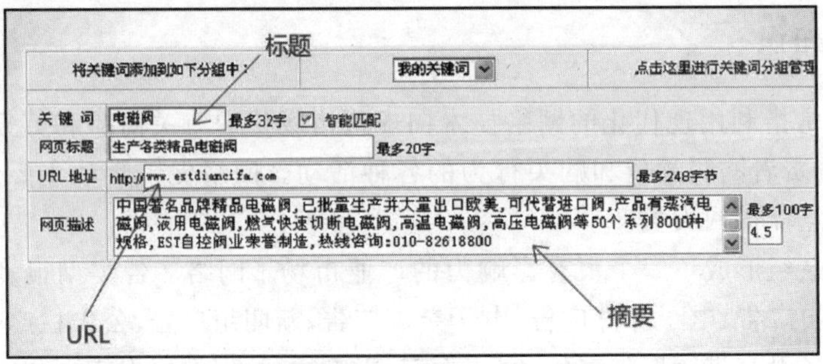

图 15-3 推广信息

(3)最后,当搜索关键词,如"电磁阀"的时候,用户注册的推广广告就能在百度推广的推广位置显示出来了,如图 15-4 所示。

15.1 百度推广

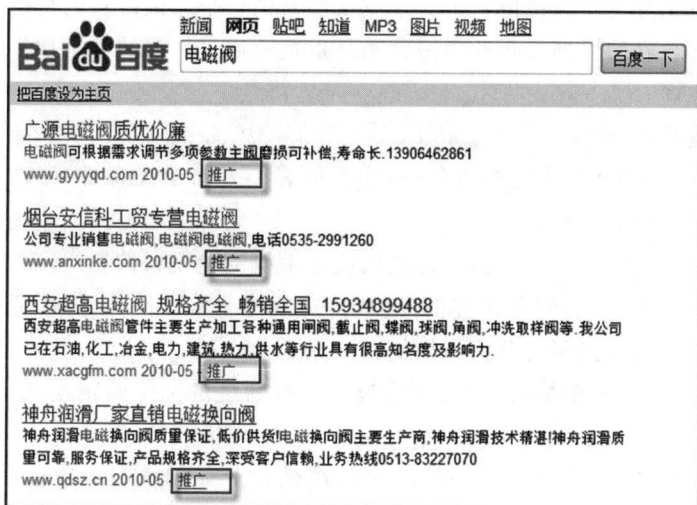

图 15-4　百度推广

四、实务习题

(1)试着进行个人网站的搜索引擎推广。

(2)进行邮件列表的预订与发行注册。

第二节　微博营销

一、学习目的

(1)了解微博营销的理论知识。

(2)掌握微博营销的技巧。

(3)掌握微博营销的方法。

二、预备知识

(一)微博营销概述

1.微博营销的含义

微博营销以微博作为营销平台,每一个网友(粉丝)都是潜在的营销对象,每个企业都可以在新浪、网易等网站注册一个微博,然后利用更新自己的微博向网友传播企业、产品的信息,树立良好的企业形象和产品形象。企业微博每天的更新内容可以是跟大家交流,或者提供大家所感兴趣的话题,这样就可以达到营销的目的。这样的方式就是新兴的微博营销。微博营销分为个人微博营销和企业微博营销。个人微博营销是指个人是通过网络营销方式做好自己的微博。企业微博营销是指企业通过一定的方法和技巧以网络营销方式做好企业微博。

2.微博营销特点

（1）门槛低。用140个字发布信息，远比在博客上发布信息容易，可以方便地利用文字、图片、视频等多种展现形式。

（2）多平台。支持手机等平台，可以在微博的手机端上发布信息。

（3）传播快。信息传播的方式有很多种，转发微博非常方便。比如，利用名人效应能够使事件相关微博的传播量呈几何级增加。

（4）见效快。微博营销是投资少、见效快的一种新型的网络营销模式，其营销模式可以使企业在短期内获得最大的收益。

（5）针对性强。关注企业或者产品的粉丝都是该产品的消费者或者是潜在消费者。企业可以针对其进行精准营销。

3.微博账号配置

（1）以企业名称注册的官方微博，主要用于发布官方信息。

（2）企业领袖的微博，对外凸显企业领袖个人魅力。但该微博的操作需要相当谨慎，因为有可能会产生负面作用，例如唐骏事件。

（3）对于同时开发多个产品的企业，还应该针对每个主要产品发布一个产品官方微博，用于发布产品的最新动态，还可以充当产品客服。

（4）官方的客服微博也可用以个人名义创建，用来解答和跟踪各类企业相关的问题。

（5）企业内部的专家可以用个人名义创建专家微博，发布对于行业动态的评论，逐步将自己打造为行业的"意见领袖"。

（二）微博营销模式探索

1.微博营销的定位和内容建设

（1）官方微博（微媒体）。企业的微博必须是官方的，传播的内容也必须是官方的。其内容较为正式，可以在第一时间发布企业最新动态，对外展示企业品牌形象，成为一个低成本的媒体。

（2）企业领袖微博（微传播）。领袖微博是以企业高管的个人名义注册、具有个性的微博，其最终目标是成为所在行业的"意见领袖"，能够影响目标用户的观念，在整个行业中的发言具有一定号召力。

（3）客服微博（微服务）。客服微博用于与企业的客户进行实时沟通、互动和深度交流，让客户在互动中感受服务的品质，缩短企业对客户需求的响应时间。

（4）产品微博（微公关）。产品微博对于危机能实时监测和预警，出现负面信息后能快速处理，及时发现消费者对企业及产品的不满并在短时间内快速应对。如遇到危机事件，企业可通过产品微博对负面口碑进行及时的正面引导。

（5）市场微博（微营销）。企业可通过市场微博组织市场活动，打破地域人数的限制，实现互动营销。

2.如何做好微博营销

(1)精心策划微博内容:根据要推广对象的特点,编辑带有文字、图片、音视频、链接等丰富内容的微博。

(2)增加粉丝数:内容要优质,频度要适当,时间有技巧。参与热门话题、申请认证、站外引用等方式也可增加粉丝数。

(3)与企业、微博营销方等合作。

(4)微博大变身:微博同时还可以是短平快的新闻系统、可移植的广告联盟、微文学、微促销平台等角色。

(三)微博营销的营销技巧

(1)内容不在多而在于精。

(2)个性化的名称。

(3)巧妙利用模板。

(4)使用搜索功能,查看与自己微博内容相关的其他微博,进行比较。

(5)定期更新微博信息。

(6)善于回复粉丝们的评论。

(7)"♯"与"@"符号的灵活运用。微博中发布内容时,两个"♯"间的文字是话题的内容,可以在后面加入自己的见解。如果要把某个活跃用户引入,可以使用"@"符号,意思是"向某人说",比如"@"某个微博用户,表达"欢迎您的参与"。在微博菜单中点击"@我的",也能查看提到自己的话题。

(8)学会使用私信。

(9)确保信息真实与透明。

(10)不能只发企业的产品或广告内容。

(四)微博营销注意要点

①取得粉丝的信任是根本。②发广告需要有一定的技巧,措辞上不要太直接。③通过活动来做营销,抽奖活动或者是促销互动。

三、实务内容

博客营销策划书

项目责任人:罗

执行部门:运营部

配合部门:牛商网各部门、牛商网专家团、牛商网编辑部

内容提供:牛商网编辑部

实施人:罗、高、桂、汪

时间分配:执行主编(罗)每天至少30分钟,另外3个编辑每天至少3小时

1.实施计划

(1)公司每个员工都需要建立自己的博客,每周至少发布3篇博文(原创、转载都可

以），罗组织统一时间（晚上）培训如何写博（按下文标准）。

（2）在现有的 100 个博客中精选 45 个最核心的博客，主要进行维护。

（3）罗制定执行标准（6 月 20 日完成）。同时，罗负责质量把关，筛选内容源并布置内容编写工作，把控发送的内容。

（4）高、桂、汪三人每人每天固定转载 3 篇到 15 个博客，单人维护量为 45 篇。

2.执行标准

（1）建博客标准

a.博客上需要将头像、个人简介填写完整。

b.所有博客的友情链接都统一加上牛商网的网址，链接名称为"网络营销启航站——牛商网"。

c.所有博客的公告都要加上牛商网的介绍，内容为"中国网络营销启航站——牛商网，帮助广大中小企业真正做好网络营销赚大钱！让您的网络生意"牛"起来！"。

d.如果该博客有圈子的，需要进行圈子的建立。

（2）博客内容发布标准

a.文章的标题需要包含关键词。

b.发布的内容里面，需要出现关键词 3 次左右。

c.文章的结尾，需要加上文章的出处，并附有回到牛商网的链接。

d.文章尽量做到图文并茂。

e.文章纲要性文字需要用粗体或者不同颜色标注。

f.涉及跟公司主营业务相关内容的关键字，需要附上回到牛商网相关页面的链接。

g.博客内文章之间注意添加关联链接。（例如：在"搜索引擎优化的相关内容＞网站搜索引擎优化结构建设"的文章里可以附带参考资料"如何选择关键字"的文章链接）

（3）博客内容维护标准

a.博文结尾最好加上总结点评及问句，引导网友回复。

b.已经发出的博文下，所有的网友评论都需要及时回复。

c.对于经常访问博客、文笔和专业水平优秀的网友要关注，可发展为论坛版主或者外聘专家。

15.2 微博推广

四、实务习题

1.选择一微博平台，在网上开展个人微博营销。

2.通过网络查阅，了解微博营销与博客营销的异同点。

第三节　微信营销

一、学习目的

(1)了解微信营销的理论知识。

(2)掌握微信营销的技巧。

(3)掌握微信营销的方法。

二、预备知识

微信营销是网络经济时代企业或个人营销模式的一种,是伴随着微信的火热而兴起的一种网络营销方式。使用微信不存在距离的限制,用户注册微信后,可与周围同样注册的"朋友"形成一种联系,并订阅自己所需的信息。商家通过提供用户需要的信息,推广自己的产品,从而实现点对点的营销。

微信营销主要体现在通过安卓系统、苹果系统的手机或者平板电脑中的移动客户端进行的区域定位营销上。商家通过微信公众平台,结合转介率微信会员管理系统展示商家微官网、微会员、微推送、微支付、微活动,已经形成了一种主流的线上线下营销方式。

(一)微信营销的规则与误区

微信营销面临两个最大风险是触犯微信的官方底线被关闭和被粉丝抛弃。根据观察,已经有不少官方微信公众号和草根微信大号因为触犯规则而导致被暂时关闭乃至彻底封号。在此给出微信营销中必须注意的 10 个原则:

①不能发与微信号主题无关的垃圾广告;

②不能发色情、暴力以及触及政治等敏感话题的信息;

③不要强迫用户把信息分享到朋友圈;

④不要欺骗用户,发送不带真实性的信息;

⑤不要过于频繁地发送信息;

⑥不要滥用自动回复,不够人性化;

⑦不要推送过多广告信息,营销味道太浓;

⑧不要推送实用性不强、枯燥无趣、同质化的信息;

⑨不要推送太长的信息;

⑩回复要及时。

(二)微信营销途径

1. 查看"附近人"

签名栏是腾讯产品的一大特色,用户可以随时在签名栏更新自己的状态签名。也有许多人利用签名栏打广告,有一定数量的用户可以看到。但是这种单调的硬性广告,通常只有用户的联系人或者好友才能看到。那么有什么方式可以让更多陌生人看到呢？结合微信的另一个特色应用——利用地理位置定位的查看"附近的人"便可以做到。在微信的"发现"一栏有个"附近的人"的插件，用户点击后可以根据自己的地理位置查找到周围的微信用户。在这些附近的微信用户中，也有许多用户利用这个免费的广告位为自己的产品打广告。

2. O2O

"扫描二维码"这个功能原本是参考另一款国外社交工具 LINE 扫描识别另一位用户的二维码身份来添加朋友的功能的。但是二维码发展至今，其商业用途越来越多，所以微信也就顺应潮流，结合所谓的 O2O 开展商业活动。

3. 社交营销式

如果上面两种方式都是基于普通微信账户方式的话，那么微信营销的社交营销式则是基于微信公众平台进行的。在微信公众平台上，应用开发者可通过微信开放接口接入第三方应用，还可以将应用的 logo 放入微信附件栏中，让微信用户方便地在会话中调用第三方应用进行内容选择与分享。

4. 朋友圈

微信用户可以将手机应用和网站中的精彩内容快速分享到朋友圈中，支持网页链接方式打开。朋友圈现在是微信最炙手可热的功能之一，这给了企业进行精准营销的一个新选择。

三、微信营销实用技巧

1. 主打官方大号，小号助推加粉

之前很多企业在尝试做微信营销的时候都采用小号，将签名修改为广告语，然后再寻找附近的人进行推广。这种方式在一定时期内还是有用的。而企业用微信公众平台可以打造自己的品牌和进行客户关系管理。而用粉丝数达到 500 之后申请认证的方式进行营销更有利于企业品牌的建设，也方便企业推送信息和解答消费者的疑问，更重要的是可以借此免费搭建一个推广平台。企业的小号则可以通过主动寻找附近的消费者来推送大号的引粉信息，以此将粉丝导入大号中统一管理。

2. 打造品牌公众账号

如要打造品牌公众账号，用申请好的公众账号登录公众平台网站即可。申请了公众账号之后，企业可在"设置"页面对公众账号的头像进行更换，建议更换为店铺的招牌或者 logo，大小以不变形可正常辨认为准。此外，也建议填写好店铺的相关介绍。回复设置的添加分为"被添加自动回复""用户消息回复""自定义回复"三种，企业可以根据自身的需要进行添加。同时，建议企业将每天需群发的信息做一个安排表，准备好文字素材和图片素材。以餐饮企业为例，一般此类企业推送的信息可以是最新的菜式推荐、饮食文化、优惠打折方面的内容。粉丝的分类管理上，可以针对新老顾客推送不同的信息，同时也方便回复新老顾客的提问。一旦这种人性化的贴心服务受到顾客的欢迎，顾客乐意使用微信分享自己的就餐体验进而形成口碑效应，则对提升企业品牌的知名度和美誉度效果极佳。

3. 实体店面同步营销

店面也是充分发挥微信营销优势的重要场地。同样以餐饮企业为例,可以在菜单的设计中添加二维码并采用会员制或者提供优惠的方式,鼓励到店消费的顾客使用手机扫码。这样的做法一来可以为公众账号增加精准的粉丝,二来也能积累一大批实际消费群体,对后期微信营销的顺利开展至关重要。店面中能够使用到的宣传推广材料都可以附上二维码,当然也可以独立制作 X 架、海报、DM(直接邮寄)传单等材料进行宣传。

4. 举办活动

微信营销中常常以活动的方式吸引目标消费者参与,从而达到预期的推广目的。企业是否能够根据自身情况策划一场成功的活动,前提在于企业愿不愿意为此投入一定的经费。以餐饮类企业为例,借助线下店面的平台优势开展活动,所需的广告耗材成本和人力成本相对来说并没有达到不可接受的地步。相反,有了缜密的计划和预算之后,完全可以以小成本打造一场效果显著的活动。以签到打折活动为例,企业只需制作附有二维码和微信号的宣传海报和展架,配置专门的营销人员现场指导到店消费者使用手机扫描二维码。消费者扫描二维码并关注企业公众账号后,即可收到一条确认信息,不过在此之前企业需要提前设置好"被添加自动回复"。之后,消费者可凭借信息在买单的时候享受优惠。为吸引顾客在此次消费之后继续对公众号保持关注,企业还可以在第一条确认信息中说明后续的优惠活动,使得顾客能够持续关注并且经常光顾。

三、实务内容

微信公众号运营

微信公众号是开发者或商家在微信公众平台上申请的应用账号,该账号与 QQ 账号互通。通过公众号,商家可在微信平台上实现和特定群体通过文字、图片、语音的全方位沟通、互动 。微信公众号分为订阅号、服务号、企业微信和小程序,如图 15-5 所示。

请选择注册的帐号类型

订阅号
具有信息发布与传播的能力
适合个人及媒体注册

服务号
具有用户管理与提供业务服务的能力
适合企业及组织注册

小程序
具有出色的体验,可以被便捷地获取与传播
适合有服务内容的企业和组织注册

企业微信
原企业号
具有实现企业内部沟通与协同管理的能力
适合企业客户注册

图 15-5　微信公众号

订阅号:每天推送 1 次软文,订阅号日常推送内容在订阅号统一栏目中。订阅号不能实现微信支付。

　　服务号：每月推送 4 次软文，服务号日常推送内容在好友列表中。服务号能实现微信支付。

　　总结：需要大量推广活动及日常项目信息的企业，建议使用订阅号。电商类及服务行业的企业一般选择服务号。

15.3 微信公众号申请

　　微信公众号申请步骤如下：

　　(1)打开微信公众平台官网 https://mp.weixin.qq.com/，右上角点击"立即注册"，如图 15-6 所示。

图 15-6　登录界面

　　(2)填写邮箱，登录邮箱，查看激活邮件，填写邮箱验证码激活，如图 15-7、图 15-8 所示。

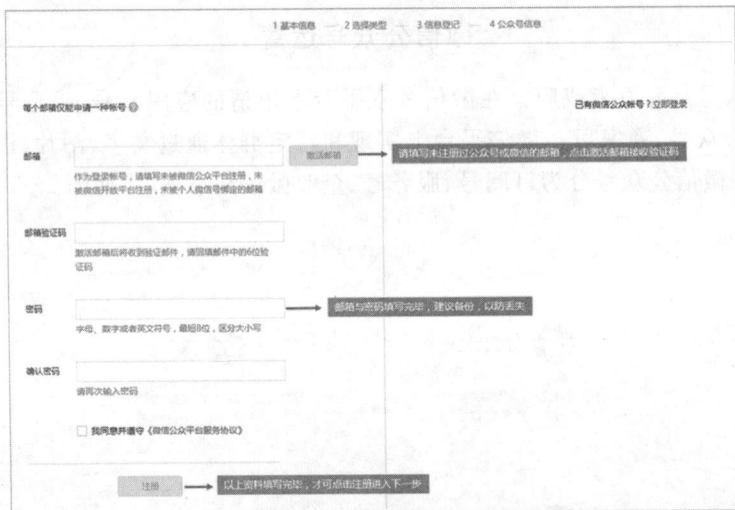

图 15-7　填写信息

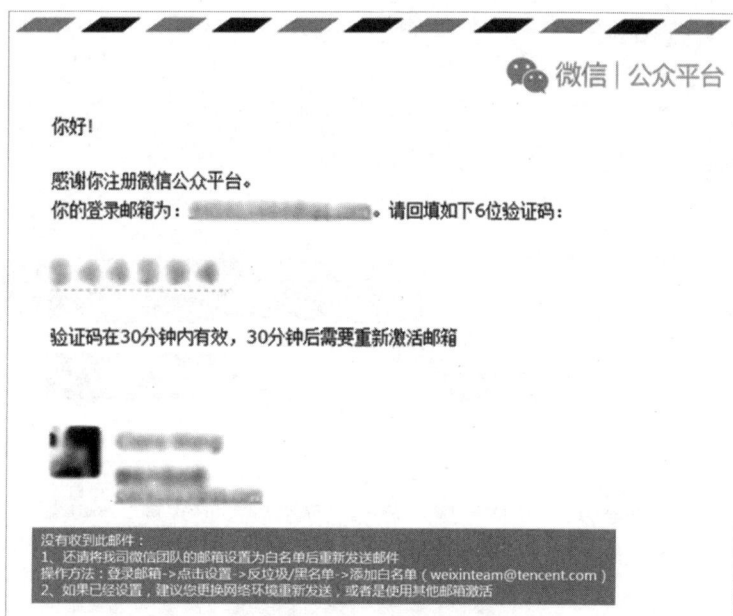

图 15-8　邮箱验证

（3）了解订阅号、服务号和企业微信的区别后，选择想要的账号类型，如图 15-9 所示。

图 15-9　账号类型选择

（4）信息登记，组织类请记得选择"其他组织"。

（5）选择"其他组织"之后，填写组织名称、组织机构代码，选择注册方式，如图 15-10 所示。

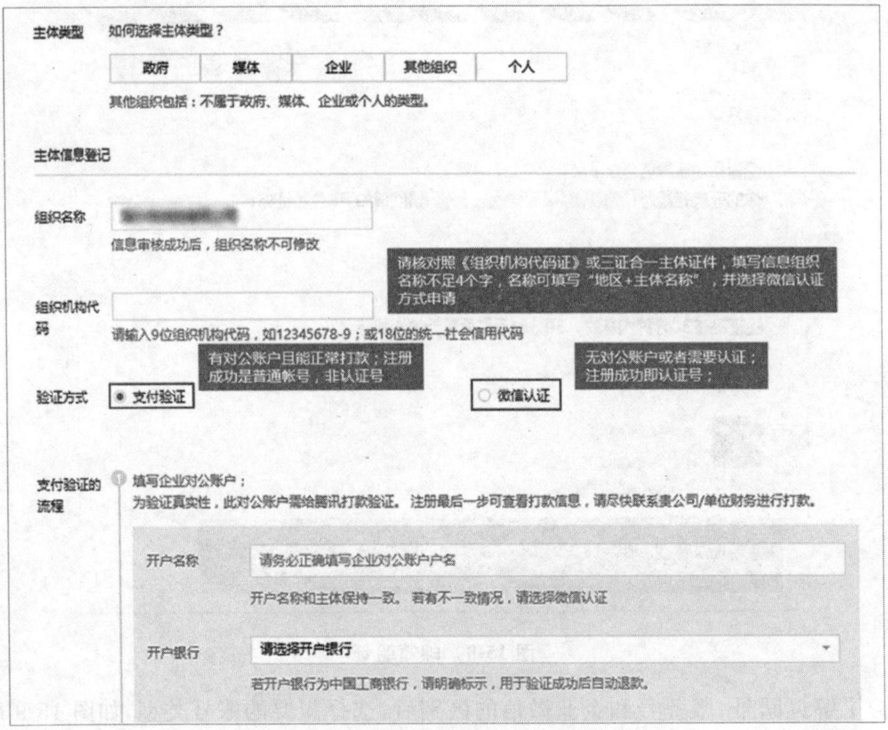

图 15-10　注册

四、实务习题

根据自身的实际情况，注册公众微信号，并发布一篇文章。

第四节　App(应用程序)营销

一、学习目的

(1)了解 App 营销的理论知识。

(2)分析 App 营销案例。

(3)掌握 App 营销的方法。

二、预备知识

(一)App 营销基本知识

App 营销指的是应用程序营销,这里的 App 指的就是"应用程序"(application)的意思。App 营销是通过手机、社区、SNS 等平台上运行的 App 来开展营销活动的。

一开始 App 只是作为一种第三方应用的合作形式参与到互联网商业活动中去的。而随着互联网越来越开放,App 作为一种萌生于 iPhone 的盈利模式开始被更多的互联网商业大亨看重,如淘宝开放平台、腾讯的微博开发平台、百度的百度应用平台都是 App 思想的具体表现。App 营销一方面可以积累各种不同类型的网络受众,另一方面可以借助 App 平台获取流量,其中包括大众流量和定向流量。

不同的 App 类别需要不同的营销模式,主要的营销模式有广告营销、植入营销、用户营销、移植营销和内容营销。

1.广告营销

在众多的功能性和游戏 App 中,广告营销是最基本的模式。广告主通过植入动态广告栏链接进行广告投放。当用户点击广告栏的时候,就会进入指定的界面或链接,可以了解广告详情或者是参与活动。这种模式操作简单,适用范围广,只要将广告投放到那些热门的、与自己产品受众相关的应用上就能达到良好的传播效果。

2.植入营销

(1)内容植入。现流行的"疯狂猜图"就是很好的内容植入的成功案例。该游戏融入广告品牌营销,把耐克、宜家之类的品牌名作为关键词,既达到了广告宣传效果,又不影响用户玩游戏的乐趣,而且因为融入了用户的互动,广告效果更好。所以,企业最好是接与自己 App 的用户群关系贴近的广告。这样的广告既能给用户创造价值,不会引起用户反感,而且点击率也会比较高,因此能获得较高的收益。

(2)道具植入。比如在人人网开发的"人人餐厅"这款游戏中,伊利舒化奶作为游戏的一个道具被植入其中,让消费者在游戏的同时对伊利舒化奶产品产生独特诉求认知与记忆,从而提升品牌或产品知名度,并在消费者心中树立企业的品牌形象。同时,App 的受众群体较多,这样直接的道具植入有利于提升消费者对于该企业品牌的偏好度。

(3)背景植入。在某款抢车位的游戏中,一眼看去,最突出的就是摩托罗拉手机广告——该游戏将摩托罗拉的手机广告作为停车位的一个背景图标,给消费者无形中植入了摩托罗拉的品牌形象。游戏中还提到"用摩托罗拉手机车位背景,每天可得 100 金钱"这样的奖励广告,驱使游戏玩家使用该背景。

3.用户营销

应用用户营销模式的主要 App 类型是网站移植类和品牌应用类。企业把符合自己定位的 App 发布到应用商店内,供智能手机用户下载。用户利用这种 App 可以很直观地了解企业的信息。用户是 App 的使用者,手机 App 成为用户的一种工具,能够为用户的生活提供便利性。这种营销模式具有很强的实验价值,让用户了解产品,增强用户对产品的信心,从而提升品牌美誉度。比如,商家通过定制"孕妇画册"App 吸引准妈妈们下载,提供给孕妇必要的保健知识。客户在获取知识的同时,能够不断强化对品牌的印象,商家也可以通过该 App 发布信息给精准的潜在客户。

相比植入营销模式,用户营销模式具有软性广告效应。客户在满足自己需要的同时,能够获取品牌信息和商品资讯。从费用的角度来说,植入广告模式采用按次收费的模式,相比之下,用户营销模式则主要由客户自己投资制作 App 实现,首次投资较大但无后续费用。而营销效果取决于 App 内容的策划水平,而非投资额的大小。

4. 移植营销

移植营销指商家开发自己产品的 App,然后将其投放到各大应用商店以及网站上,供用户免费下载使用。该模式的本质是将购物网站移植到手机上面去,使用户可以随时随地浏览网站获取所需商品信息、促销信息,进行下单。这种模式相对于手机购物网站的优势是快速便捷,内容丰富,而且这类 App 一般会提供很多优惠措施。

5. 内容营销

内容营销指通过优质的内容,吸引到精准的客户和潜在客户,从而实现营销的目的。如"汇搭"App 通过为消费者提供实实在在的搭配技巧,吸引有服饰搭配需求的用户,并向其推荐合适的商品,这不失为一种商家、消费者双赢的营销模式。

(二)App 营销的推广策划

App 营销的推广一般在线上进行。App 线上推广活动是指依托于网络,在网络上发起并全部或绝大部分在网络上进行的活动,于发布活动信息、募集活动人员等都是在网络上进行活动的流程。App 线上推广活动策划方案分为活动创意和活动执行两个部分。两者既有联系又有较大的区别。创意案是执行案的基础,创意案只需要展示出活动的基本思路、想法,而执行案则要详尽地展示出活动的细节。

1. 活动创意

活动创意要求简单明了,不需要很多的内容,但是要把活动的创意展示出来。一般一个活动创意案会有两三个创意可供选择。创意案的框架比较简单,一般来说分为两个部分——创意来源(引子)和活动基本内容,说清楚两点即可。创意来源为活动的灵感,如果能结合时下的热点则更好。活动内容方面,则要说清楚活动的主题、时间,在哪个平台做,以怎样的方式去做。

2. 活动执行

活动执行大多是在确定了活动创意案之后进行的。可能有些公司做活动策划的时候是没有创意案的,但即使没有创意案,做执行案之前一定要沟通好活动的创意及基本内容,否则会浪费大量的时间。活动执行是非常考验一个策划的功底的,在这里简单谈谈做一名线上活动策划应该具备的素质:

(1)网感:对互联网要有一定的了解,特别是要了解微博、微信、豆瓣等这些常用来做活动的平台的特点、规律等。

(2)创意:活动的平台和形式都有限,所以一个线上活动要想成功,需要一个好的创意。

(3)系统思维:活动从创意到执行,涉及各种资源的分配,需要用系统性的思维考虑问题,并且需要考虑大的环境、公司的实际情况、产品的情况,否则策划出来的东西就是一纸空文,无从落地。

(4)沟通表达能力:一个活动从创意到执行,策划人往往需要与不同的部门接触、沟通。想让活动朝策划人希望的方向发展,那就必须主动表达、主动沟通。

三、实务内容

App 线上推广活动策划案例

(一)活动目的

活动是为了增加下载量、平台活跃度,还是品牌传播度?目的之间应互相补充,但须找到侧重点,把握最主要的目的来设计整个活动的细节,这样才能达到活动的效果。

(二)活动诱导

1.话题情感引导,如照片评选,增加参与感。以微博为例:"这个圣诞你怎么过呢? 圣诞来临之际,你想和谁一起过就@一下谁。另评论说出你的圣诞心愿并下载这款 App 就有机会赢取 2 张电影票,和 ta 度过一个浪漫圣诞夜。"

2.物质奖项设置,即本次活动用户可以获得什么奖项。建议"大奖刺激,小奖不断":用一个大奖作为诱饵,然后每天或每隔一段时间送出小奖;一定要有持续性,否则用户的参与热情会降低。

确定奖品时应考虑的因素:a.与品牌相关,个性化定制;b.精力和寄送成本。

建议尽量选择无须邮寄的,如:充值卡、电影券、微信红包、彩票、电影种子。

(三)活动形式

活动应采取创新、有趣、参与成本低的形式。选择好活动平台后,要根据平台的特点、活动的目的策划活动的形式。线上活动可采取的形式包括抢楼、秒杀、有奖转发、有奖征集、网上评选、注册送券等等,细数下来少说也有几十种。选择哪一种,关键在于结合活动的目的和平台特点并且进行一定程度上的创新。具体应考虑以下因素:

1.市场分析。从产品的市场、差异化、竞争情况、活跃用户四个方面进行简单的阐述,尽可能用翔实的数据做支撑。

2.活动主题。活动主题一定要简单、有诱惑力,能解决用户的困惑(如:这个活动是关于什么的? 我为什么要参加?)。

3.活动时间。活动时间即整个活动开展的时长。线上活动的时间不宜过长,活动时间过长会影响用户的参与兴趣,建议 15 天内完成整个活动。

4.活动平台。活动平台的选择至关重要,因其决定了活动开展的方式及最终效果。在这里,暂且把活动平台分为自有平台和大众平台。

自有平台:自家的 App、Wap 页面、微信、微博等。优点是形式多样,可以根据自己的需求去开发功能,也能将流量带到官网;缺点是对技术要求高(一般企业无法操作),推广费用较高。

大众平台:如微博、QQ 空间、豆瓣、百度贴吧等。优点是可以利用平台本身的资源进行推广,无技术方面的要求;缺点是活动的形式受到一定限制。

（四）活动推广

大活动需前期预热和前期引导，针对核心目标用户。活动推广大体分为两个方面，即站内推广和站外推广。站内推广比较简单，就是利用自有平台本身的资源进行推广，如首页的广告位、文字链之类的形式。站外推广要量力而行，一般来说的推广手段包括 KOL（关键意见领域）转发、发帖、合作推广等。

（五）活动反馈

用户完成活动后，可发送提醒鼓励：

a. hi,土豪君，恭喜你成功参与了本次活动。本活动会在 XX 日公布获奖名单，请你持续关注哦！

b. 邀请更多好友参与活动，能提高中奖概率哦！

c. 真抱歉，你在 XX 活动中没能获得大奖，送你一个安慰飞吻！

建议将获奖名单进行公示，如"已经取走××份，还剩××份"，并实时反馈。

活动反馈的目的：培养品牌公信力；连续刺激用户参与热情。

（六）效果预期和目标

线上活动的效果预期可以从参与人数、下载量、PV（页面浏览量）、UV（独立访客）几个维度进行考量。目标需要根据活动的进程分阶段设置，便于在活动执行过程中根据实际效果和目标的差异进行适当调整。

15.4 App 营销

（七）活动备注

四、实务习题

制作一份 App 营销方案，题目自拟。

第五节　LBS(基于位置的服务)营销

一、学习目的

(1)了解 LBS 营销的理论知识。

(2)分析 LBS 营销案例。

(3)掌握 LBS 营销的方法。

二、预备知识

LBS 营销就是企业借助互联网或无线网络，在固定用户或移动用户之间完成定位和服务销售的一种营销方式。通过这种方式，企业可以让目标客户更加深刻地了解自己的产品和服务，最终达到宣传品牌、提高市场对其认知度的目的。这一系列的网络营销活动就叫作 LBS 营销。

(一)进行 LBS 营销的思路

第一,利用徽章提升品牌形象。LBS 应用最核心的产品机制是,在某个地点签到,有机会赢取一枚特殊的徽章。徽章对于 LBS 用户有非常大的吸引力。这也是品牌与 LBS 合作最简单的一种方式;利用用户赢取徽章的动力,与 LBS 合作发行具有特殊含义的品牌徽章;徽章一旦获得将永远保留,对于品牌来说将是长期的曝光,能够较好地让用户记住品牌形象。

第二,协助品牌进行产品促销。典型的方式是,当用户登录 LBS 客户端,LBS 会自动检索用户当前所在位置,并显示附近正在或即将举行活动的地点。用户可以点击查看活动详情,并选择前往任意一个地点签到、赢取徽章、参加活动。这种定位式广告特别适用于有线下门店的品牌,通过签到营销机制能将消费者直接领到门店,增加线下人流。

第三,通过同步形成口碑传播。社会化媒体平台上的口碑对于品牌来说是提升形象和驱动销售的最直接动力。目前,几乎所有 LBS 应用都可以绑定各类微博和常用的 SNS(社交网络服务)网站,通过 LBS 客户端的地点、签到、徽章以及商家优惠信息等都可以同步到这些平台。

(二)目前中国 LBS 行业面临的三大困难

1.无法精确地判断出用户所在地

目前很多 LBS 服务商提供的其实都是基于 GPS 定位的服务,可能会造成地点偏移。如果依靠运营商,则需要和运营商有良好的互动关系,而这在国内运营商极其强势的移动网络中,不是那么容易做到的。

2.支付问题

理想的模式应该是用户拿着签过到的手机去和商家结算,然后由 LBS 作为支付环节的第一道口再和商家结算——这已经非常像团购的支付流程了,而团购之所以被认为一开始就有商业收入,大抵就是基于这个流程。但国内的手机移动支付却依然有许多实际的环节尚未准备好。

3.商家对支付途径的认可程度

2011 年 5 月 26 日,中国人民银行向国内 27 家第三方支付企业颁发了首批《支付业务许可证》,像支付宝、财付通等第三方支付平台算是有了合法身份,不过市场接受程度不是一纸文书就能搞定的。即便移动支付环节走得畅通,要说服本地商家让 LBS 成为支付的第一道流程,还不是那么轻松的。商业社会上,谁实力强,谁就有主动权。LBS 总体业态偏小,想让商家放弃获得消费金额后再返点给自己,谈判之艰难,可想而知。

三、实务内容

案例 1 7-11 好识食美食精灵

项目亮点:典型的 O2O 场景互动,H5 页面,通过结合 7-11 的线下门店并融入 LBS 的玩法。让用户集齐一定数量的美食精灵即可兑换门店优惠卡券,引导用户走进 7-11 的线下门店。而活动页面又将 7-11 自家的食品设计成生动俏皮的 Q 版动画形象,深得年轻一族的喜爱。

此次活动一经推出,随即席卷了整个朋友圈。其凭借着新颖独特的玩法吸引了众多年轻人疯狂地集美食精灵,累计 UV(独立访客数)突破 40 万,PV(访问卷)高达 120 万,极大地带动了线下门店的销售业绩。活动页面如图 15-11 所示。

15.5.1 LBS
营销

扫描或长按二维码参与活动

图 15-11 "7-11 好识食美食精灵"活动页面

案例 2 壳牌:接财神寻宝

项目亮点:别开生面的 LBS 交互玩法颇具新意。获取用户当前的位置信息后,用户通过点击指定区域内的财神标志即可获得红包,另外在壳牌合作加油站的区域会呈现金元宝,用户集齐一定数量的金元宝可兑换油卡。该活动通过集元宝结合 LBS 定位的玩法引导用户去各大加油站,为线下加油站导流。活动页面如图 15-12 所示。

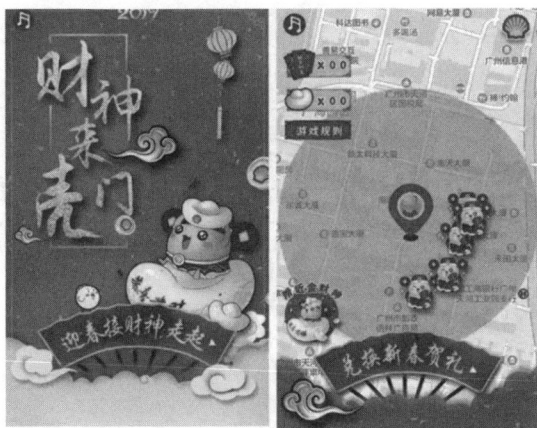

扫描或长按二维码参与活动

图 15-12 "壳牌:接财神寻宝"活动页面

四、实务习题

选择一个 LBS 营销的案例,分析其项目的亮点及不足。

第十五章练习题

五、补充内容(详见二维码)

15.5.2 网络市场
直接调查

15.5.3 网络市场
间接调查

15.5.4 商情
分析报告

第十六章　跨境电商——阿里国际站基础实验

第一节　产品发布流程

一、学习目的

(1)了解 B2B 平台发布产品的目的。

(2)掌握 B2B 平台发布产品的流程。

二、预备知识

阿里巴巴国际站后台是所有与国际站相关的功能板块入口,其业务管理板块包含订单管理、店铺管理、产品管理、信用保障服务、采购直达等。在进行产品发布流程前,需要登录阿里巴巴国际站后台,其登录操作流程如下:

打开阿里巴巴国际站首页,即 www. alibaba. com;单击首页右上角的"My Alibaba"或"Sign in",输入账号密码登录。

登录阿里巴巴国际站后台后,日常使用较为频繁的功能板块均罗列在后台登录界面左侧的"业务管理"板块中。

本节内容主要用到"业务管理"板块中的"产品管理"板块,即日常操作中后台业务处理打开频率最高的功能菜单。"产品管理"板块主要由"发布产品""管理产品""工具中心"和"搜索诊断"四个子版块组成。每一个新产品的上传发布均需在"发布产品"板块中操作,"发布产品"页面包括选择"产品类目""填写产品名称""填写产品关键词""填写产品属性""上传产品主图""填写产品交易信息""填写物流信息"和"编辑产品详情描述"八大子版块。

板块一:选择产品类目

产品类目是对产品的分类。上传的每一个产品均有自己的类目,选择准确的产品类目,能使买家更好地找到卖家所发布的产品,类目错放会导致流量丢失并且会遭到平台的处罚。当然,若某一产品所属行业有所交叉,可在准确定义的基础上,选择多个类目进行产品展示。在多个类目下放置的产品不算重复产品,此方法能够使产品获得更高的曝光率。

板块二:填写产品名称

产品名称即产品标题,是产品最重要的信息,直接关系到产品的点击率。因此,产品标题的书写必须符合买家的搜索习惯,以增加产品的点击率。书写产品名称要注意以下几点:

第一,产品名称应涵盖产品名、准确的产品属性和关键词。

第二,产品名称要适当,名称不宜过短和过长,要适当地突出产品的优势及属性。

第三,产品名称中可使用介词 with/for,但建议避免使用"/""()""—"等,这些特殊符号容易造成系统无法识别,若有必要使用,则需在符号前后加空格。

板块三:填写产品关键词

产品关键词是对产品名称的校正,便于机器快速准确地抓取。在一定程度上,关键词比产品名称更为重要。在填写关键词时要注意以下几点:

第一,产品信息中,可最多填写 3 个关键词,以满足用户多样化的搜索需求。例如:"手机"的产品关键词可为"mobile phone""phone""cell phone"。另外,3 个关键词无须填满,但必须至少填写 1 个关键词。

第二,选择买家常用的热门关键词。

第三,关键词不宜过长,也不建议写得一样。

板块四:填写产品属性

根据不同的产品类目,"产品属性"页填写的内容会有所不同。完整并准确的产品属性便于买家迅速了解产品特征。在"产品属性"处的"自定义属性"栏,用户可根据自己的需求添加,但注意不要与系统给出的属性重复。"自定义属性"栏中最多可填写 10 条,作为对该产品属性的补充说明。

板块五:上传产品主图

根据阿里巴巴国际站后台产品上传规定,上传的产品主图必须为正方形(比例 1：1),建议图片大于 640×640,图片格式 JPEG、JPG、PNG 均可,图片大小在 5M 以内,色彩格式为 RGB。为了更好地吸引点击量和增加买家反馈,产品图片一定要清晰。相对应的产品图片(包括细节图)越完整,客户满意度也会越高。

板块六:填写产品交易信息

交易信息中的所有栏目均须填写完整。在新增价格区间栏处,用户须根据不同销售数量设置不同的价格。注:FOB(free on board)也称船上交货,在国际贸易合同中是一种常用的价格条款。

板块七:填写物流信息

物流信息必须根据产品性能等按实际填写,发货时间可根据不同的起订量设置不同发货周期。

板块八:编辑产品描述

"产品详情"页描述的编辑方式分为智能编辑和普通编辑。为了更好地展示产品属性等特点,用户可通过设计详情页模板编辑产品详情的描述,提升买家对产品详情的专注度。

产品详情描述内容应尽可能详尽,用以解决买家的疑惑;可以通过图片、文字、表格等手段,全方位地展示产品和服务信息。买家能通过产品详情页中的图片,获得更多的产品细节特征。上传图片数量不应超过 15 张,可从多个角度展示产品特点,体现出专业性,更好地迎合买家需求,提高买家发送询盘的机会。产品详细描述导航功能将产品信息拆分为几个模板,便于卖家管理产品详情信息结构,也可使买家快速查询到产品描述的关键信息。

三、实务内容

阿里巴巴国际站发布产品的步骤如下。

(1) 登录"My Alibaba"进入后台界面,单击"产品管理"板块中的"发布产品"选项,如图 16-1 所示。

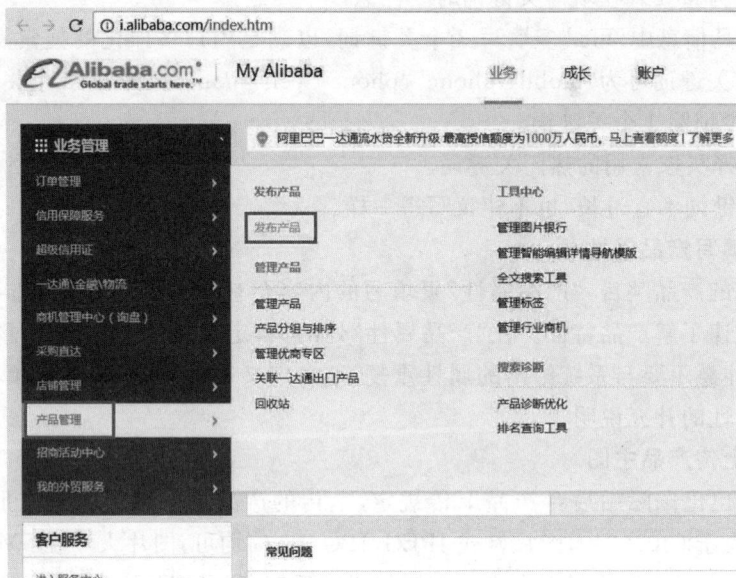

图 16-1 "发布产品"选项

(2) 选择产品类目。产品类目可从"搜索类目"或"您经常使用的类目"中选择。类目选择完后,将页面下移到底部,单击"我已阅读如下规则,现在发布产品"即可,如图 16-2 所示。

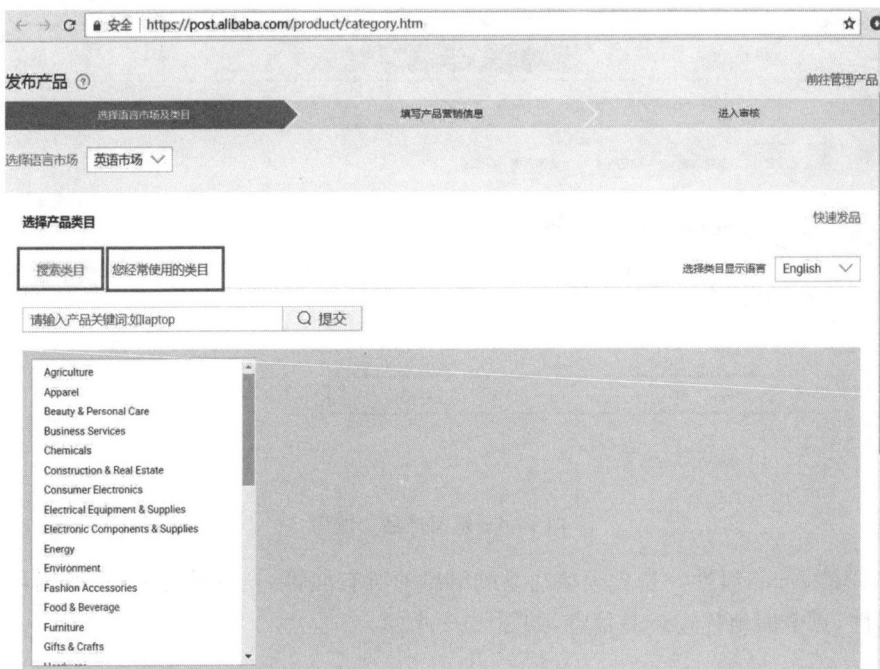

图 16-2　选择产品类目

（3）填写产品名称。选择完产品类目后，即进入填写产品营销信息的详情页。在基本信息栏中填写产品名称，如图 16-3 所示。

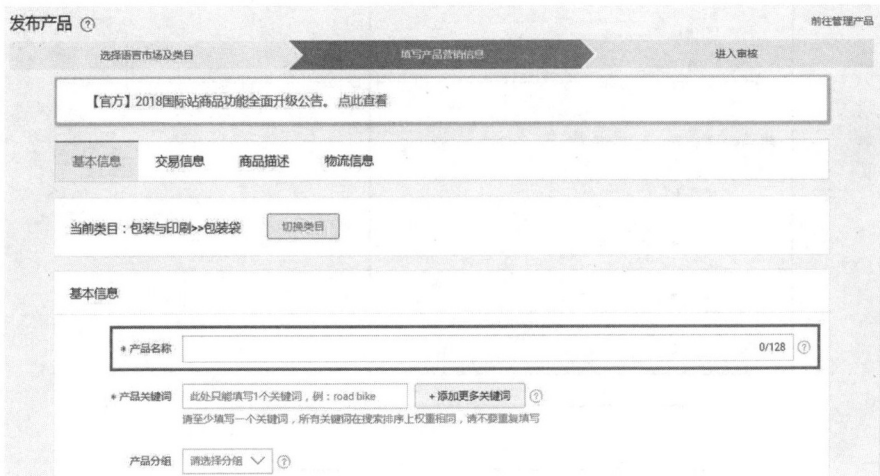

图 16-3　填写产品名称

（4）填写产品关键词。基本信息栏中，产品关键词为必填项，至少填写 1 个，如图16-4所示。

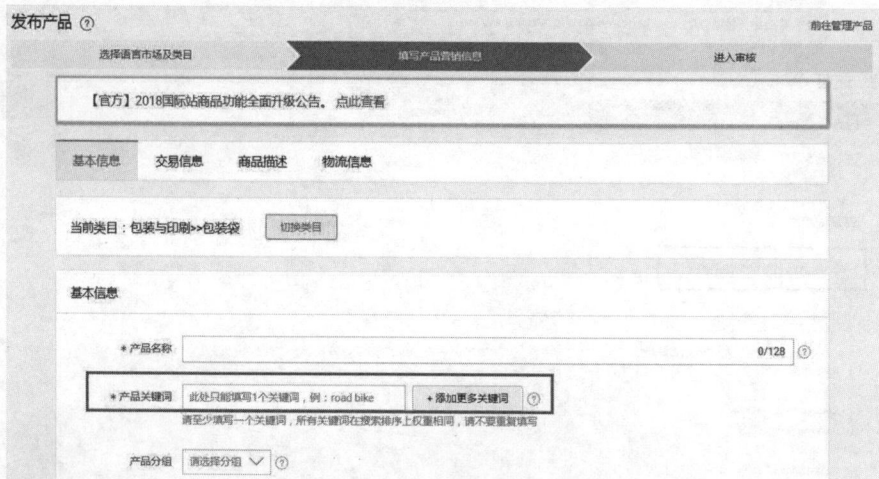

图 16-4　填写产品关键词

（5）填写产品属性。首先须填写系统给出的所有属性，全部填写完整后，则可添加自定义属性，更全面地描述产品信息，如图 16-5 所示。

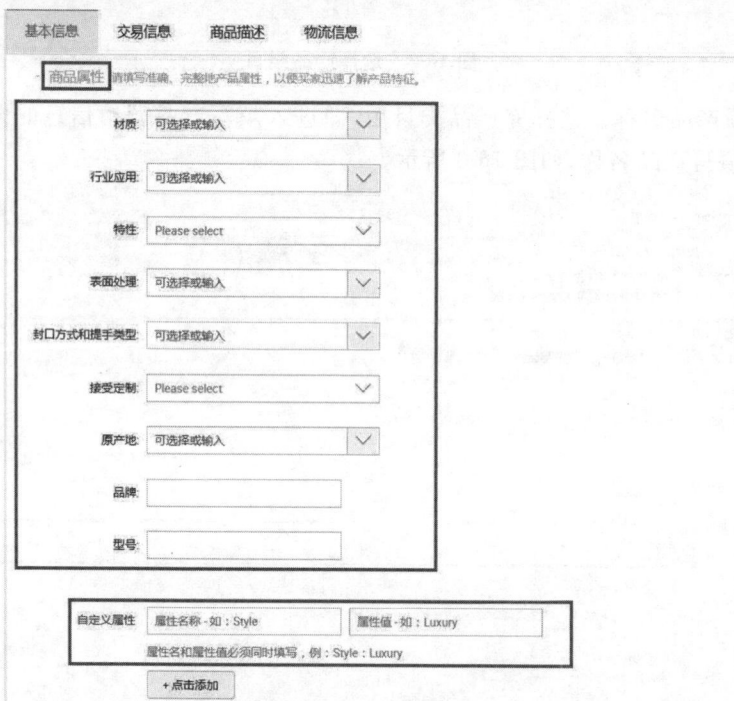

图 16-5　填写产品属性

（6）填写产品交易信息。交易信息中的所有栏目均须填写完整，如图 16-6 所示。

图 16-6　填写产品交易信息

（7）上传产品主图。在"产品描述"中上传产品图片，产品主图可从电脑本地盘中选取，也可从已上传到后台图片银行的图片中选取。注意根据提示进行图片上传，以便后台审核通过，如图 16-7 所示。

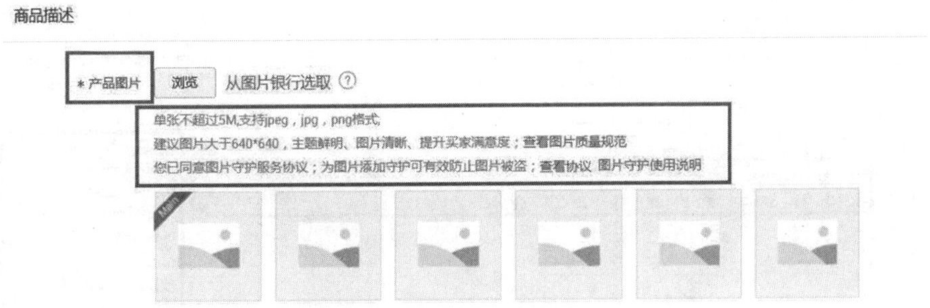

图 16-7　上传产品主图

（8）填写物流信息。物流信息应根据产品实际情况完整填写，如图 16-8 所示。

图 16-8 填写物流信息

(9)产品详情描述——普通编辑

产品详情描述中的"普通编辑"模式将商品信息分拆成几个模板,操作者可通过工具栏进行产品详细描述,如添加表格或图片等。详情页右侧导航模板提供了系统默认的导航,单击即可插入相应模板,如图 16-9 所示;如需删除导航,可单击导航栏后方的"×"删除此导航,如图16-10所示。

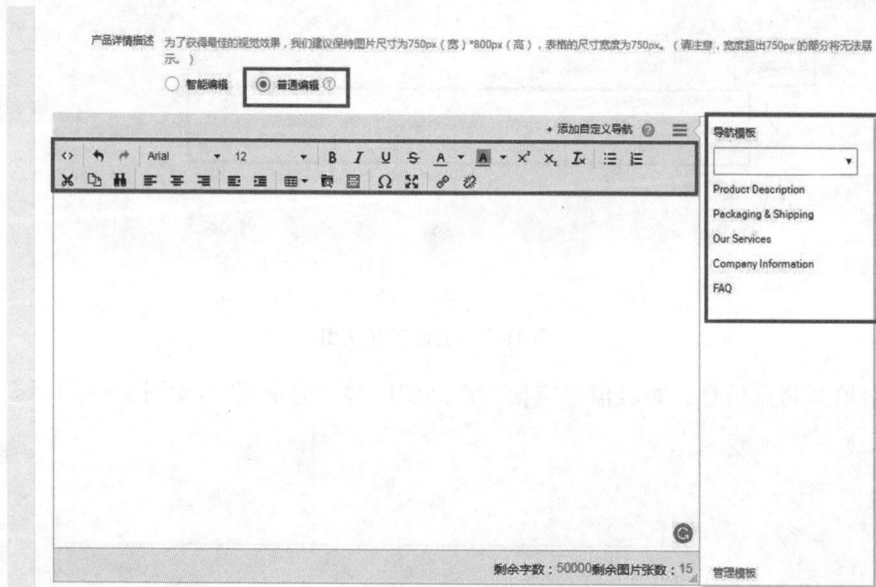

图 16-9 产品详情描述——普通编辑

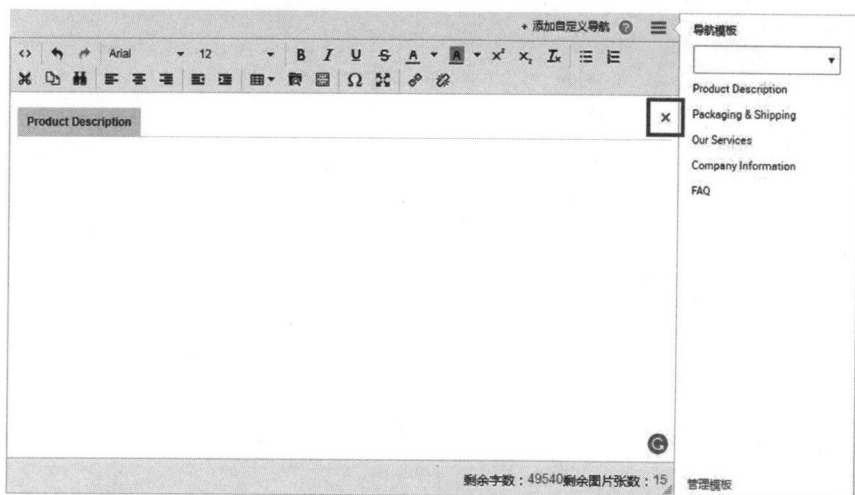

图 16-10 删除导航

然后，在产品详情页中单击"添加自定义导航"，可自行添加所需导航，如图 16-11
所示。

* 导航

Certifications

仅限英文字符,不超过20个字符

备注

不超过50个字符

内容

剩余字数:20000剩余图片张数:15

立即使用 立即使用并保存模板 当前自定义模块数:0 / 20

产品详情描述 为了获得最佳的视觉效果,我们建议保持图片尺寸为750px(宽)*800px(高),表格的尺寸宽度为750px。(请注意,宽度超出750px的部分将无法展示。)

○ 智能编辑 ● 普通编辑 ⑦

+ 添加自定义导航 ⑦ ≡ 导航模板

Certifications

Product Description

Packaging & Shipping

Our Services

Company Information

FAQ

Certifications

剩余字数:49550剩余图片张数:15 管理模板

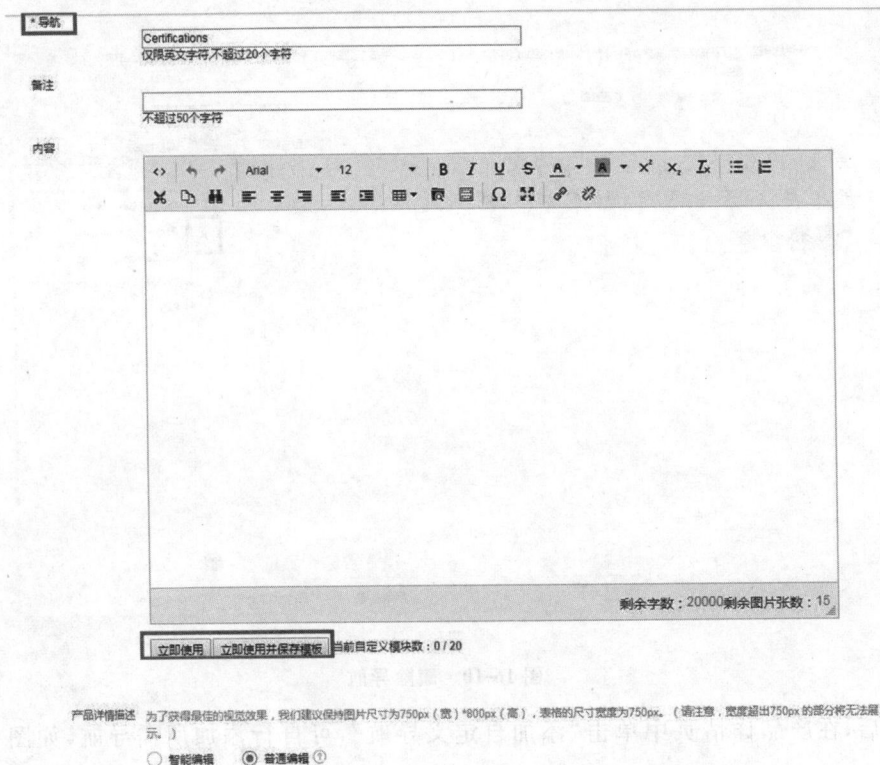

图 16-11 添加自定义导航

如需添加自定义导航模板,则单击"管理模板",如图 16-12 所示。

产品详情描述 为了获得最佳的视觉效果,我们建议保持图片尺寸为750px(宽)*800px(高),表格的尺寸宽度为750px。(请注意,宽度超出750px的部分将无法展示。)

○ 智能编辑　◉ 普通编辑 ⑦

+ 添加自定义导航 ⑦ ☰

导航模板

▼

Product Description

Packaging & Shipping

Our Services

Company Information

FAQ

Detailed Images

Certifications

剩余字数:50000 剩余图片张数:15　管理模板

管理导航模板　帮助

模板	备注	负责人 ▼	最后更新时间	操作
Product Description			2017-07-04	编辑
Packaging & Shipping			2017-07-04	编辑
Our Services			2017-07-04	编辑
Company Information			2017-07-04	编辑
FAQ			2017-07-04	编辑
Certifications			2018-08-27	编辑 | 删除

请输入模板名称或备注　搜索　+ 新增导航模板

< 1 Next >

* 导航

Detailed Images

仅限英文字符,不超过20个字符

备注

不超过50个字符

内容

Arial ▼ 12 ▼ B I U S A ▼ A ▼ x² x₂ Iₓ ☰ ☰

剩余字数:20000 剩余图片张数:15

保存　当前自定义模块数:2 / 20

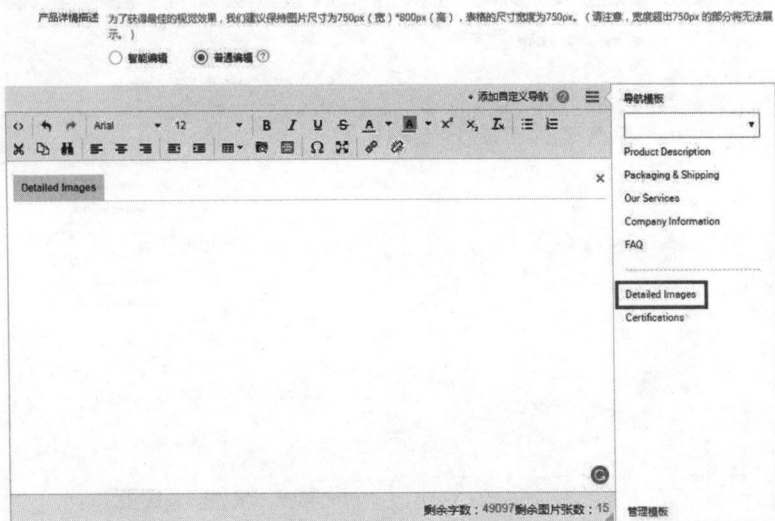

图 16-12　添加自定义导航模板

（10）产品详情描述——智能编辑

产品详情描述中的"智能编辑"模式提供了可以直接套用的模板。单击"立即体验"按钮，如图 16-13 所示。

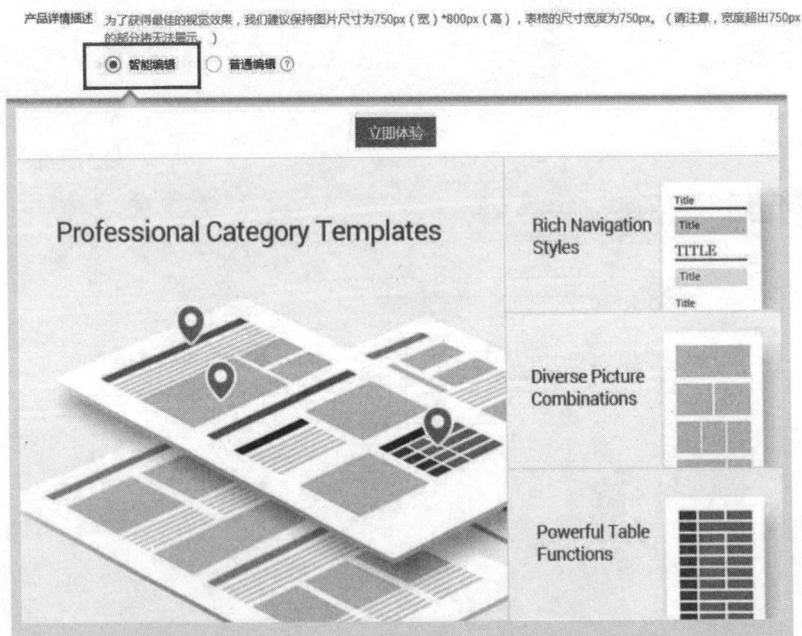

图 16-13　产品详情描述——智能编辑

在"选取详情模板"中选择合适的行业模板。如果没有相应的行业模板，就选择基础模板进行操作，如图 16-14 所示。

图 16-14　选择详情模板

选取模板后进入编辑页面,根据自己的需求,通过左侧的导航栏对图片、文字和表格进行自由组合和内容填充,如图 16-15 所示。

图 16-15　编辑产品详情页

通过操作页面右侧,可进行产品导航和导航风格编辑,如图 16-16 所示。

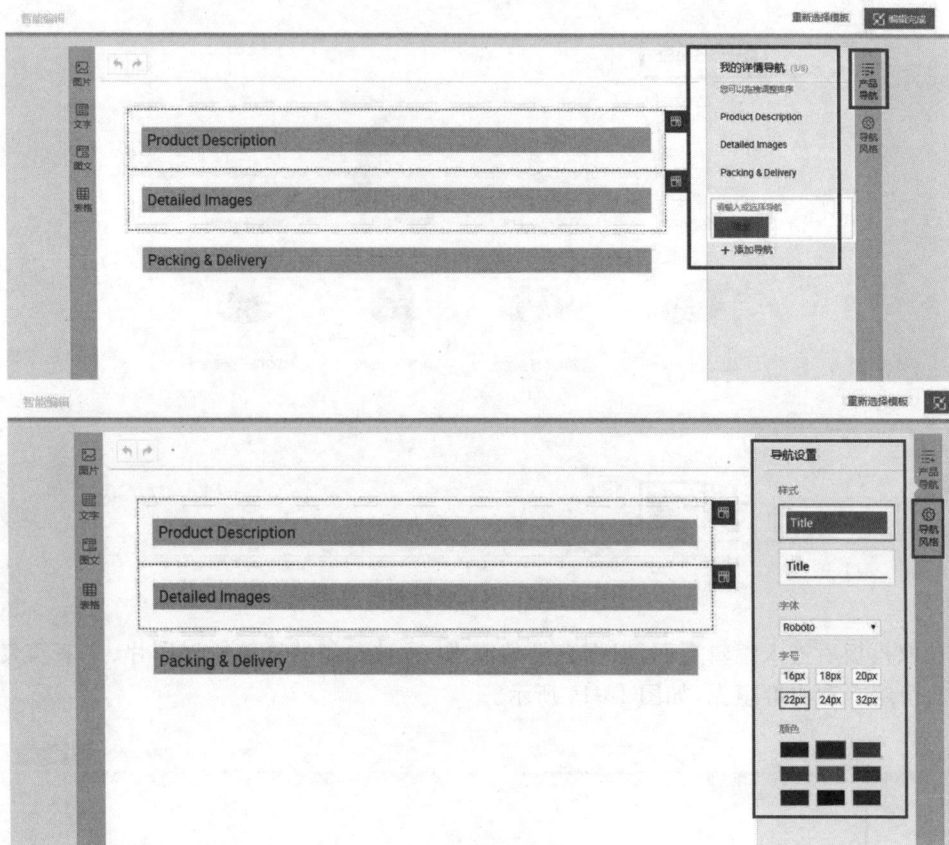

图 16-16　编辑产品详情页导航

　　若有自定义模板须保存,将鼠标光标放在相应导航栏上,则会显示"保存"按钮。填写导航名称和备注,即可将当前模板导出为自定义模板,便于下次使用,如图 16-17 所示。

图 16-17 导出自定义导航模板

若须将已保存的自定义导航模板导入现用模板中,可点击页面右侧"请输入或选择导航",选择导入自定义导航,如图 16-18 所示。

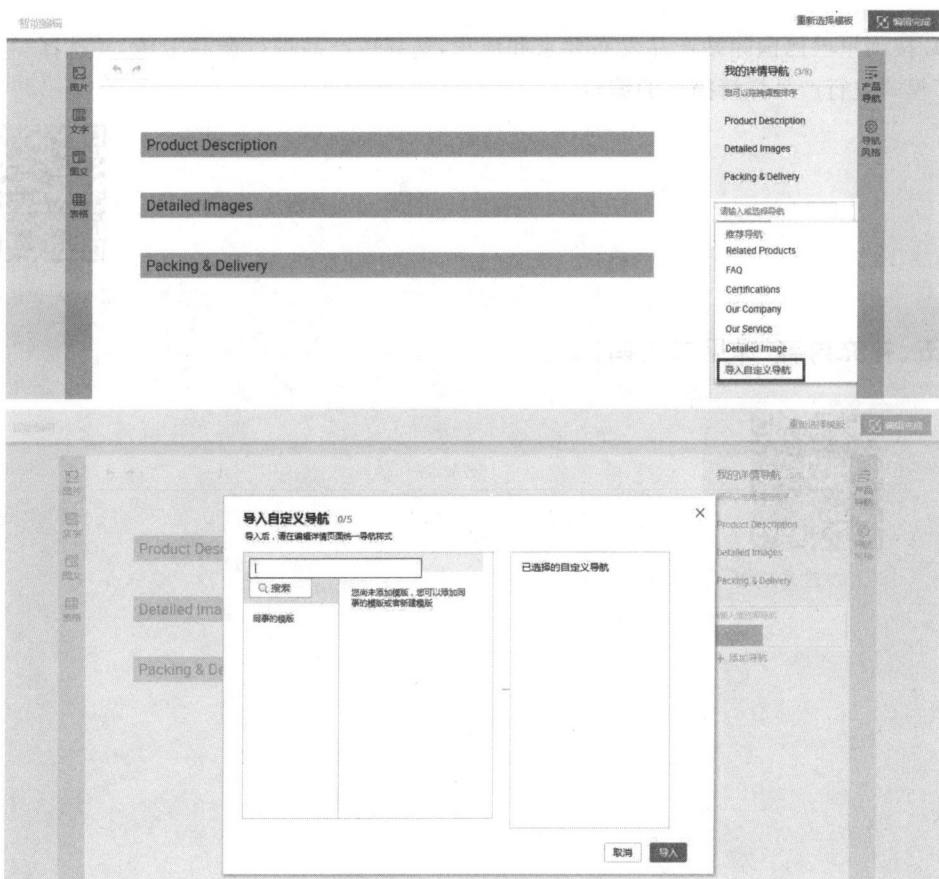

图 16-18 导入自定义导航

最后,产品详情编辑完成后,单击"编辑完成"按钮,提交并完成产品发布。另外,在发布产品前,点击页面右侧"产品信息质量检测",可对产品信息进行综合评定,如图16-19所示。

16.1.1 产品发布流程

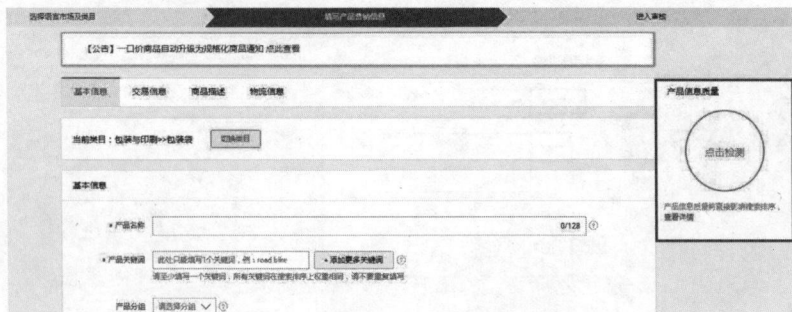

图16-19　产品信息质量检测

四、实务习题

1.按阿里巴巴国际站产品发布要求和流程,选择一产品进行产品上传,并选择"智能编辑"模式进行产品详情描述的编辑。

第十六章练习题

五、补充内容(详见二维码)

16.1.2 图片处理

参考文献

[1] 黄敏学.电子商务.5 版.北京:高等教育出版社,2017.

[2] 董德民,等.电子商务.2 版.北京:中国水利水电出版社,2017.

[3] 特班,等.电子商务——管理与社交网络视角.7 版.时启亮,等译.北京:机械工业出版社,2014.

[4] 袁毅.电子商务概论.北京:机械工业出版社,2013.

[5] 方美琪.电子商务概论.3 版.北京:清华大学出版社,2009.

[6] 胡令,毛宁.电子商务理论与实务.2 版.北京:人民邮电出版社,2017.

[7] 李东进,等.电子商务实务教程.2 版.北京:中国发展出版社,2016.

[8] 王新春,等.电子商务实务.北京:清华大学出版社,2016.

[9] 董德民,等.电子商务实验指导.2 版.北京:中国水利水电出版社,2007.

[10] 李建忠.电子商务网站建设与管理.北京:清华大学出版社,2015.

[11] 曹明元.电子商务网店经营与管理.北京:清华大学出版社,2014.

[12] 张卫东.网络营销.2 版.北京:电子工业出版社,2018.

[13] 潘维琴.网络营销.3 版.北京:机械工业出版社,2016.

[14] 吴灿铭,王震环.电子商务与网络营销实用教程.北京:清华大学出版社,2016.